领导者影响技术创新的机理研究

陈建勋◎著

世界图书出版公司
广州·上海·西安·北京

图书在版编目(CIP)数据

领导者影响技术创新的机理研究／陈建勋著. —广州：世界图书出版广东有限公司,2011.8

ISBN 978-7-5100-3797-9

Ⅰ.①领… Ⅱ.①陈… Ⅲ.①企业管理－技术革新 Ⅳ.①F273.1

中国版本图书馆 CIP 数据核字(2011)第 150271 号

领导者影响技术创新的机理研究

策划编辑	陈建勋
责任编辑	孔令钢
出版发行	世界图书出版广东有限公司
地　　址	广州市新港西路大江冲 25 号
邮　　箱	sjxscb@163.com
印　　刷	广州市快美印务有限公司
规　　格	710 毫米 ×1000 毫米　16 开本
印　　张	15.25
字　　数	205 千字
版　　次	2013 年 1 月第 2 版第 1 次印刷
ISBN	978-7-5100-3797-9
定　　价	42.00 元

版权所有,翻印必究

摘　　要

自变革型和交易型领导理论提出后，在过去二十多年的时间里，该理论逐渐占据了领导研究的主导地位。然而现有对变革型和交易型领导行为的研究多基于中基层领导者层次，从高层领导者的层次来进行理论和实证研究的成果还比较少。与中基层领导行为不同，CEO[①]的领导行为不仅会影响到高层领导团队的决策过程，而且会通过远距离领导过程影响基层员工的行为。但是从有限的关于CEO变革型和交易型领导行为与组织绩效关系的研究中发现，国内外学者对其中介影响机制尚缺乏深入的理论探讨和实证研究。在此理论背景下，本文从高层决策和远距离领导的双重视角来探讨两者关系的中介影响机制。此外，从企业的领导力和技术创新的现实状况来看，鉴于当前企业技术创新过程中重模仿创新而轻自主创新，重对技术的利用而轻探索创新活动，高层领导力偏低，领导者无法有效

---

① 按照严格的定义，CEO的出现应该是公司治理结构改革的结果，设有CEO头衔的公司应该具备较为完善的治理结构，包括董事会、战略决策委员会等。如果按照严格的西方对CEO的界定，国内很少有公司的老总能够称得上是CEO，但是本文研究的目的是为了讨论对公司战略和未来发展具有最主要决定权的高层领导者，在不同的企业中可能并不相同，有些公司中是董事长，有些公司是由董事长和总经理中的一人担任，为了论述的方便，我们将能够掌握公司发展和技术创新等战略决策权的最高领导人称作CEO。

调动员工的创新热情等阻碍技术创新的现实制约因素,因此,本文还试图从高层领导行为出发来论证并验证其对不同类型的技术创新和组织绩效的影响关系。

在对现有文献进行回顾的基础上,本文着眼于以下四个研究问题:第一,CEO的变革型和交易型领导行为对组织绩效的影响机制存在什么样的差异性,探索式和利用式技术创新分别在其中起到什么样的作用;第二,CEO变革型和交易型领导行为与技术创新和组织绩效之间的关系是否会因情境因素的不同而变化,环境动态性和环境竞争性的协同调节效应会对其关系产生什么样的影响;第三,推动协同式技术创新的实现需要什么类型的领导行为,这种领导行为的理论渊源和基础是什么;第四,二元领导行为是如何形成的,中庸思维如何影响CEO的二元领导行为。

由于CEO的领导行为不仅会对其直接下属产生影响,而且还会影响基层员工的行为,但是现有理论对关于其影响的途径和方式并没有明确的答案和解释。在对所研究的问题没有明确答案和不清晰的情况下,我们在对神华煤制油有限公司进行案例分析的基础上,发现CEO主要通过高层决策和远距离领导过程两种途径来影响企业的技术创新和组织绩效。进而,本文采用高层决策和远距离领导双重视角对CEO的变革型和交易型领导行为对组织绩效的影响过程做了机理性的解释,为后续的假设推演提供铺垫。在本文的假设推演和概念模型提出过程中,我们也是从高层决策和远距离领导过程两个视角对CEO领导行为、技术创新和组织绩效之间的关系进行了论述,并分析了具有相反压力作用的环境动态性和环境竞争性在其中所起到的协同调节效应,探讨了中庸思维对CEO领导行为的影响,并在此基础上提出了9个假设和对应的分假设。

本文采取问卷调查的方式获取数据以验证所提出的假设,调研过程分为预试和大样本调查两个阶段。在前期的调查访谈和预试过程中主要是确定本文所采用的变量是否具有较高的内容效度,题项能否被企业的高层领导者所理解,变量的维度结构是否符合现有理论,信度水平是否达标等,以及早避免或解决后续大样本调查中可能出现的问题。大样本调查是在中国10个省份和两个直辖市进行的,有效回收的企业问卷共297份,达到管理学中进行统计分析的样本容量标准。为了避免同源误差对研究结果的干扰,我们采取多源数据收集的方式。具体来说,领导行为采用由CEO助理、技术副总、财务副总和人力资源副总四个对象进行"他评"的方式以避免单一测评可能带来的偏差；环境的动态性和竞争性由人力资源副总来测评；探索式和利用式技术创新的问卷由技术副总来测评；组织绩效的问卷由财务副总来评价；中庸思维的问卷由CEO助理来填写。由于领导行为由三个对象来测评,在数据合并之前我们采用R_{wg}、ICC（1）、ICC（2）三个指标来判断数据是否可以聚合。在所有变量达到了聚合性、信度和效度标准后,我们进而利用结构方程模型（SEM）和多元线性回归进行后续的假设验证。

在对我国297家企业样本进行统计分析的基础上,本文得出如下结论。第一,探索式技术创新和利用式技术创新会对财务绩效和市场绩效产生不同的影响效果,他们与财务绩效之间呈倒U型关系,而与市场绩效之间则只是正的线性相关关系。第二,CEO变革型和交易型领导行为对组织绩效的中介影响机制存在差异。具体来说,变革型领导行为通过探索式技术创新的中介作用来影响组织绩效,而交易型领导行为则通过利用式技术创新的中介作用来影响组织绩效。第三,CEO变革型领导行为与探索式技术创新、组织绩效之间的关系会因所处环境特征的不同而发生变化。总体来说,在动态性高而竞争性低、动态性和竞争性都高、动态性和竞争性都低的外部环境中,变革型领导行为能够增强对探索式技术创新和组织绩效的影响程度；而在动态性低而竞争性高的外部环境中,变革型领导行为则会削弱对探索式技术创新和组织绩效的影响程度。交易型领导行为与利用式技术创新、组织绩效之间的关系因环境动态性和竞争性程度不同而发生变化。第四,CEO的二元领导行为能够提升市场绩效,但是却不能提升财务绩效。第五,CEO的二元领导行为能够带来协同式技术创新的实现，并且能够通过它的中介作用影响市场绩效。第六，在国有企业中，CEO的中庸思维有利于其二元领导行为的形成，但是在非国有企业中却未必。

本文运用跨学科研究的优势，在回答所提出的研究问题和对假设关系进行验证的基础上，也对现有的理论做了进一步的补充、扩展和创新。本文的创新之处在于：第一，从高层决策和远距离领导两个视角探讨了CEO变革型和交易型领导行为对组织绩效的影响机理；第二，比较并区分了CEO变革型和交易型领导行为对组织绩效的不同中介影响机制；第三，不仅考虑了环境动态性的权变影响因素，而且还考虑了环境竞争性因素对CEO变革型、交易型领导行为与技术创新、组织绩效之间的协同调节效应；第四，在拓展二元领导行为概念内涵的基础上，为协同式技术创新的形成提供了一个新的研究思路；第五，首次将中庸思维应用于高层领导行为研究之中。此外，本文还讨论了本文的理论意义和实践启示，以及研究局限和未来研究方向。

关键词：变革型领导行为、交易型领导行为、二元领导行为、探索式技术创新、利用式技术创新、协同式技术创新、中庸思维

目　　录

第1章　导论 ·· 1
1.1　研究背景 ·· 1
1.1.1　理论背景 ····································· 1
1.1.2　实践背景 ····································· 4
1.2　研究目的与问题 ·································· 7
1.2.1　研究目的 ····································· 7
1.2.2　研究问题 ····································· 8
1.3　研究内容、逻辑架构与方法 ······················· 13
1.3.1　研究内容与结构安排 ··························· 13
1.3.2　研究方法 ···································· 14

第2章　文献综述 ···································· 18
2.1　CEO变革型/交易型领导行为的研究现状与缺口 ········ 18
2.1.1　CEO领导行为与中基层领导行为的差异性比较 ····· 18
2.1.2　CEO变革型/交易型领导行为与组织绩效间关系的
理论观点冲突 ··································· 20
2.1.3　小结：现有文献对中介作用机制与情境条件的研究
尚不深入 ······································· 25
2.2　协同式技术创新的研究现状与缺口 ·················· 27
2.2.1　技术创新的分类依据与相关概念辨析 ············· 27

  2.2.2 协同式技术创新的概念与前因后果研究现状 ……… 30
  2.2.3 小结：现有文献忽略了领导行为的研究视角 ……… 37
 2.3 二元领导行为的概念与理论基础 …………………………… 38
  2.3.1 二元领导行为的概念 ……………………………… 38
  2.3.2 二元领导行为的理论基础 ………………………… 44

第3章 案例分析与研究发现 …………………………………… 47
 3.1 案例研究的设计 …………………………………………… 47
  3.1.1 研究目的与方法 …………………………………… 47
  3.1.2 分析单元与调研对象的确定 ……………………… 48
  3.1.3 研究过程与数据收集方法 ………………………… 49
 3.2 数据分析 …………………………………………………… 50
  3.2.1 个案企业概况 ……………………………………… 50
  3.2.2 技术创新过程中CEO的领导方式分析 …………… 52
  3.2.3 研究发现与启示 …………………………………… 63

第4章 双重视角下CEO领导行为的影响机理分析 ………………… 67
 4.1 高层决策视角下CEO领导行为对组织绩效的影响
   机理 ………………………………………………………… 68
  4.1.1 高层决策制定过程视角下CEO变革型领导行为对
     组织绩效的影响机理 ……………………………… 68
  4.1.2 高层决策执行过程视角下CEO交易型领导行为对
     组织绩效的影响机理 ……………………………… 70
 4.2 远距离领导视角下CEO领导行为对组织绩效的影响
   机理 ………………………………………………………… 71
  4.2.1 领导距离与CEO远距离领导过程的特殊性 ………… 71
  4.2.2 远距离领导视角下CEO变革型领导行为对组织绩效的
     影响机理 …………………………………………… 73
  4.2.3 远距离领导视角下CEO交易型领导行为对组织绩效的
     影响机理 …………………………………………… 78

第5章 双重视角下的假设推演过程与概念模型 ………… 83
5.1 交易型、变革型领导行为与组织绩效的关系 ………… 84
5.2 利用式、探索式技术创新与组织绩效之间的倒 U型关系 ………… 87
5.3 利用式、探索式技术创新在 CEO 领导行为与组织绩效间的中介作用 ………… 91
5.4 不同环境条件下交易型、变革型领导行为对技术创新的影响 ………… 97
5.5 二元领导行为对组织绩效的影响 ………… 101
5.6 协同式技术创新对组织绩效的影响 ………… 104
5.7 协同式技术创新在二元领导行为与组织绩效间的中介作用 ………… 106
5.8 中庸思维对二元领导行为的影响 ………… 110

第6章 研究设计与数据收集 ………… 117
6.1 问卷设计与预试 ………… 117
6.1.1 问卷设计 ………… 117
6.1.2 测量工具 ………… 120
6.1.3 探索性因子分析 ………… 127
6.2 大样本施测 ………… 133
6.2.1 数据收集与样本描述 ………… 133
6.2.2 聚合性检验 ………… 137
6.2.3 信度与效度检验 ………… 141

第7章 统计分析与假设验证 ………… 149
7.1 描述性统计分析 ………… 149
7.2 变量间整体关系的结构方程模型检验 ………… 151
7.3 交易型、变革型领导行为与组织绩效的关系检验 ………… 156
7.4 利用式技术创新、探索式技术创新与组织绩效间的倒 U型关系检验 ………… 159
7.5 利用式、探索式技术创新在 CEO 领导行为与组织绩

　　　　效间的中介作用检验 …………………………………… 163
　7.6　环境动态性与竞争性在 CEO 领导行为与技术创新
　　　　之间的调节作用检验 ………………………………… 168
　7.7　二元领导行为与组织绩效的关系 ………………………… 175
　7.8　协同式技术创新与组织绩效的关系检验 ………………… 177
　7.9　协同式技术创新在二元领导行为与组织绩效间的中介作用
　　　　检验 …………………………………………………… 178
　7.10　中庸思维与二元领导行为的关系 ……………………… 180
第8章　研究结论与未来研究方向 ……………………………… 182
　8.1　结果讨论与研究结论 ……………………………………… 182
　　8.1.1　研究结果讨论 ………………………………………… 182
　　8.1.2　主要研究结论 ………………………………………… 193
　8.2　创新之处与研究意义 ……………………………………… 198
　　8.2.1　本文的创新之处 ……………………………………… 198
　　8.2.2　本文的理论意义 ……………………………………… 201
　　8.2.3　本文的实践启示 ……………………………………… 204
　8.3　未来研究方向 ……………………………………………… 208
　　8.3.1　研究局限 ……………………………………………… 208
　　8.3.2　未来研究方向 ………………………………………… 209
参考文献 …………………………………………………………… 210
图表索引 …………………………………………………………… 228
致谢 ………………………………………………………………… 231

第 1 章 导论

1.1 研究背景

1.1.1 理论背景

（1）变革型和交易型领导行为理论在领导研究中的地位越来越重要。

自 Burns（1978）提出变革型领导行为的概念以及 Bass（1985）提出变革型领导行为理论以来，在过去的 20 多年间，变革型和交易型领导行为理论占据了领导研究的中心地位（陈永霞等，2006）。这是有着深刻的历史原因，因为在此期间，外部环境的竞争程度和不确定性程度相比较之前的阶段变得更高，为了在这种环境中生存和发展，企业需要能够快速地适应这种环境的变化，并通过动态调整组织结构、发动组织变革以在竞争中生存下来。然而，企业在这种环境中进行组织变革却遇到了很大的阻力和挑战，因为企业内部的领导者很难通过改变自身的管理手段和技能来实施和适应这种大规模的变革，因此，领导才能在此过程中变得越来越重要（Conger，1999）；另一个挑战是员工对组织的承诺开始降低，在伴随着公司裁员以及组织实施结构扁平化变革的过程中，传统的长期社会雇佣合同开始被打破，这样，如何在提高员工士气和承诺的同时进行组织变革便成为企业所面临的一个重要问题。

此时，摆在领导者面前的一个两难问题便是，如何能够在提高员工承诺的同时来实施组织变革，如何将员工的个体需求与组织需求有机结合起来。为了回答这个问题，学者们重新审视领导者与管理者的内涵区别，发现变革之所以失败并且如此低效的一个原因是，企业在变革过程中过多重视领导者的"管理"行为成分，而忽略了其"领导"行为成分，即过于强调物权变动和例外管理等交易型领导行为在组织变革中的作用，而忽略了领导魅力和愿景激励等变革型领导行为对于推动组织变革的重要性，而变革型领导行为在变革过程中改变下属的工作态度，提高员工的需求层次和组织承诺水平，帮助员工实现自我超越以联结其个人利益与组织利益方面起着重要的作用。

所以，在过去二十多年的时间内，相对于其他领导理论，变革型领导理论由于能够更好地适应这种环境变化的需求而同时在实践界和理论界起着越来越重要的地位。在这期间，不同领域的学者开始从不同的角度对不同层次的领导者的变革型和交易型领导行为与员工的工作态度、工作绩效，以及团队绩效和组织绩效的关系进行了相应的理论和实证研究（Shin et al，Avolio et al，2004；Howell et al，1993；Waldman et al，2001；Rowold et al，2008；陈永霞等，2006），并取得了一些初步的研究成果，但是仍然存在不少需要进一步深入研究的空间。

（2）关于CEO变革型和交易型领导行为对组织绩效的作用机理，国内外尚缺乏深入的理论探讨和足够的实证研究。

与中基层领导行为不同，高层领导者的行为不仅会对直接下属产生影响，而且会影响到整个企业的生存和发展。因此，对高层领导行为的研究，不仅组织行为学领域的学者们比较关注，而且战略管理领域的学者们也表现出了浓厚的兴趣。但是从现有文献来看，对高层领导者，尤其是关于CEO的变革型和交易型领导行为的研究成果远少于对中基层领导者的变革型和交易型领导行为的研究成果，并且前一方面研究的开始时间也远晚于后者。单从变革型领导行为的研究来看，中基层领导者的变革型领导行为的研究在 1980 年已经开始了，并且相关的著作和文献也开始不断出现。而对 CEO 的变革型领导行为的研究，虽然起始于 20 世纪 90 年代，但是真正引起学者们关注和兴趣却在 2001 年之后，并且研究成果还出现了相互冲突的结论，至此，学者们开始重视 CEO 领导行为与中基层领导行为的特殊性，开始了对其作用机制的探讨。但是从目前的研究成果来看，学者们大多是将中基层领导行为的研究范式直接应用于高层领导行为的研究之中，多数学者仍然是从 CEO 对其直接下属工作态度和工作绩效的影响这一逻辑主线进行探讨，而对其如何影响高层决策过程和如何进行远距离领导影响组织绩效的机理缺乏深入地探讨。因此，作用机理研究的不足导致了在实证研究中出现相互冲突的研究结果时也很难得出令人信服的理论解释。

（3）作为一种新的创新分类方式，探索式和利用式技术创新的内涵和相互关系仍需进一步探讨。

自熊彼特 1912 年提出创新理论以来，为了技术创新研究的深化和政策的针对性，不同领域的学者根据不同的标准对技术创新进行了分类。根据创新程度的标准，Rosanna et al（2002）将技术创新分为突破性创新（radical innovation）、适度性创新（really new innovation）和渐进性创新（incremental innovation）；Henderson et al（1990）从创新所依赖的知识类型（显性和隐性）将技术创新分为渐进式创新（incremental innovation）、突破式创新（radical innovation）、模块式创新（modual innovation）和架构式创新（architectural innovation）四个类别；Bower et al（1995）从创新所依赖的价值网络（市场）的不同，将技术创新分为延续型创新（sustaining innovation）和破坏型创新（disruptive innovation）。需要说明的是，由于学者们所依赖的分类标准各不相同，导致了不同分类标准下的创新方式存在一定的重叠之处。

March (1991) 认为，之所以会产生不同类型的创新分类，深层原因在于组织学习机制和知识特征的不同。Benner et al (2003) 在此基础上，从组织对知识的学习过程的角度将技术创新分为探索式技术创新和利用式技术创新，两者所依赖的学习机制和知识特征存在差异。探索式技术创新是对全新知识和全新机会的学习和尝试，比如开发新产品或开发新顾客，它能够扩展组织的知识"广度"；而利用式技术创新则在于不断优化现有的知识基础与整合现有的资源，例如，对现有产品进行升级或者不断挖掘老顾客的需求，它能够加深组织现有知识的"深度"。利用式技术创新包括提炼、选择、生产、效率与执行等创新活动。它需要整合现有的显性知识，采用自上而下的学习方式，需要具备同质性程度高的组织知识结构，由此，组织可以迅速将现有的技术或市场知识进一步地提炼以变成组织的惯例并进行制度化，能够提高技术创新的"效率"；探索式技术创新通常包括搜寻、变异、承担风险、试验、尝试、灵活性、发现、创造等创新活动，探索式创新需要开发组织的隐性知识，如发现新的技术和市场知识，进行自下而上地学习以获得新知识，其主要特征在于需要创造与当前知识基础具有不同结构的组织知识，以便在技术创新过程中能够获得新的创意，能够提高技术创新的"效果"。组织的生存和发展离不开技术的利用和探索过程，但是这两类创新对组织的资源、结构、文化、系统等提出了不同的要求和挑战，目前学者们对这两种技术创新的内涵界定和相互关系还存在争议，尚需进一步的研究和探讨。

1.1.2 实践背景

（1）领导力对于企业的发展变得越来越重要，而我国企业高层领导者的领导力尚需进一步提高。

根据全球著名人力资源管理咨询公司 DDI（美国智睿咨询有限公司）对来自 76 个国家的 1494 名人力资源管理者和 12 208 名领导者进行专业调研后的一份名为《2008~2009 全球领导力展望》调查

报告显示：在所接受调查的高层领导者中，有75%的被调查者认为培养或善用领导人才是公司的第一要务，此数据表明全球绝大多数公司已经意识到领导力对于企业的成功非常重要。但是该调查结果的纵贯分析也表明，在过去8年中，领导者的信心却在不断下降，仅41%的被调查者对企业提供的领导力发展计划感到满意，即大多数高层领导者对当前企业所提供的领导力发展规划存在不满之处。因此，该项调查报告的结果表明，尽管目前大多数企业已经认识到领导力对于企业发展的重要性，但是在当前领导力的培养过程中，仍然存在着诸如"领导者没有得到适当的培养，培养计划实施不利"等缺陷。

同时，近年来，随着中国企业"走出去"国际化战略的实施，也迫切需要更多的具备全球领导力的领导者能够带领企业进行国际化经营，因此，领导力国际化方面的研究也能够从侧面反映我国企业当前进行国际化经营过程中领导力的现状。2008年顶尖人物咨询公司和《财富》（中文版）杂志联合对我国3 800名企业高层领导人进行了"领导力国际化"调查。该调查通过与成功全球企业领导者的八项关键最佳实践要素的标杆进行比较后发现：被调查的中国高层领导者的全球化视野增长速度虽然达到了77%，但能力水平仍然很低。没有机会建立全球化视野，是中国企业高层领导者培养这一能力的主要障碍。其次，开放的领导风格能力增长仅次于全球化视野（41%），但这项能力仍然偏低（48%）。因此，总体来说，中国的高层领导者在"全球化视野"和"开放的领导风格"这两项能力上的得分相对比较低。虽然国际化方面的领导力不足以完全反映我国高层领导者的领导力现状，但是在跨国公司大举进入中国市场，以及中国企业实施国际化战略的今天，这项能力的缺陷从一个侧面反映了当前我国企业领导力偏低的现状。

（2）无法有效调动企业内在的创新力量（如无法激励员工的创新热情），成为制约当前企业进行技术创新的内部制约因素。

尽管改革开放三十年来，中国企业在技术创新方面取得了长足的进步，但是与社会发展的要求和国际先进水平相比，仍然存在一定的差距。根据中国企业家调查系统所做的《2008：中国企业家队伍成长与发展十五年调查综合报告》显示：企业经历了从偏重技术引进到注重自主开发的历程。1993年中国企业家调查系统的调查结果发现，技术力量不足和研发资金不足是制约企业自主研发的主要因素；而2000年的调查显示，只有33.7%的企业家认为"研究和开发能力"是本企业的核心竞争力之一。近10年来，不少企业意识到拥有自主知识产权的原创性技术的重要性，开始重视自主创新。2000年的调查中发现了企业近三年实现技术创新的主要方式，结果显示"自主开发"的比重最高，其次是"合作开发"，最后是"引进技术"。

同时，该调查还显示，大多数企业家在肯定技术创新成效的同时，也意识到企业各项技术创新上的差距。虽然有一些企业已经达到世界先进水平，但是大多数企业家认为企业的自主创新能力不强，还没有形成高效的技术创新体系。而妨碍企业技术创新的内部制约因素则是：一方面是对创新缺乏系统思考和长远规划，缺乏创新的路线图，一些企业家感到"难以选择创新目标"正是这种问题的体现；另一方面是无法有效地开发创新的内在动力源，在激励员工的创新热情，调动各种内在的创新力量方面存在明显不足。因此，这对企业家的自身素质和能力提出了更高的要求。而调查中也发现，企业家认为自身的决策能力、丰富的行业和专业知识、预见能力对于一个成功的企业而言最为重要。从而可见，企业家的远见和愿景、决策能力和调动企业内在的创新力量成为制约当前企业技术创新的重要因素，这对领导者的素质和能力提出了更高的要求，如何设定和传递愿景，调动员工的创新热情，提高决策能力对领导者提出了新的挑战。

（3）当前我国企业的技术创新仍是以模仿式技术创新为主，自主技术创新水平相对偏低。

根据国务院发展研究中心（2008）对我国2655家大中型工业企

业自主技术创新的调查结果显示①，虽然目前我国工业企业的技术创新已经普遍开展，但是模仿创新仍然是主要形式。该研究发现，在调查的所有企业中，有近20%的大中型企业没有开展任何形式的技术创新活动，其余80%开展技术创新活动的企业中，约有50%的企业进行了模仿创新，只有30%的企业开展了自主创新。因此，总体而言，模仿创新仍是我国企业技术创新的主要形式。大多数企业缺乏核心技术，在关键技术地开发和应用方面与国际先进水平相比仍然有较大的差距。

该调查还显示，目前我国大中型工业企业产品创新还主要以原有产品改进式创新为主，例如，工业企业产品创新的主要途径顺次是采用有重大变化的新技术（57.40%）、采用新材料（55.86%）和采用新的中间产品或新的功能部件（52.97%），而全新的功能产品（43.13%）和产品或服务形式发生重大变化（38.25%）只是产品创新的次要途径。从阻碍我国大中型企业技术创新的因素来看，缺乏合格的科技人力资源（69.86%）成为制约企业自主创新的内部因素，而受到竞争企业的产品冲击（61.4%）和产品或服务需求不确定（47.90%）是束缚自主技术创新的主要外部因素，可见，我国工业企业的自主技术创新在充满行业竞争性和市场动态性的外部环境中进行的。虽然工业企业的调查数据无法全面反映我国整体企业的自主创新和模仿创新状况，但是其从侧面反映了当前我国企业的自主技术创新水平和自主创新能力尚需进一步提高。

1.2 研究目的与问题

1.2.1 研究目的

变革型和交易型领导理论在领导研究中的地位越来越重要，

---

① 王晓明：《我国工业企业自主创新状况调查及政策建议》，载《经济管理》，2008年第13期。

CEO变革型和交易型领导行为对组织绩效的作用机理尚缺乏深入探讨，在探索式和利用式技术创新的内涵和相互关系尚不明晰的理论背景下，在我国企业高层领导者的领导力尚需进一步提高，领导者无法有效调动企业内在的创新力量，当前我国企业的技术创新仍是以模仿式技术创新为主，自主技术创新水平相对偏低的实践背景下，本文的基本目的是探究在处于经济转型阶段的中国情境下，对于企业的技术创新和组织绩效而言，CEO领导行为不同会给企业的技术创新类型带来哪些差异，其对技术创新和组织绩效的影响机理存在哪些不同之处，以便为中国企业的领导实践和技术创新实践提供理论指导和实践启示。

由于国外有关CEO变革型和交易型领导行为与组织绩效的研究目前尚处于起步阶段，并且研究结论还存在一定的矛盾之处，国内关于该问题的讨论更是少见，因此，一方面为了进一步明确CEO的领导行为对技术创新和组织绩效的作用机制，以深入分析当前研究结论存在冲突的深层原因。另一方面，也进一步验证在中国情境下CEO的变革型和交易型领导行为能否提升组织绩效，不同文化情境下的研究结论是否相同。从当前我国领导力和技术创新水平低的现实情况出发，我们也需要进一步了解提升CEO领导力的有效途径，以及他在技术创新过程中如何有效地调动员工的创新热情，从领导者自身去寻找提升技术创新和组织绩效水平的有效领导方式，以便为当前我国的技术创新实践提供理论指导。

1.2.2 研究问题

（1）CEO领导行为与组织绩效之间的关系：看似简单，实则未必。

CEO的领导行为与组织绩效之间的关系，看似两者之间存在简单且明显的正相关关系，似乎不存在需要深入研究的理论价值，但是从对两者之间关系研究的理论发展过程来看，他们之间的关系却远比想象的复杂。我们将理论界对该问题的研究划分为三个主要阶段，对于两者之间的关系也经历了"肯定—争议—再肯定"的理论争论过程。

第一个阶段起始于20世纪60年代和70年代初，当时的理论界普遍认为CEO以及其高层领导团队是组织绩效的关键性决定因素。以哈佛大学的Learned et al（1961）和Andrew（1971）为代表的学者们强调CEO在很大程度上决定着组织的未来发展方向和战略变革效果，其领导行为对组织绩效具有重要的影响作用。这个时期的主流观点认为，虽然决定组织绩效的因素有多种（例如技术因素、组织结构因素、外部环境因素等），但是CEO的领导行为在所有因素中是最重要的。

第二个阶段起始于20世纪70年代和80年代初，这一时期是正反两种观点对立的阶段，在关于组织绩效的决定性因素问题上，不同学派的学者们之间开始出现理论分歧和争议。例如，Hage et al（1969）认为，组织绩效最为关键的决定因素是组织结构而不是CEO或其他因素。而Child（1972）的战略选择（strategic choice）理论则认为，公司的组织结构形式并非决定于外部环境，而是由公司内部的CEO及其高层领导团队的战略决策和战略选择所决定的，这些"主导精英联盟"（dominant coalition）不仅决定着组织结构形式，还决定组织未来的发展目标、技术选择、人员配置等多个方面。因此，在Child看来，组织绩效的决定因素仍然是CEO的领导行为而不是其他。但是，其他学派的学者则提出了相反的观点，例如以Hannan et al（1977）为代表的种群生态学派认为，组织及组织内的CEO和高层领导团队，很大程度上是受组织惯性力量的驱动，以及外部环境和很多其他因素的制约，组织绩效的决定因素是其所处的环境而不是CEO或高层领导团队。这个时期，波特、安索夫等学者的战略分析工具盛行于学术界和企业界，学者们研究的重心也转向产品生命周期、产品组合、行业和竞争分析框架、学习曲线等问题上来（Finkelstein et al，1996）。总体来说，这个时期理论界对于CEO领导行为与组织绩效之间的关系尚存在争议。

第三个阶段起始于20世纪80年代一直延续至今,这个阶段学术界重新认识到CEO及其高层领导团队对组织绩效的关键性影响作用。Kotter（1982）发现CEO的个性和背景差异决定了其行为的不同,进而导致了组织绩效的差异；Hambrick et al（1984）的高层梯队理论（upper echelon theory）则进一步提出,CEO年龄、性别、从业经验等人口统计变量和认知通过战略选择的过程来影响组织绩效,这一理论的提出对调和学术观点的分歧产生了重要的影响。与此同时,Gupta et al（1984）的实证研究表明事业单位的绩效很大程度上取决于CEO及其高层领导团队成员的经验、个性与事业单位战略要求的匹配度和一致性。同时,Wagner et al（1984）,Miller et al（1982）等人的研究也进一步证实了CEO及其高层领导团队对组织绩效的关键影响作用。

为了进一步调和与种群生态学者们的分歧,Finkelstein et al（1990）提出了决策自主权（managerial discretion）的概念,验证了当CEO或高层领导团队的决策自主权低的情况下,CEO领导行为对组织绩效的影响比较小,而在其决策自主权高的条件下,CEO的领导行为则对组织绩效具有决定作用,自此才结束了长达十余年的学术争议,使学者们对两者之间的关系有了更深入地认识和理解。

（2）CEO变革型领导行为与组织绩效之间的关系：相互冲突的已有研究结论。

自从Howell et al于1993年开启了CEO变革型领导行为与组织绩效之间关系的研究以来,截至目前为止,已经发表了将近20篇学术文章在探讨两者之间的关系,然而,从文献回顾的情况来看,目前的研究结论却存在冲突。以Howell et al（1993,2005）为代表的学者们发现两者之间存在正的相关关系,而以Waldman et al（2001,2004）为代表的学者们却发现两者之间不存在显著的相关关系。针对这个理论冲突,学者们建议（Waldman et al,2004）,单纯研究变革型领导行为与组织绩效之间的关系所经过的"中间关系链条太长",应该考虑其可能的中介影响机制,引入合适的"中介变量"

会进一步加深对两者之间关系的认识。自此，学者们开始引入组织氛围（Koene et al, 2002）、战略变革（Waldman et al, 2004）、人力资本价值提升（Zhu et al, 2005）、组织学习（Garcia-Moraleset al, 2007）、技术创新（Aragon-Cprrea et al, 2007；Garcia-Moraleset al, 2007）、组织承诺（Steyrer et al, 2008）等中介变量来探讨两者之间的关系。需要说明的是，虽然之前有学者从技术创新的角度探讨过变革型领导行为与组织绩效之间的中介机制，但是只是将其作为一个整体构念来讨论，并没有讨论技术创新的不同维度所起到的不同作用，而近年来技术创新领域的研究则发现，研究技术创新的类型，或者技术创新的不同维度所起到的作用，远比分析其整个构念对理论和实践更有价值，因为其不同维度的作用机制都不相同，而这对技术创新的实践启示也不相同。因此，本文从一种新的创新分类，探索式技术创新和利用式技术创新的角度出发，来探讨不同类型的技术创新在CEO变革型领导行为与组织绩效之间的中介机制的差异。

探索式技术创新和利用式技术创新是近年来技术创新领域和组织理论研究的一个重点和热点问题。利用式技术创新包括提炼、选择、生产、效率与执行等创新活动，它能够降低创新的风险和创新成本，提高组织的稳定性和效率，从而通过为顾客提供低成本的产品或服务来增强组织的低成本竞争优势和短期生存能力；而探索式技术创新通常包括搜寻、变异、承担风险、试验、尝试、灵活性、发现、创造等创新活动，能够通过研发新的产品或开发新市场来满足顾客的需求，为顾客提供个性化的产品或服务来增强其差异化竞争优势，以提高组织对外部环境的适应性和长期发展潜力（March, 1991；Benner, 2003）。因此，这两种不同类型的技术创新对于企业的短期生存和长期发展具有不同的促进作用。但是这两类创新需要不同的组织资源、组织文化、组织结构的支持，如何平衡这两种创新来实现其协同发展成为近年来学者们关注的焦点和兴趣。仅2006年美国管理学的最高级别期刊AMJ（Academy of Management Journal）和2008年组织理论的最高级别期刊OS（Organization Science）都曾开出专栏来号召更多的学者加入到这一新兴的研究领域中。但是从Gupta et al（2006）对所刊登的专栏文章的评述后发现，目前关于探索式和利用式技术创新的研究仍缺乏具体而深入地分析，希望能够从更多的视角来探讨其平衡机制。而本文则从高层领导行为的角度来为其平衡提供一个新的视角。

综上所述，具体来说，本文主要聚焦于以下研究问题：

第一，CEO的变革型和交易型领导行为对组织绩效的影响机制存在什么差异？

正如在之前的论述中所提到的，虽然有学者认识到技术创新在CEO的领导行为与组织绩效之间承担着中介作用，但是却并没有指出哪种类型的技术创新可能起到中介作用，而近年来对技术创新的研究更多关注于技术创新的类型或者维度所起到的不同作用，因此，两种类型的技术创新在CEO变革型和交易型领导行为与组织绩效之间所起到的中介机制会存在什么样的差异，将是本文需要深入探讨的问题。

第二，CEO的变革型和交易型领导行为与技术创新和组织绩效之间的关系是否会因情境因素的不同而变化？

现有研究虽然论述到在动态的环境中，变革型领导行为与组织绩效之间的关系会发生变化，但是并没有同时考虑对企业造成完全相反环境压力的环境竞争性所起到的调节效应。在同时考虑了环境动态性和环境竞争性两个因素的协同影响后，CEO的变革型和交易型领导行为与组织绩效之间的关系会发生什么样的变化，其与技术创新之间的关系是否也会发生变化？

第三，协同式技术创新的实现需要什么类型的领导行为来推动？

现有文献虽然从组织结构、组织情境、发展战略三个角度论证并验证了他们对实现协同式技术创新的推动作用，但是很少有人从领导行为的角度去深入探讨和验证它在实现协同式技术创新过程中所起到的作用。什么类型的领导行为有利于协同式技术创新的实现，将是本文关注的第三个研究问题。

第四，二元领导行为是如何形成的？

本文在前人的基础上，重新界定了二元领导行为的概念，并论述了二元领导行为背后的理论渊源和理论基础，但是这种领导行为是如何形成的，目前鲜有学者们对此问题进行过论述。本文立足于中国传统文化，借鉴本土心理学的研究成果，从中庸思维的角度分析其对二元领导行为的影响关系。

1.3 研究内容、逻辑架构与方法

1.3.1 研究内容与结构安排

本文分为八个章节，具体每个章节内容如下：

第一章：导论部分。这部分主要阐述本文研究的理论和实践背景、在此基础上确定本文的研究目的并提出拟要研究的问题，再进一步确定具体研究的内容和拟采取的研究方法。该部分主要是对全文内容结构做简单的介绍。

第二章：文献综述部分。这部分通过分别对 CEO 领导行为和技术创新领域已有文献的归纳和评述，找出每个领域现有文献研究的理论缺口和不足之处，以寻找到可以进一步扩展和补充现有理论的创新之处。在领导行为的文献综述中，对 CEO 变革型和交易型领导行为与组织绩效关系研究的现状进行了归纳和评述，以发现可能存在的中介机制；在技术创新的文献综述中，我们归纳了当前学者们在理论上关于探索式与利用式技术创新之间关系的争论，以及现有文献中关于如何实现协同式创新的途径，寻找到可能的新的角度；最后在前人研究的基础上，提出了二元领导行为的概念，并讨论了它的理论渊源和基础。

第三章：案例分析部分。这部分通过对神华煤制油有限公司的案例分析，归纳了 CEO 在高层决策的制定和执行过程中所扮演的角色的不同，以及在按着愿景制定和权变奖励过程中所展现的二元领导行为，并从中发现了 CEO 对基层员工影响的途径。该部分的案例发现为后续的机理分析和假设推演提供铺垫。

第四章：机理分析部分。这部分在案例分析的基础上，通过理论推演的方式，从高层决策和远距离领导过程两个角度探讨了 CEO 变革型和交易型领导行为对组织绩效的影响机理，为后续的假设推演提供依据。

第五章：假设推演与概念模型部分。这部分论述了 CEO 的变革型和交易型领导行为与技术创新、组织绩效之间的关系，以及不同环境情境对其关系的调节作用。并将二元领导行为作为实现协同式技术创新的一个前因，探讨了其影响关系，以及对组织绩效的影响。最后对二元领导行为的前因影响因素进行了分析。

第六章：研究设计与数据收集部分。这部分主要论述了本文问卷设计的原则、以及测量工具的选择、预试的过程。在大样本调研过程中，对数据的收集过程进行了说明，并且分别做了聚合性检验、信度和效度检验，以确保本文所提出的变量具有良好的信度和效度，能够进行后续的相关和回归分析。

第七章：统计分析与假设验证部分。这部分列出了变量间的相关系数矩阵，对本文所提出的假设关系进行了实证检验。

第八章：研究结论与未来研究方向部分。这部分对本文的研究结论进行了讨论，归纳和提炼了本文的研究结论。在与现有文献研究进行比较的基础上，提出了本文的研究贡献和创新之处，指出了本研究的理论意义和实践启示，并指明了所存在的研究不足和来未来研究方向。

1.3.2 研究方法

本文采取定性研究、案例研究和实证研究相结合的研究方法，在文献回顾和对现有文献进行评述的基础上，寻找到本研究的创新点和拟研究的问题。在对现有问题没有清晰认识的情况下，我们通过案例分析的方法明确了 CEO 领导行为对技术创新和组织绩效的影响方式和途径，进而从高层决策和远距离领导过程两个视角，通过定性分析和理论推演的方式，探讨了CEO的变革型和交易型领导行为对组织绩效的影响机理。在明确了其影响机理后，再从高层决策和远距离领导过程两个视角，结合已有研究成果和理论推演的方式，提出了本文的研究假设和概念模型。

然后再进行问卷设计。为保证本研究所采用的变量的信度与效度水平，我们尽量采用国内外研究已经使用过的量表，再结合本文的研究目的和研究内容做适当修正。为了保证大样本发放的质量，我们首先用北京和天津的EMBA作为预试对象，用探索性因子分析（EFA）来测试变量的维度结构并分析其信度水平，删除个别出现偏差和交叉载荷的题项。然后再对中国10个省份和两个直辖市的297家企业进行大样本的调查，运用结构方程模型（SEM）进行验证性因子分析（CFA）以确保变量具有良好的信度和效度水平后，再运用SPSS和LISREL对本文所提出的假设进行验证。具体而言，本文采用的研究方法如下：

（1）文献研究方法：本文文献研究是在研究目的和研究问题的指导下，对相关文献资料进行系统地检索和阅读，总结和提炼国内外已有相关主题的研究思路、方法和结果，通过比较和评述来寻找到现有研究的不足和缺口，寻找出可能的理论创新点和具体研究内容，以此为后续的论文思路构建、研究假设和概念模型的提出做出铺垫。

（2）定性研究方法：这里指的是运用逻辑推演的方式，对本文所研究的变量之间的关系进行理论推演，以明确变量之间的影响机理。目前关于案例研究是属于定性研究还是实证研究的范畴尚存在争议，所以我们将案例研究作为一种独立的研究方法单独列了出来。

（3）案例研究方法：在对所要研究的问题没有明确认识的情况下，采用案例研究有助于明确变量之间影响的具体过程。本文所采取的是单案例研究方法，虽然这种方法无法克服其外部效度低的问题，但是单案例研究往往能够深入地探讨现象背后所反映的本质问题，许多有价值的管理学发现都是来自于单案例研究方法。

（4）实证研究方法：具体而言，本文的实证研究主要包括以下三个方面：

第一，预试：作为大样本调研的前期工作，本研究进行了前期的调查访谈，访谈内容围绕研究目的和研究问题展开，主要用以验证本文的基本研究思路，确保本文所研究的变量能够反映管理实践，从预试中发现可能存在的各种问题，如变量是否具有足够的内容效度，题项能否被调研对象所理解，变量的维度结构是否符合现有理论内涵，信度水平是否达到最低标准等，以便及早解决问题，避免大样本调查中可能出现的问题。

第二，问卷调查：问卷调查是本文获取数据的基本方法，包括调查问卷设计、调查过程和信效度检验三个步骤。本研究以中国10个省份两个直辖市的企业作为调查样本，共回收有效问卷297份。在问卷设计上，为了避免同源误差对研究结果的干扰，我们采取由多个调研对象分别填写问卷的方式，领导行为的测评按照领导理论的一般做法采取"他评"的方式，问卷由CEO助理、技术副总和人力资源副总三个对象来测评，以避免单一测评所可能产生的误差；环境的动态性和环境的竞争性问卷由人力资源副总来填写；探索式和利用式技术创新的问卷由技术副总来填写；组织绩效的问卷由财务副总来填写；中庸思维的问卷由CEO助理来填写。

同时，本研究还保证问卷的匿名性、随机调整问卷题项之顺序，提高问卷题项的设计质量（如避免问卷题项的模棱两可）等方式来进一步削弱同源误差的影响。

由于CEO领导行为的问卷由三个对象来填写，因此需要对其数据进行合并，我们采用R_{wg}、ICC（1）、ICC（2）三个指标来判断数据的聚合性。只有在保证数据的聚合性指标符合要求，各个变量的信度和效度都超过已有研究所建议的门槛值，我们才进行后续的假设检验过程。

第三，数据分析：对正式调查数据进行统计分析，分析方法主要包括结构方程模型分析和多元线性回归分析，借助的软件工具为LISREL 和 SPSS，结构方程模型主要用来验证变革型、交易型领导行为、探索式技术创新和利用式技术创新和财务绩效和市场绩效等各个变量之间的整体关系。而对于调节效应和中介效应的证明，使用结构方程模型进行检验尚存在方法上的争议，我们还是按照传统的多元线性回归方法进行假设的验证和数据分析。

第 2 章 文献综述

2.1 CEO 变革型/交易型领导行为的研究现状与缺口

2.1.1 CEO 领导行为与中基层领导行为的差异性比较

CEO 领导行为与中基层领导行为由于领导的对象、过程、内容、效果和领导者素质要求的不同，导致 CEO 的领导行为与中基层领导行为也存在明显的差别，这些差别也导致了在中基层领导行为所得出的结论，并不一定能够适用于高层领导理论的研究之中。从而，基于中基层领导行为的研究范式可能与高层领导行为的研究范式也存在差异。具体来说，CEO 领导行为与中基层领导行为的差异性体现在以下四个方面：

第一，领导对象的差异。中基层领导行为所关注的往往是其直接下属或者基层团队成员，对研究重点主要是上下级成员配对关系（dyadic），研究的理论基础主要基于组织行为学和心理学中的传统领导理论；而 CEO 的领导行为研究所关注的不仅是其直接下属，如高层领导团队成员，而关注整个企业内部的中基层领导者以及所有员工，它的研究重点就不仅仅是上下级成员关系，还包括领导者与整个企业的关系，本质上已经属于企业领导学的范畴，研究的理论基础不仅基于组织行为学和心理学的传统领导理论，还包括战略领导和战略管理的相关理论。

第二，领导过程的差异。中基层领导者主要是通过影响领导者与下属之间的直接关系来施加影响力，属于一种实在（substantive）的领导行为，本质上是一种直接领导过程；而 CEO 则不仅通过影响其直接下属来影响高层决策过程，还通过间接领导的方式，例如展现某种象征性（symbolic）行为和印象管理手段来影响基层员工的认知与行为。因此，CEO 的领导行为不仅包括直接领导过程，还包括间接领导过程。

第三，领导内容的差异。中基层领导行为包含更多的是"战术"的成分，例如，领导者对下属的个性化关怀，例外管理行为等，这些更多是影响到下属和团队的工作绩效，排除了与外部环境的交互影响，对于整个组织绩效的影响却不明显。因此，这种领导行为本质上属于"组织中的领导"；而 CEO 领导行为包含更多的是"战略"成分，虽然并非 CEO 所有的领导行为都属于战略领导的范畴，但是其领导行为对整个企业的生存和发展却有着直接的影响作用，许多企业的破产或者衰退都来自于 CEO 领导方式的不当。因此，这种领导行为本质上属于"组织的领导"。

第四，领导效果的差异。中基层领导行为的结果往往表现为下属工作态度的转变，工作绩效的提高，团队凝聚力的提升等，其影响范围主要集中于某个部门或团队内部。而 CEO 的领导行为的结果不仅具有以上表现，还表现为整个企业绩效的提升，技术创新水平的提高，组织规模的扩大等，其影响范围影响到整个组织。

第五，领导者素质要求的差异。中基层领导者更多关注于专业技能和人际关系技能，不需要具备环境的适应力和战略思维能力；而 CEO 则需要具备较高的战略思维能力、战略决策能力、认知和行为的复杂性能力、环境适应能力、印象管理能力等，对其比中基层领导者提出了更高的素质和能力要求。

2.1.2 CEO 变革型/交易型领导行为与组织绩效间关系的理论观点冲突

（1）变革型、交易型领导行为理论的发展历程。

变革型领导行为一词首先是由 Downton 于 1973 年在《反叛领导》(rebel leadership) 一书提出的，接着由 Burns 于 1978 年在《领导力》一书中予以概念化（陈文晶等，2007）。但是变革型与交易型领导行为理论的发展，很大程度上归功于 Bass（1985）在《领导与超越期望的绩效》一书中对其概念进行界定并予以操作化使得实证操作变的可能从而推动了变革型和交易型领导行为的进一步发展。但是从文献回顾来看，大部分关于变革型和交易型领导理论的研究是基于上下级个体之间或者团队层次（House et al，1995；Waldman et al，2004），缺乏对高层领导行为的理论和实证研究。将领导行为从基层跨越到高层，其影响的效果和范围都会发生很大的变化，因此，从中基层领导行为所得到的结论，在高层领导行为研究中可能并不适用。

（2）CEO 变革型领导行为与组织绩效之间的关系：正相关关系的理论观点。

Howell et al（1993）开启了 CEO 的变革型领导行为对组织绩效影响之研究先河，作者以 78 个事业单位的总经理为研究对象（事业单位往往具有较大的自主权和决策权，也可以看作是一个具有各项职能部门的组织），发现他的变革型领导行为对事业单位绩效具有显著的正向影响。不仅如此，变革型领导行为的三个维度：领导魅力、智力启发和体恤关怀对组织绩效也具有显著的正向影响。之后，Geyer et al（1998）以银行业的样本作为研究对象，进一步印证了变革型领导行为对组织绩效的正向影响作用。十多年之后，Howell et al（2005）再次检验了高层领导者的变革型领导行为对事业单位绩效的影响，同样发现变革型领导行为对组织绩效具有显著的正向影响，并且发现领导者与下属的距离在 CEO 变革型领导行为与事业单位绩效之间起着反向调节作用；Menguc et al（2007）的研究则说明，变革型领导行为可以通过市场导向来建立事业单位的差异化竞争优势进而提升其绩效，但是其对增强其低成本竞争优势的效应则不明显，低成本优势的来源可能需要借助交易型领导者的推动；Garcia-Morales et al（2007）发现变革型领导行为与组织绩效之间存在复杂的中介影响机制，它通过知识的冗余、吸收能力、知识的隐蔽性、组织学习、创新等途径来影响组织绩效；Steyrer et al（2008）运用多层分析的方法，发现 CEO 的魅力型领导行为通过组织承诺对组织绩效产生显著的正向影响；Rowold et al（2008）也基于多层分析方法，发现 CEO 的魅力型领导行为与公司的客观财务绩效之间存在正相关关系。

此外，不同文化情境下的学者们对 CEO 变革型行为与组织绩效间的关系进行了后续的探索。Elenkov（2002）模仿 Howell et al（1993）的研究思路，在俄罗斯的情境下检验了 CEO 的变革型领导行为对组织绩效的影响，发现它对组织绩效也具有正向的影响；Koene et al（2002）在荷兰的情境下，以一个大型超市下属的 50 家连锁店为研究对象，发现 CEO 的魅力型领导行为能够显著地提升组织绩效，并且在小的连锁店中这种影响程度会增强，这说明公司规模在魅力型领导行为与组织绩效之间起着反向调节作用。同时发现，CEO 魅力型领导行为还可以通过组织氛围的中介作用来影响组织绩效；Zhu et al（2005）在新加坡的情境下，发现 CEO 的魅力型领导行为能够提升组织绩效，并且基于人力资本提高（human capital enhancing）的人力资源管理制度在中间起着中介作用；Aragon-Cprrea et al（2007）在西班牙的情境下，基于组织学习和组织创新的视角，对 CEO 的变革型领导行为与组织绩效之间的关系进行了检验，发现变革型领导行为对组织绩效的影响并不是直接的，而是通过组织学习来影响技术创新进而才影响组织绩效的，但是作者并没有对组织学习和创新的类别进行区分，并未说明哪种类型的技术创新有利于提高组织绩效，而当前理论和实践中关注对技术创新的类型或维度对组织绩效的不同影响。

（3）CEO变革型领导行为与组织绩效之间的关系：不存在显著相关关系的理论观点。

当Waldman et al（2001）利用48家大型上市公司的样本，采用纵贯研究来探讨魅力型领导行为对财务绩效的影响时，却发现它对组织绩效并没有显著的影响，即这种领导行为并不能直接提高组织绩效，从而得出了与之前研究完全不同的结论。作者进而采用权变的视角，发现当外部环境变得不确定时，魅力型领导行为有利于增强对组织绩效的影响程度，但是当组织处于稳定的环境中时，这种影响效果并不明显。承袭之前的研究，Tosi et al（2004）运用59家企业样本，从CEO薪酬出发来探讨其魅力型领导行为对公司财务绩效的影响关系时，同样发现魅力型领导行为不能提升财务绩效，然而，当企业处于动态性高的外部环境中时，它却能够增强对财务绩效的影响程度，这进一步印证了Waldman et al（2001）的研究结论。同年，Waldman et al（2004）运用69家企业样本，基于战略变革的视角，发现魅力型领导行为对财务绩效（NPM和ROE）具有显著的正向影响，但是对市场绩效（sales growth）的影响并不显著，并且与之前结论相悖的是，即使当企业处于动态性高的外部环境中时，魅力型领导行为也不能提升财务绩效和市场绩效，针对这一矛盾的结论，作者认为可能是两个研究所收集的样本特征存在差异所导致的。为了进一步了解其中的原因，Ensley et al（2006）以66家新创企业作为研究对象，发现创业企业家的变革型领导行为并不能提升组织绩效，但是当组织处于动态的环境中时，它却可以显著地提升组织绩效；Agle et al（2006）运用128家企业的样本对美国大型公司调查后发现，CEO魅力型领导行为对组织的财务绩效和市场绩效的影响关系并不明显，同样也发现即使处于动态的外部环境中，它对组织绩效的影响也不显著。

针对以上存在的相互冲突的结论，作者提出领导行为与组织绩效之间的"关系链条太长"，直接研究两者之间的关系会导致不同的研究结论，建议在今后的研究中考虑引入适当的中介变量以打开他们之间的"黑箱子"，引入适当的调节变量以明确CEO领导行为发生影响作用的条件和边界，以便调和当前存在的理论观点上的冲突。

（4）CEO交易型领导行为与组织绩效之间的关系：不一致的研究结论。

在Howell et al（1993）对变革型领导行为与事业单位绩效之间的关系进行验证时，也分析了其交易型领导行为对事业单位绩效的影响，却发现交易型领导行为的权变奖励维度可以提升事业单位绩效，而例外管理维度却与事业单位绩效之间存在负向相关关系。而十多年之后，Howell et al（2005）再次检验CEO交易型领导行为与事业单位绩效的关系时，却发现两者之间不存在显著的相关关系。Waldman et al（2001）的结论也发现，CEO的交易型领导行为与财务绩效之间并不存在显著的相关关系，但是在动态性低的外部环境中，它却可以提升财务绩效。

而最近Ensley et al（2006）的发现却表明，创业企业家的交易型领导行为可以提升组织的绩效，但是在动态性高的环境中，它却不能提升组织绩效；在动态性低的环境中，交易型领导行为才能够增强对组织绩效的影响程度。总体来说，学者们对CEO交易型领导行为与组织绩效之间关系的研究成果相对更少，在有限的4项研究成果中，竟然发现了相互冲突和不一致的观点。这说明我们仍然需要对CEO交易型领导行为与组织绩效之间的关系做进一步的深入探讨，两者之间的关系看似简单，实则未必。

需要说明的是，之前的学者们采用的自变量不同，有些是CEO的变革型领导行为，而有些则是魅力型领导行为。虽然两者在概念内涵上存在一定的重叠之处，但是并非完全相同，因此，自变量的不同难免可能导致研究结果的差异。为了完整地比较之前已有的研究成果，表2-1归纳了之前学者们采用的概念模型、样本容量、调研情境等，以进一步比较其研究结论存在差异的可能原因。

表2-1 不同学者的研究模型及研究方法比较

	自变量	中介变量	调节变量	组织绩效指标	样本数量	研究情境
Howell et al (1993)	交易型、变革型领导行为		创新支持度	目标完成程度	78	加拿大
Geyer et al (1998)	变革型领导行为			金融绩效指标	116	澳大利亚
Waldman et al (2001)	交易型、魅力型领导行为		环境不确定性	净利润率	48	美国
Elenkov et al (2002)	交易型、变革型领导行为		创新支持度	主观指标	350	俄罗斯
Koene et al (2002)	魅力型领导行为	组织氛围	企业规模	净利润率控制成本	50	荷兰
Tosi et al (2004)	魅力型领导行为	CEO薪酬	环境不确定性	股东回报率，投资回报率	59	美国
Waldman et al (2004)	魅力型领导行为	战略变革		净利润率，净资产收益率，销售增长率	69	美国、加拿大
Zhu et al (2005)	魅力型领导行为	HRM		离职率、销售额	170	新加坡
Howell et al (2005)	交易型、变革型领导行为		领导距离	利润、收入、生产率	101	加拿大
Ensley et al (2006)	交易型、变革型领导行为		环境动态性	销售增长率市场份额	66	美国

续表

	自变量	中介变量	调节变量	组织绩效指标	样本数量	研究情境
Agle et al (2006)	魅力型领导行为			股票回报,投资回报率、销售增长率等	128	美国
Menguc et al (2007)	变革型领导行为	市场导向竞争优势		净利润率、销售增长率、市场份额等	260	加拿大
Garcia-Morales et al (2007)	变革型领导行为	知识特性创新		市场份额、投资回报率等	408	西班牙
Aragon-Cprrea et al (2007)	变革型领导行为	组织学习组织创新		销售增长率、投资回报率等	408	西班牙
Steyrer et al (2008)	魅力型领导行为	组织承诺		销售额、投资回报率等	78	德国、奥地利
Rowold et al (2008)	魅力型领导行为			净利润率	56	德国

2.1.3 小结：现有文献对中介作用机制与情境条件的研究尚不深入

从上表可以看出，目前关于 CEO 变革型领导行为和交易型领导行为对组织绩效的影响，已经引起了学术界的重视，除了美国学者的研究成果外，新加坡、澳大利亚、加拿大、西班牙、德国等国家的学者们也对此问题进行了初步的探索，但是由于使用的样本不同和所选择的行业不同，甚至在自变量和因变量的测量上也存在一些差别，导致所得出的研究结果存在一定的分歧。本文认为，存在分歧的原因主要有以下几个方面：

第一，自变量的不同。这主要表现在对 CEO 变革型领导行为与组织绩效之间的关系研究中，现有研究有些是以变革型领导行为作为自变量，有些是以魅力型领导行为作为自变量，虽然这两个概念内容具有一定重叠的成分，但是并不完全相同。有可能魅力型领导行为所能带来的影响效果而变革型领导行为并不可以，或者是变革型领导行为能够产生的作用而魅力型领导行为却无法达到。因此，自变量的不同可能导致了研究结果存在差异。

第二，样本容量不同。现有结论发现 CEO 魅力型领导行为与组织绩效之间不存在显著相关关系的研究，其样本容易通常都比较小（5 项研究中 4 项研究所采用的样本容量小于 70，另外一项是 128 家样本）。样本容量偏小也可能导致所得出的结果统计效力不足。即使同样在研究 CEO 魅力领导行为与组织绩效的关系中，采用相同变量的学者们所得出的结论也不相同（Koene et al，2002；Zhu et al，2005；Steyrer et al，2008；Rowold et al，2008）。有可能由于样本容量的大小导致了研究结论也存在一定的差异。

第三，对 CEO 变革型和交易型领导行为与组织绩效之间中介机制的探讨尚不深入。现有研究已经发现，单纯分析两者之间的直接关系，可能由于传导的链条太长而容易得出不一致的结论。认识到这一缺陷，已经有学者试图尝试从组织氛围、人力资源管理、知识管理、组织承诺等方面打开其中的黑箱子，但是很少从创新的角度来分析其中介影响机理。即使有个别学者从创新角度进行过研究，但是并没有对创新的类型或维度进行区分，而目前技术创新研究中更加关注的是技术创新"类型"而不是整个构念的影响。因此，对其中介作用机制的探讨尚需要进一步的讨论。

第四，对 CEO 变革型和交易型领导行为对组织绩效产生影响作用的情境条件需进一步地探讨。现有研究虽然注意到环境动态性在其中所起到的调节效应，但是从研究结果来看，其调节影响作用是否显著仍然存在不一致之处。本文认为，环境动态性会给企业造成一定的外部压力，但是环境竞争性则会造成完全相反的外界压力，而企业往往同时处于既充满动态性又充满竞争性的外部环境中，这两种环境有可能是同时在协同起着调节作用，因此，对环境竞争性调节因素的忽略，可能也是现有研究结论出现不一致的原因，而同时引入两种调节变量，则不仅能够调和之前的研究结论，而且可能带来新的发现。

第五，现有研究基本上是在成熟的市场经济国家中进行的，在处于经济转型的发展中国家，尤其是在中国的情境下，CEO 的变革型和交易型领导行为对组织绩效的影响是否与发达国家情境下的研究结论相同，能否照搬发达国家情景下的已有研究结论，这些仍需要进一的地探讨。

2.2 协同式技术创新的研究现状与缺口

2.2.1 技术创新的分类依据与相关概念辨析

自熊彼特（1912）提出创新的概念并将创新与创造做了区分后，近一个世纪以来，不同领域的学者们围绕创新这个主题进行了大量的研究。他认为创新是新的体系里引入新的组合，是生产函数的变动。这种组合包括引进新产品、引入新技术、开辟市场、控制原材料新的供应来源，实现工业的新组织。从熊彼特的概念中可以看出，他对创新的定义比较广泛，是指各种可能提高资源配置效率的新活动，这些活动并一定都与技术相关。当然，与技术相关的创新（如引入新产品或新技术）是熊彼特创新的主要内容。虽然他提出了创新的概念和技术创新的观点，但是并没有明确界定技术创新。

尽管后续许多学者从经济学和管理学的角度对技术创新进行了界定，最具代表性的是 Freeman（1982）的定义，他将技术创新界定为包括与新产品的销售或新工艺，新设备的第一次商业性应用有关的技术、设计、制造、管理以及商业活动。它包括产品创新、流程创新和扩散三个过程。产品创新是指技术有所变化的产品的商业化，它可以是全新的产品，也可以是对现有产品的改进；流程创新是指一个产品的生产技术的重大变革，包括工艺、新设备以及新的管理和组织方法，也叫工艺创新；扩散指创新通过市场或新市场的渠道的传播。没有扩散，技术创新便不可能有经济价值和经济影响（吴晓波等，2007）。可见，技术创新不仅包括产品创新和流程创新，而且还包括产品和技术扩散的过程，扩散也意味着对产品和流程创新商业化的价值创造过程，因此，按照这个定义，如果产品不能进入市场并被顾客和市场所接受，则同样意味着技术创新的失败。本文认同这个概念，以该概念为基础进行后续的研究。

技术创新可以按照不同的标准进行分类。根据创新程度的标准，将技术创新分为突破性创新（radical innovation）、适度性创新（really new innovation）和渐进性创新（incremental innovation）（Rosanna et al，2002）；从创新所依赖的价值网络（市场）的不同，将技术创新分为延续型创新（sustaining innovation）和破坏型创新（disruptive innovation）（Bower et al，1995）。由于分类标准的不同，所以导致技术创新类型的内涵可能会存在一些重叠之处。

技术创新可以从偏离当前技术轨道（trajectory）的程度和偏离当前市场轨道的程度两个维度进行分类（Benner et al，2003）。从偏离当前技术轨道的维度来看，技术创新可以被分为渐进式技术创新（incremental innovation）和突破式技术创新（radical innovation）两种类型。渐进式技术创新只是在当前的技术轨道范围内做小的修改和变化，以当前的技术能力为基础，而突破式技术创新则从根本上改变当前的技术轨道以增强组织的未来竞争能力；技术创新还可以从影响技术部件和部件之间联结关系的方式分为模块式技术创新（modual innovation）和架构式技术创新（architectural innovation）（Henderson et al，1990）。模块技术创新只改变技术的子系统或部件，然而部件之间的联结规则没有改变。架构技术创新则通过改变子系统或部件之间的联结规则和方式来实现技术创新。

技术创新还可以按照它偏离当前市场轨道的维度来进行分类（Christensen et al，1996）。针对新顾客而设计的产品通常需要组织在较大程度上偏离当前的技术轨道，例如，数字摄影技术不只是代表了一种对传统上的化学胶片技术的替代和发展，而且针对新的顾客群体，即数码相机的使用者采用了新的分销渠道。新的市场需求也为组织当前的技术技术创新带来了挑战，如果不能克服这些挑战则很难适应外部环境的变化需求。

因此，我们采用 Benner et al（2003）的定义，将渐进式技术创新和用来满足当前顾客需求的技术创新称作利用式技术创新，这种技术创新建立在当前的组织知识基础上。相反，将突破式技术创新或者那些用来满足新兴市场和新顾客需求的技术创新被称作探索式技术创新，它需要新的知识基础和偏离当前的技术轨道（Levinthal et al，1993；Benner et al，2003）。

由于分类标准的不同，往往导致概念之间会存在一定的重叠，而最容易混淆的可能是渐进性技术创新和利用式技术创新、突破性技术创新和探索式技术创新之间的概念区别。为了明确概念之间的区别，我们再具体比较几个概念之间的差异性。

第一，分类标准不同。从前面的论述中可以看出，两种技术创新类型划分的标准不同，渐进性和突破性技术创新的划分标准是基于技术维度，而探索式和利用式技术创新的划分标准则是基于市场维度，或者更为本质的说法是，以新知识的学习过程为标准。例如，老产品进入新市场，这不属于突破性技术创新，但是由于这对企业而言意味着新的顾客和市场知识的学习过程，则仍然属于探索式技术创新。

第二，概念外延不同。由于探索式技术创新是以新知识的学习为原则，不仅突破性技术创新能够带来新的知识，而且进入新市场同样也可以带来新的知识源。类似的是，渐进性技术创新对现有技术的改变比较小，同样意味着企业对现有知识的学习，对老顾客需求的满足也意味着对现有知识的学习过程。所以，从这个角度来说，利用式、探索式技术创新比渐进性、突破性技术创新的概念外延更大一些。这样，我们可以推出，渐进性、突破性技术创新通常属于利用式、探索式技术创新的范畴，而探索式、利用式技术创新则不一定属于突破性、渐进性技术创新的范畴。

第三，关注重点不同。探索式和利用式技术创新关注的是企业创新的行为导向，重视更多的是知识学习的"过程"。而且它一般是针对组织自身的资源和能力而言的，是"向内看"的，很少涉及与竞争对手或者整个产业的比较。因此，一个企业的探索式技术创新在另一个企业中可能只是利用式技术创新，反之亦然；而渐进性和突破性技术创新更多关注的是技术创新的"结果"以及所实现的创新效果，它通常更多的描述某项技术创新对整个产业和所有竞争对手的影响，是"向外看"的，即某项技术是否属于突破性技术创新并不是企业自身"说了算"，而是看它的技术创新相对于整个产业的技术水平而言的。所以，一个企业的突破性技术创新对另一企业而言仍然是突破性技术创新。

2.2.2 协同式技术创新的概念与前因后果研究现状

（1）探索式技术创新和利用式技术创新的比较分析。

探索式技术创新通常包括搜寻、变异、承担风险、试验、尝试、灵活性、发现、创造等技术创新活动，利用式技术创新则包括提炼、选择、生产、效率与执行等技术创新活动。这两种不同的活动存在于一个相互镶嵌的个体、组织与社会系统层次（March，1991）。探索式技术创新需要开发组织的隐性知识，如发现新的技术和市场知识，进行自下而上的学习方式，高层领导者需要在此过程中摒弃和打破旧有的惯例，着力于新的行为和活动，通过创造新的技术和市场来应对未来潜在的环境发展趋势。探索式技术创新通常与有机式组织结构、松散的耦合系统（loosely coupled system）、路径突破、即兴（improvisation）、自主性、新兴的市场和技术相联系（He et al，2005）。

利用式技术创新则需要整合现有的显性知识，采用自上而下的学习方式，这样高层领导者可以将那些现有的技术或市场知识进一步地提炼以变成组织的惯例并进行制度化。因此，利用式技术创新是对现有的技术和顾客需求等当前环境状况的反应，一般来说，利用式技术创新通常与机械式组织结构、紧密的耦合系统、路径依赖、制度化、控制、稳定的市场和技术相联系（He et al, 2005）。

March（1991）将探索式和利用式创新活动看作是两种完全不同的组织行为，他们会产生不同的张力，竞争组织内有限的资源。尤其是，利用式技术创新以效率为导向，其目的是为了降低组织的变异程度。而探索式技术创新则以灵活和变革为导向，其创新的结果可能提高组织的变异程度。从这个角度来看，探索式技术创新和利用式技术创新被看作是一个连续体的两个极端，他们竞争有效的资源，聚焦于不同的组织目标，因此，为了获得更高的绩效水平，需要在探索和利用之间取得适当的平衡，过多的探索和过多的利用对组织而言都是不利的。持这种观点的学者假设，组织内的资源是有限的，如财务资源、物质资源等，在一种创新投入上的增加必然会减少另一种创新的投入数量，在有限的资源限制条件下，作为具有不同目标导向的两种创新活动会在资源分配上产生冲突的需求，从而需要在两种创新之间保持适度的平衡。

然而，最近有学者（Gupta et al, 2006）指出，组织内资源有限的假设可能并不成立，因为在现实企业中，一方面，并不是所有资源都是有限的，有些资源，如信息资源和知识资源可以重复使用，并且被共享的程度越高，其效用反而越大；另一方面，组织内的限制可以通过通过从外部环境或联盟并购的方式来打破，从而可以保证两种技术创新所依赖的资源基础。正如完全理性和有限理性的假设一样，有限理性并不完全是对完全理性假设的推翻和否定，而是进一步丰富了对人的理性的认识。组织内资源假设条件的重新界定，也不是对March（1991）所做的假设条件的完全否定，而是进一步拓展了对资源限制的认识。在此假设下，探索式和利用式技术创新不是一个连续体的两个极端，并不是在获得一种创新的同时必须以"牺牲"另一种创新做代表，两者之间而是一种正交（orthogonal）关系，可以被看作是技术创新的两个不同维度，所以组织可以同时获得高水平的探索式和利用式技术创新（Beckman，2006；Gupta et al，2006）。因此，这两种技术创新可以同时在企业内部共存并实现协同式发展，本文基于这个假设，认为两种创新方式并不是相互排斥和替代的关系，而是相互依赖和互补的关系。并且相关实证研究也表明，能够实现协同式技术创新的组织能够获得更高的组织绩效（Gibson et al，2004；He et al，2004；Lubtkin et al，2006）。

（2）协同式技术创新的概念。

协同式技术创新的研究来自于近年来组织理论的学者们对组织两栖性（organizational ambidexterity）或者两栖型组织①（ambidextrous organization）的研究。倡导实现组织两栖性的学者们认为，在日益动态且复杂的竞争环境中，组织往往面临着各种各样的管理悖论，如稳定性和柔性、探索和利用、竞争与合作，低成本优势和差异化优势的实现等。成功的组织往往是两栖型的组织，他们能够有效地追求同时并存却又彼此矛盾的组织目标。

作为悖论的两个方面，探索式技术创新与利用式技术创新并不能自然而然地在组织内获得平衡，因为每种技术创新类型都具有自我增强的特性（self-reinforcing）。过度地从事利用式技术创新，会导致核心刚性与能力陷阱（Ahuja et al，2001；Levinthal et al，1993），使企业无法及时有效地适应和应对外部环境的变化；而过度地从事探索式技术创新，则又会使企业陷入"探索—失败—无回报变革—再探索—再失败"的恶性循环（Levinthal et al，1993），并可能因过分重视短期变化而无法从利用式创新活动中获益。因此，在面对探

---

① 关于对 ambidexterity 的翻译，国内出现不少的翻译，有翻译为二元，有翻译为双元，还有人翻译为两翼，中国人民大学王凤彬教授将此形象的翻译为两栖，本文也沿用这个翻译表述。需要说明的是，组织两栖性是指的是组织兼备同时处理相互冲突的矛盾的能力，代表着组织的一种状况和能力。而两栖型组织本质上也代表着同样的内涵，但是更侧重于强调某种组织结构或者组织类型。由于所代表的本质含义相同，在下文的论述过程中，我们根据语境采用适当的表述方式而不再做区别。

索式技术创新与利用式技术创新之间的悖论时，企业开始尝试保持两者之间的相对平衡。

两栖型组织实现的潜在逻辑，就是要平衡利用式（exploitation）与探索式（exploration）这两类不同类型的技术创新活动，以实现短期绩效与长期发展的统一。然而，尽管相关的研究已经表明实现组织的两栖性有利于促进组织的生存和发展，但由于这两类技术创新活动所对应的组织需求和要求各不相同，企业在实施过程中往往会遇到大量障碍（Tushman et al, 1996; Duncan, 1976）。现有研究虽然在理论层面阐述了同时实现探索式和利用式技术创新的重要性，但对如何管理技术创新过程中的冲突和矛盾、以及如何构建两栖型组织等基本问题却存在一些争议（Gibson et al, 2004; Benner et al, 2003; Tushman et al, 1996）。因此，从上面的分析中可以看出，保持两种技术创新的协同是实现组织两栖性的关键。

本文将协同式技术创新（ambidextrous innovation）定义为组织为实现短期生存和长期发展的双重需要而同时从事高水平的探索式和利用式技术创新并保持两者之间能够相互促进和互补以实现协调发展的技术创新活动。协同式技术创新的实现依赖于两栖型组织的支撑，我们之所以不采用两栖型技术创新而采用协同式技术创新的表述，是因为想突出两种技术创新之间的协同性和相依性，而两栖型技术创新则无法表达出这一内涵。理解这一概念，需要注意以下几点：

第一，协同式技术创新的实现首先需要企业探索式和利用式技术创新的"共存"作为前提条件。即企业首先需要同时从事探索式和利用式技术创新活动，才能涉及到两者之间的协同发展与否。当前企业实践中，某些企业只从事利用式技术创新而不进行探索式技术创新，这样是无法实现协同式技术创新的。当然，两种技术创新类型的"共存"只是实现协同式技术创新的必要条件，而非充要条件，即并非所有同时从事探索式和利用式技术创新的企业都能够实现协同式技术创新，还需要其他的条件做支撑。

第二，协同式技术创新需要企业同时探索式和利用式创新的"双高"水平。高水平的探索式技术创新能够发现和寻找到新的知识来源，发现新的顾客需求，创造新的产品，但是这些顾客需求或者新知识、新产品如果不能够有效的被组织"吸收"、整合和应用，则会失去探索式创新活动的价值。高水平的利用式技术创新能够保证新知识能够被有效吸收和应用，从而积累的知识和资源基础为下一轮的探索式技术创新提供了资源保证。而如果利用式创新水平低，则无法保证知识的吸收和应用，使得探索式技术创新的成果大打折扣。当然，如果探索式和利用式技术创新水平"双低"，这样导致很难获得有价值的新知识和新资源，再在此基础上进行整合和吸收，很难再获得更高的创新价值。因此，我们不研究两种创新"双低"的情况以及如何从双低向双高的跨越，那超出了本文的研究范围，我们只研究"双高"的情况。

第三，协同式技术创新的实现要能够在探索式和利用式创新创新之间达到"$1+1>2$"的放大效应。我们认为，协同式技术创新并非探索式和利用式技术创新的简单线性相加，两者之间的相互促进和补充，可能会产生非线性关系的相互作用，以实现大于某个技术创新方式的放大效应。这对企业带来的挑战是，不仅要"一山容二虎"，而且要"让二虎和谐相处"，达成这种效应的方式就是平衡两者之间的冲突和矛盾，寻找到两者之间的衔接点和互补之处，以实现两者的协同发展。

第四，协同式技术创新的实现依赖于"共时"的速度优势。平衡探索式和利用式技术创新之间的冲突，可以通过时间分离的方式，即在一段时间从事探索式技术创新，另一段时间从事利用式技术创新。这种平衡方式虽然能够降低两者之间对人员、资源和组织结构等方面的冲突，但是却失去了速度优势和时间优势。在复杂多变的竞争环境中，企业与企业之间的竞争转变为"快鱼吃慢鱼"的速度竞争，同时从事两种技术创新，虽然会带来矛盾，但是员工和企业都是在矛盾和冲突中生存和发展的。例如，传统上认为全球化和本土化是很难同时融合的，但是全球本土化战略的实施则兼得两种优势；营销中认为大规模生产和个性化定制是很难同时实现的，但是大规模定制模式的出现则解决了这个矛盾。

（3）协同式技术创新的前因后果研究现状。

第一，协同式技术创新对组织绩效的"后果"研究。

虽然目前关于协同式技术创新与组织绩效的研究成果还不多，但是却也出现了两种不同的研究结果。持赞同观点的学者（March，1991；Tushman et al, 1996；Gibson et al, 2004；Lubatkin et al, 2006）认为，协同式技术创新因能够结合探索式技术创新和利用式技术创新的优势而更能提高组织绩效。尤其是 Lubatkin et al（2006）通过对荷兰中小企业的研究发现，中小企业中的高层领导者不仅需要制定公司的战略，而且还需要参与到日常的战略执行过程中，所以他们的行为整合能力相对更高，在中小企业进行协同式技术创新更有利于提高组织绩效。

而持反对意见的学者（Ghemawat & Costa, 1993）认为要探索式和利用式技术创新所面临的不同张力需要很高的协调成本和整合能力，而一些试图实现协同式技术创新的企业却由于无法有效的协调和平衡矛盾和冲突反而使得企业绩效下降。Menguc et al（2008）的实证研究也表明，当公司采用扩张者战略（prospector strategy）和防御者战略（defender strategy）的情况下，由于协调、控制和整合不同事业单元之间的成本过高反而阻碍了公司整体效益的提升，即在公司执行扩张者战略和防御者战略的条件下，协同式技术创新与组织绩效负相关。

那么究竟协同式技术创新与组织绩效之间存在什么样的关系，目前相关的实证研究还非常少，并且之前的研究往往将组织绩效作为一个整体构念来研究，那么协同式技术创新对市场绩效和财务绩效的影响是否会存在差别？以上两种冲突的观点，以及现有文献结论的不一致，促使我们有必要进一步论述和验证两者之间的关系。

第二，协同式技术创新的"前因"研究。

从目前对协同式技术创新的前因影响因素来看，学者们主要从以下三个角度进行研究：

第一个是从组织结构的角度来出发，这个思想最初来自于Duncan（1976），他认为企业要获得成功，组织必要根据创新过程所处的阶段来调整组织绩效，机械式组织结构有利于利用式技术创新的实现，而有机式组织结构则有利于探索式技术创新的实现。这是基于一种"时间分离"的解决方案，尽管后续的学者认为这种方式并不利于协同式技术创新，而只能是带来探索式和利用式各自的创新，实现两者的协同仍然很困难并且具有协同的"时滞"，但是本文认为，从组织结构角度也为实现协同式技术创新提供了一种思路，在后续研究中可能更多侧重于如何保持两种组织结构的匹配和协同。

第二个是从组织情境的角度来出发，这个思想来自于Gibson et al（2004），他们认为在组织内部通过创造一种同时包含绩效管理成分和社会关系成分的相互矛盾的组织情境（context），鼓励员工在这种相互矛盾的情境中自主的分配时间，提高解决冲突和矛盾的能力，以通过提高员工处理冲突的能力进而提升组织的绩效。这样表现在技术创新活动中，通过鼓励从事技术创新的员工去解决创新活动中的矛盾来达到两种创新的平衡。虽然这种方式突破了传统的时间分离所带来的时滞，但是社会情境的建立往往建设周期都比较长，并且在实践中很难操作和实施。因此，在实践中如何来实施还需要进一步的商榷。

第三个是从发展战略的角度出发，这个思想来自于Han et al（2007）在美国管理学年会（AOM）上的一篇会议文章，尽管该文章尚未在期刊上正式发表出来，但是该思想对于实现协同式技术创新提供了一个新的思路。作者以国际新创企业（INVs）为研究对象，发现追求两栖型战略（ambidextrous strategies）比那些只追求单一战略的企业获得更高的组织绩效。他们将企业的战略分为追求利润（pro-profit）和追求成长（pro-growth）的两个类型，发现同时追求两种战略的企业比那些只追求单一战略的企业所获得的组织绩效更高。虽然作者并没有论述同时追求这两种战略对协同式技术创新的影响，但是该思想同样可以借鉴到协同式技术创新的研究当中，我们将这个思路看作是协同式技术创新实现的第三个角度。

2.2.3 小结：现有文献忽略了领导行为的研究视角

探索式和利用式技术创新类似于古代阴阳哲学中的"阴"和"阳"，两者既存在冲突，又要和谐共处。从宇宙万物的发展规律来看，"阴"和"阳"相生相克，在矛盾中共同发展。悖论存在于时间万物，如"鱼和熊掌"的关系，稳定和柔性的关系，低成本和差异化的关系等。综合已有的有关创新悖论处理的文献（Duncan，1976；Weick，1982；Poole et al, 1989；Volberda, 1996, 1998；Gharajedaghi, 1999；Adler et al, 1999；Lewis, 2000；He et al, 2004；张玉利等，2006；王凤彬等，2008），我们发现目前主要存在三种解决思路：空间分离（spatial separation）、时间分离（temporal separation）与全面平衡（balance）。空间分离是指将两类技术创新活动分解到不同的组织单元，这可能表现为在组织层次、职能单元或区位上的活动分离（Benner et al, 2003；Volberda, 1998；Tushman et al, 1996）；时间分离是指将两类技术创新活动分解到不同时间段（Adler et al, 1999；Siggelknow et al, 2003），这可能表现为企业随着时间推移在两类活动间的转换。所谓全面平衡，是指企业不再将探索性活动与利用性活动在时间或空间上分离开来，或仅在整个企业的层次上平衡这两类活动；而是在一些更低的组织层次（如业务单元）上实现这两类活动的日日平衡（Gibson et al, 2004）。以全面平衡方法处理技术创新悖论的企业，往往拥有一些能够自行平衡探索性活动与利用性活动的内部单元。

不论是割裂的思路还是整合的思路来处理探索式与利用式技术创新之间的悖论，都面临着以下三个问题：在空间分离的情况下，企业应如何整合那些"高度不一致"的低层次主体，以使整个组织不出现对立的情况；在时间分离的情况下，企业又应如何克服结构惯性，在完全不同的两种活动之间实现及时的无障碍转换；在全面平衡的情况下，企业如何保持整个业务单元和员工的协调和一致性。针对这些问题，有研究者认为，强有力的中央整合力（Tushman et al，1996，1997；O'Reilly et al，2004）、战略性整合力（Benner et al，2003）或冲突管理能力（Smith et al，2005）都能够帮助企业克服内部主体之间的对立，但这无疑对高层领导者的能力提出了更高的要求。如果高层领导者具备这种能力，则能够打破空间与时间的限制，在整个组织实现探索式活动与利用式技术创新活动的全面平衡。但是什么样的领导方式有利于解决这种悖论，目前尚缺乏深入地探讨，因此，本文拟从高层领导的角度来探讨什么类型的领导行为有利于解决探索式和利用式技术创新的悖论，以促使协同式技术创新的形成。

2.3 二元领导行为的概念与理论基础

2.3.1 二元领导行为的概念

承接上一节的研究问题，即什么类型的领导方式有利于平衡探索式和利用式技术之间的冲突和矛盾，这又需要回到领导理论中寻找答案。我们认为，能够驾驭二元（变革型和交易型）领导行为的高层领导者更有利于协同式技术创新的实现。在对该命题进行证明之前，我们先对相关的概念进行界定。

（1）变革型和交易型领导行为的概念。

按照 Bass（1985）的界定，交易型领导行为（transactional leadership）是指领导者确认并澄清下属的工作角色，以使员工具有方向感，了解并满足员工的需要，以促使其努力工作（Bass，1985）。交易型领导行为建立在"经济人"人性假设的基础上，领导者和下属均被认为是追求个人利益的理性主体，双方之间只是纯粹的交易关系。

交易型领导行为最初分为 4 个维度：权变奖励、积极的例外管理、消极的例外管理、自由放任式管理。权变奖励是指领导和下属之间建立的一种主动、积极的交换，当下属完成领导者规定的任务后会得到相应的奖励，领导者尽量避免使用惩罚性措施。积极的例外管理是指领导者主动监督下属完成工作中出现的与既定标准或目标的偏差行为，一旦发现偏差立刻采取措施进行纠正以确保既定目标的实现。积极的例外管理者在问题发生前就持续监督员工的工作行为以防止问题的发生，同时一旦发生问题，立即采取必要的纠正措施。一般而言，积极领导者在下属开始工作时就向其说明具体的标准，并以此标准监督差误。消极的例外管理行为是领导者只有等下属在工作中出现偏差或错误时才会进行干预或纠错。通常消极领导者一直等到任务完成时才对问题进行确认，也往往在错误发生后才说明自己的标准。自由放任式管理是指在发现下属出现偏差行为时也不采取纠正措施任由下属发生错误。在研究 CEO 交易型领导行为时，由于消极的例外管理和自由放任式管理通常对下属绩效和组织绩效具有负向的影响，所以学者们更关注于权变奖励和积极例外管理这两个维度对组织绩效的影响（Waldman et al, 2001），承袭之前的研究，我们将交易型领导行为也划分为权变奖励和积极的例外管理两个维度。

变革型领导行为（transformational leadership）是指通过让下属意识到所承担任务的意义和价值，激发他们的高层次需求，建立互相信任的氛围，促使下属为了组织的利益而愿意牺牲自己的利益，并达到超过原来期望标准的结果。这种领导行为建立在"社会人"人性假设的基础上，遵循集体主义的领导哲学，领导者赋予下属自主权以完成目标，员工不再是领导者完成个人或组织目标的工具，而是在工作中实现自我价值的自由个体，从而可以唤起员工的更高层次需求，即从自利型过渡到自我实现型，激励下属更好的实现组织目标。

变革型领导行为包括领导魅力、愿景激励、智力启发和体恤关怀4个维度。领导魅力（charisma or idealized influence）是指领导者具有令下属心悦诚服的特质或行为，因而成为下属的角色典范，从而得到其认同、尊重和信任；愿景激励（inspiration）是指通过向下属描绘鼓舞人心的愿景来感染他们（Avolio et al，1999；陈永霞等，2006），通过为下属提供有意义并且富于挑战性的工作、对他们表达较高的期望和积极乐观的工作态度以使其在乐观与希望中展望未来的发展；智力启发（intellectual stimulation）是指领导者启发下属发表新见解和从新的角度或视角寻找解决问题的方法与途径，鼓励其采用崭新的方式完成任务；体恤关怀（individualized consideration）是指领导者仔细倾听并关注下属的需求，发现他们的潜力并辅导其完成任务，考虑下属的独特个性，提供个性化的支持与持续性的技能发展。

（2）二元领导行为的概念。

变革型和交易型领导行为之间呈什么样的关系？是相互替代还是相互补充，目前主要有两种观点：

第一种观点：以Burns（1978）为代表的学者们将变革型与交易型领导行为看作是一个连续体（continuum）的两个极端，认为一个领导者不能同时展现两种领导行为，因为这两种领导行为呈现完全不同的行为特征，领导者很难同时驾驭两种领导行为。Burns之所以认为领导者很难驾驭这两种不同的领导行为，是因为这两类行为对领导者自身的能力和素质要求各不相同。变革型领导行为的驾驭需要领导者具备一定的魅力和感召力，能够用未来的愿景和战略目标来激励下属为了"未来"而牺牲"当前"的个人利益，从而使员工愿意为了组织的共同目标而努力；交易型领行为的驾驭导者领导者需要具备一定的控制能力，能够赏罚分明，这样员工在完成任务的过程中出现问题领导者可以及时纠正，完成任务后可以得到应有的报酬。从而，这两种领导行为对领导者能力和素质提出了更高的要求。

第二种观点：以Bass（1985，1998）为代表的学者把变革型和交易型领导行为视为正交（orthogonal）关系，可以被看作是领导行为的两个维度，认为高明（master）的领导者能够同时表现出高水平的变革型和交易型领导行为。后续的实证研究（Avolio et al, 1999；Egri et al, 2000）也表明，这两种行为之间具有较高的相关性，一个领导者身上可以同时表现出高水平的变革型和交易型领导行为。Quinn（1984，1988）所提出的行为的复杂性理论也在一定程度上支持了 Bass 的观点，根据行为复杂性理论，高水平的领导者能够同时驾驭和扮演多种相互冲突的领导角色，而低水平的领导者则只能驾驭一种或有限的几种领导角色。因此，按照这个理论，领导者所能驾驭的角色越多，其行为复杂性程度越高，其领导效能也越高。按照这个思路，对于变革型和交易型领导行为而言，高明的领导者则不仅能够驾驭领导魅力、愿景激励、智力启发和体恤关怀的这四种角色，还能够驾驭权变奖励和例外管理这两种角色。这样，按照 Bass 的观点，最高明的领导者能够同时驾驭六种不同的领导角色。

目前，越来越多的理论和实证研究表明，领导者可以同时驾驭变革型和交易型领导行为，越来越倾向于赞同 Bass（1985）的观点。但是本人认为，Burns（1978）和 Bass（1985）的观点本质上并不冲突，而是其理论背后所依据的假设不同而已。Burns 假设领导者的能力是有限的，即在既定的条件下领导者在驾驭两种冲突的行为时会出现能力不足的问题，从而出现无法掌握两种行为的情况，而只能退而求其次，专心于某一种领导行为的培养；Bass 则假设领导者的能力是演化的、动态的，即高明的领导者能够通过学习、自我超越，培养驾驭多种冲突角色的能力，从而同时展现出高水平的变革型和交易型领导行为。对领导者素质和能力假设的不同，导致了两位作者的观点也存在分歧。本文认同 Bass（1985）的观点，认为领导者能够通过自我学习、自我超越以培养驾驭多种角色冲突来最终展现高水平的变革型和交易型领导行为。

二元领导行为的概念并非本文首次提出，Tushman（2002，2007）

在研究两栖型组织建设时，曾提出二元领导行为①（ambidextrous leadership）的概念，作者通过跨案例研究发现，二元领导者对于事业单位实现协同式创新具有关键作用，他们能够容忍冲突和不一致，同时支持组织内的变异增加（variance increasing）和变异降低（variance decreasing）这两种不同的组织行为。如果高层领导者能够承担多种角色，并且能够有效整合两种分化的组织结构和行为，则可以同时获得两种技术创新的优势。按照他们的描述，二元领导行为是领导者能够同时承担多种领导角色并表现出一定复杂性的领导行为，并提出这种领导行为有利于协同式技术创新的实现。但是严格来说，他们侧重点在于对组织两栖性与高层管理团队的构成和功能关系的探讨，缺乏对二元领导行为本身特点的系统论述，而只是做了一个概念性描述，也没有对所提出的二元领导行为与协同式技术创新之间的关系进行深入的理论探讨和实证研究。

本文将二元领导行为（ambidextrous leadership）界定为领导者为了实现特定目的，在对所处情境进行敏锐观察和判断的基础上，能够通过驾驭高水平的变革型和交易型领导行为，并保持两者之间灵活转换和动态协调的影响过程。我们将能表现二元领导行为的领导者叫做二元领导者。因此，本文所提出的二元领导行为与Tushman（2002，2007）的概念内涵并不相同。我们对二元领导行为的概念进行了界定，并明确了领导者所驾驭的六种角色，并说明了领导者如何保持角色之间的平衡。而Tushman（2002，2007）则只做了概念性的描述，也没有明确界定领导者应该在协同式技术创新活动中扮演什么样的角色，应该驾驭几种角色等。

这样，虽然概念的表达形式相同，但是两者的概念内涵并不一样。为了明确二元领导行为的概念，我们还需要注意以下几点：

---

① 需要说明的是，在此之所以采用了二元，而非两栖的表述，是因为我们重点强调的是领导行为本身，而不是二元本身。如果翻译为两栖领导行为，则侧重点在于两栖本身，而不能突出领导行为的重要性。本文在表述和翻译上有所差别，在英文中都是采用同一个单词。

第一，二元领导行为需要领导者能够驾驭高水平的变革型和交易型领导行为。这表现为，领导者既能够驾驭和表现出高水平的变革型领导行为，同时还能够驾驭高水平的交易型领导行为，表现为"两手都要抓，两手都要硬"。二元领导者并不是"单能"型（即驾驭一种领导行为），而是"双能"型（即驾驭两种领导行为）。双能型的领导者具备单能型领导者的素质和能力，而单能型的领导者则不具备双能型领导者的素质和能力。能够同时驾驭两种领导行为并不一定意味着就是二元领导行为，它只是一个必要条件，即两种领导行为的"共存"只是二元领导行为的必要条件，因为达到二元领导行为的标准还需要具备其他方面的能力和素质。

第二，二元领导行为需要领导者具备较高的情境敏锐性和认知复杂性①。领导效能的发挥往往受到领导情境的影响，在一种情境中有效的领导行为在另一个情境中则未必有效。提高二元领导行为水平，需要领导者能够敏锐的识别和判断所处情境中的相互矛盾和冲突的事物的正反两个方面，判断相互冲突的情境信息，根据特定的情境而选择适合的领导角色。这表现为根据情境的不同在两种领导行为之间灵活转换，以动态的保持所采取的领导角色与情境的匹配。

第三，二元领导行为需要领导者具备较高的矛盾管理能力。Bass（1985）虽然提出高明的领导者能够同时表现出高水平的变革型和交易型领导行为，但这是以领导者具备较高的平衡两种行为所带来的角色冲突能力为前提的。对于二元领导者而言，同时驾驭六种不同的领导角色，并且每种角色对领导者的要求、素质和能力各不相同，这需要领导者能够有效地平衡各种不同角色之间所带来的素质和能力上的冲突的需求，但是其平衡的动因在于领导者具备较高的认知复杂性，因此，需要较高矛盾管理能力和角色平衡能力。

---

① 所谓认知复杂性是指个体能够以多种方式来处理面临的信息，运用多种方法在相似的信息中寻找不同之处，或者在不同的信息中寻找相似之处（Stish and Streufert，1997）。具备认知复杂性的个体通常寻找更多的信息，并且花费更多的时间来解释这些复杂的信息。

第四，二元领导行为需要领导者能够实现两种领导行为之间的动态协调。变革型和交易型领导行为可能在不同的情境中发挥的作用各不相同，现有研究发现，在危机的情境中变革型领导行为更加有效，而在稳定的情境中，交易型领导行为可能更加有效。在组织的不同发展阶段，如初创期和衰退期，变革型领导行为可能更加有效，而在成长和成熟期，交易型领导行为可能更加有效。目前我国中小企业的生命周期平均不超过 5 年，这意味着一个领导者可能会经历企业的创立、成长、成熟和衰退四个阶段，只擅长一种领导行为的领导者并不能有效地促进企业发展，而能够根据生命周期不同选择适当领导方式的领导者会更有利于企业的发展。

从而，所处阶段的不同，所处情境不同，对领导行为的要求也不相同。但是两种领导行为并不完全是相互排斥的，例如能够进行智力启发的领导者进行头脑风暴式的碰撞和交流从而有利于产生新的技术创意，但是要保证这些技术创意能够按照既定目标实施下去，不发生偏差和意外，则需要领导者采取例外管理的领导方式。这样，两种领导方式的交互使用，所达到的领导效能要高于两个领导方式的简单相加，也会产生 1 + 1 > 2 的领导效果。

因此，回答本节所提出的问题，能够驾驭两种领导行为的二元领导者，其本身驾驭冲突和矛盾的能力相对更高，在技术创新活动中能够整合探索式和利用式技术创新之间对组织所带来的潜在冲突和矛盾，这也意味着他们具备较高的中央整合或者战略整合能力，从而有利于促进协同式技术创新的实现。

2.3.2 二元领导行为的理论基础

二元领导行为背后所依据的理论主要是管理方格理论和行为的复杂性理论。管理方格理论（1964）提出，能够同时承担关心工作和关心员工，同时掌握好这两种不同角色的领导者所取得的领导效能最高，即展现协调型领导风格的人（即"九九"型管理风格）。这种领导者既重视任务，又重视人，对任务和员工的关心都达到了最高点，从而员工愿意发挥自己的潜力和创造性以从事有价值的工作，同时还能在彼此和谐的组织氛围中完成组织的任务。

Quinn（1984，1988）所提出的行为的复杂性（behavioral complexity）理论进一步为二元领导行为提供了理论基础。按照他的定义，行为的复杂性是建立在认知复杂性的基础之上的以一种高度融合的、相互冲突的方式扮演多种甚至是相互冲突的角色从而适时根据认知复杂性做出战略决策的能力。类似于管理风格理论，基于两个主要维度：一是反映竞争需要的维度，即灵活性与稳定性；另一个是产生冲突的维度，即组织内部管理与外部环境，他将领导者扮演的角色划分为八种，分别是：创新者（innovator）角色、经纪人（broker）角色、生产者（producer）角色、指挥者角色（director）、协调者（coordinator）角色、监督者（monitor）角色、推动者（facilitator）角色、指导者（mentor）角色，然后将这些角色进行进一步归纳形成了合理目标模式、内部程序模式、人际关系模式和开放系统模式四种模式。

Quinn的行为复杂性模型指出，低水平的领导者只能扮演八种角色中的一种或少数几种角色，而高水平（master）的领导者则能够同时扮演多种角色并平衡各种角色多带来的冲突，他们会平衡相互冲突的价值观和要素，具备同时关注组织外部关系和内部生产的能力，既能够保证内部协调控制的一致性又能够适应外部环境的变化。将奎因的行为复杂性理论与变革型和交易型领导行为进行对比可以发现，变革型领导行为反映的是开放系统角色（创新者角色和经纪人角色）和人际关系角色（促进者角色和指导者角色），而交易型领导行为反映的则是内部程序角色（协调者角色和监控者角色）和合理目标角色（生产者角色和指挥者角色）（Egri et al，2000）。

后续的实证研究也表明，领导行为的复杂性与组织绩效之间存在正相关关系，Hart et al（1993）发现同时扮演多种互有冲突的角色能力的CEO领导的公司绩效会更好，具备行为复杂性的CEO既关注公司未来的长远发展（开放系统模式），同时又对目前的发展计划十分审慎（内部程序模式），既关注人际关系方面的发展（人际关系模式),又督促及时完成既定目标(合理目标模式),CEO行为的复杂性程度越高,其对组织绩效的促进作用更大,尤其是在公司的增长速度、创新及组织效能方面,其影响效果更为明显;Denison et al(1995)进一步通过实证研究发现,有效的领导者能驾驭更多复杂的、冲突的或者矛盾的角色或行为,并且发现高水平的领导者可以很清晰的区分八种不同的角色并可以在不同的角色之间进行转换;Egri et al(2000)进一步以环境行业(如那些包括空气、水资源、重新开发被污染的工业场地等相关行业)中的盈利和非盈利组织中的领导者为研究样本,发现环境领导者(environmental leaders)便是Quinn所描述的高明的领导者,即同时表现变革型和交易型领导行为的二元领导者。

以上理论为二元领导行为提供了理论支持,并且从中可以看出,二元领导行为的一个重要特征在于领导者行为的复杂性,不论是管理方格理论中的关心人和关心工作的角色,还是行为复杂性理论中所指出的八种领导角色,他们都在于说明高明的领导者能够同时承担多种角色,并且能够同时驾驭不同角色所带来的冲突和不一致,这便对领导者的素质和能力提出了更高的要求。但是二元领导行为是如何形成的呢?现有文献很少对此问题进行过讨论,前人的研究表明(Smith et al,2005),处理矛盾和悖论需要领导者具备"分化"和"整合"的悖论管理思维,即能够首先分析矛盾的"两面",然后再整合相互冲突的信息。这种西方所提出的悖论管理思维与东方的中庸思维类似,中庸思维的多方思考维度意味着处理矛盾时能够看到冲突的两个方面,也就是"分化"思维,而和谐性与整合性维度则是一种"整合"思维。领导者所面临的矛盾,无论是行为冲突所带来的矛盾,还是技术创新过程中的矛盾,都需要这种思维的支持,因此,从中庸思维的角度有可能探悉出二元领导行为的成因。关于中庸思维的概念以及其作用机制,在本文的假设推演部分都有说明,这里不再赘述。

第 3 章　案例分析与研究发现

3.1　案例研究的设计

3.1.1　研究目的与方法

从之前的文献综述中可以看出，CEO 领导行为与组织绩效之间的关系已经引起越来越多学者的兴趣和重视，但是之前的文献往往从单一层次对两者之间的关系进行探讨。例如，高层梯队理论（upper echelon）从高层领导团队的战略决策和战略选择的角度为研究 CEO 与组织绩效之间的关系提供了一个重要的分析视角，但是这一理论的研究基点仍然基于单一层次的"横向"分析，没有探讨高层领导团队所制定的决策如何贯彻到组织的不同层次的过程，以及低层员工的决策执行效果如何聚合为整个组织的整体绩效，即没有从"纵向"角度探讨 CEO 以及高层梯队对组织绩效的跨层次影响过程。针对这一理论的研究缺口，与本文研究主题相关联的一个重要问题是：作为组织高层梯队核心成员的 CEO，他如何跨越组织的不同层次影响到基层员工的行为，进而基层员工的行为如何跨越组织的不同层次来影响组织绩效？

针对这一问题，现有文献鲜有论及，并且由于统计方法的局限性，这一问题也很难通过统计检验得出有信服的结论。因此，在对所研究的现象和问题没有足够认识的情况下，采用案例研究可以帮助研究者进一步看清所要研究的现象，因为案例研究适用于对所研究现象的理解、新的概念和思路的寻找，乃至理论的构建（Eisenhardt，1989；周长辉，2005）。Rober Yin 也认为，在探索性研究中，经常首先采用案例研究。从研究方法本身来看，案例研究更加适合"如何"之类的研究问题。在本文所提出的研究问题尚没有清晰答案和可信服的解释的情况下，我们也采用案例研究来探索其中的影响过程和机理。

3.1.2 分析单元与调研对象的确定

分析单元（unit of analysis）是指研究需要聚焦的主要对象，也就是数据收集的边界，它的确定取决于研究问题本身。一个合适的分析单元能够为数据收集确定有效边界，从而使案例研究更加具有针对性。本文的研究问题涉及到企业的多个层次，如 CEO、中层领导者与基层领导者三个层次，因此需要将整个企业作为分析单元，这意味着本文的数据收集过程需要深入到企业的这三个层次，主要高层领导者、部分中层领导者和基层领导者以及个别员工都将是访谈对象。

由于案例研究的目的是理论归纳，而不是寻求大样本的统计规律，因此案例研究样本的选择不需要遵循随机抽样规律和法则，只要案例本身具有足够的特殊性和典型性符合理论抽样的要求即可（Eisenhardt，1989；杨震宁，王以华，2008）。通常，案例研究对样本的要求是：在样本性质方面，要求被选定的样本与研究主题高度相关；在样本数量方面，不在乎样本数量的多少，而侧重于所选样本的典型性和对样本的研究深度。一般来说，在理论开发和探索的初始阶段单案例研究比较合适，在研究条件允许的条件下，再把条件适当放宽到跨案例比较研究，从而为后续的量表开发和大样本验证奠定基础（Eisenhardt，1989）。本文的案例研究问题属于探索性研究，其目的主要是解析 CEO 的领导行为如何跨越组织的不同层次来影响最终的企业绩效，通过寻找其中的影响机制以便为后续的实证研究提供理论指导，因此，我们采用单案例研究方法。

我们以神华煤制油有限公司作为案例研究样本，之所以选择这家企业，主要是基于以下三方面的考虑：第一，该公司是目前我国自主技术创新的典范。该公司所实施的煤制油项目，是世界上第一个采用现代化技术的示范工程，同时也是继二战以后世界上第一套大型煤制油工程，从最初与国外合作到自主研发并拥有 13 个国际专利，该公司已经成为目前我国其他企业学习的自主技术创新典范企业；第二，该公司所从事的业务是煤制油技术研发和工业化运作，兼备探索式技术创新和利用式技术创新的特征，企业特征比较符合本文的研究主题，明确这种企业中的 CEO 如何促进技术创新和组织绩效具有一定的案例代表性；第三，该公司的 CEO 从公司成立之初就与公司一起成长和发展，其间经历了核心技术从无到有，公司规模从小到大的发展过程，其领导行为对于公司技术创新的影响作用更为明显和更易识别。

3.1.3　研究过程与数据收集方法

在明确了研究问题之后，按照 Eisenhardt（1989）的建议，并不需要事先准备既定的理论模型或命题，因为这些会使得研究者带上某种视角上的倾向，从而使得研究发现有所偏差（周长辉，2005）。所以，我们首先查阅了神华煤制油有限公司的一些背景资料以及煤制油技术的相关资料，以尽量减少在背景资料访谈上的时间，使得访谈内容更多针对本文的研究问题。在充分掌握了二手资料后，我们采用实地访谈和电话调查的方法，于 2008 年 4 月到 8 月间对神华煤制油有限公司的有关领导进行了半结构化的访谈，访谈时间每位控制在一个小时到两个小时之间，对于一些不清楚的问题事后又进行了电话补充访谈。

本研究采取的是基于案例分析的定性理论研究范式。研究过程采用了"需研究问题的具体化—案例资料的收集—案例资料与理论文献的结合分析—补充资料的收集—归纳总结及理论推演—在多次反复中逐步得出结论"这样的主线（王凤彬，2007）。我们在系统分析资料的基础上，对原始访谈文本的行为描述进行逐行分析，再把提及频次高的概念类别进行归类、合并与提炼，避免重复与遗漏。虽然单案例研究很难保证研究的外在效度，但我们努力以领导理论领域和技术创新理论领域的知识积累来指导案例资料的归纳和总结过程，试图使结论具有一般性。与此同时，我们从多种来源收集数据（包括企业项目建议书、媒体采访、内部报道及现场访谈），相互之间进行补充与映衬，提高了本文研究数据的可靠性。

3.2　数据分析

3.2.1　个案企业概况

神华煤制油有限责任公司成立于 2003 年，是煤炭直接液化和间接液化技术项目的主要实施者，尽管成立时间比较短，但是经过这几年的发展，公司已经初步具备一定的规模和实力，员工人数目前已经超过 1000 人。由于该公司的所从事的技术专业性比较强，所以首先我们简单介绍一下煤制油技术的相关知识。所谓直接液化就是将固体的煤炭磨成煤粉，在高温、高压、氢气、溶剂、催化剂条件下打破煤的大分子结构，将其转化为类似石油烃的液体混合物。煤直接液化技术是由德国人于 1913 年发现的，第二次世界大战结束后，除当时在东德的 Leuna 工厂（运转至 1959 年）外，德国的煤直接液化工厂被全面禁止。从 20 世纪 50 年代开始，中东地区大量廉价石油的开发，煤直接液化工程失去了竞争力和继续存在的必要。1973年后，由于石油危机，煤制油技术研究又开始活跃起来；煤的间接液化技术是先将煤全部气化为合成气，然后以煤基合成气（一氧化碳和氢气）为原料，在一定温度和压力下，将其催化合成为烃类燃料油及化工原料和产品的工艺。它包括煤炭气化制取合成气、气体净化与交换、催化合成烃类产品以及产品分离和改制加工等过程。1923年，德国化学家首先开发出了煤炭间接液化技术。20世纪40年代初，为了满足战争的需要，德国曾建成9个煤间接液化厂。"二战"以后，同样由于廉价石油和天然气的开发，上述工厂相继关闭和改作它用。目前，间接液化已在许多国家实现了工业化生产，煤间接液化工艺主要分两种，一是费托（fischer-tropsch）工艺，是将原料气直接合成油；二是摩比尔（mobil）工艺，由原料气合成甲醇，再由甲醇转化成汽油。

神华煤制油有限责任公司是神华集团的下属子公司。神华集团成立于1995年，是一家以煤炭生产、销售、电力、热力生产和供应、煤制油及煤化工，铁路、港口等运输服务为主营业务的综合性大型国有独资能源公司，在多元化战略的指导下，该集团已经发展成为集矿、路、电、港一体化开发，产、运、销一条龙经营的大型国有企业。目前，神华集团在全面平衡社会与公司发展需求的基础上，提出了建设质量效益型、本质安全型、科技创新型、资源节约型、和谐发展型的"五型企业"目标。神华煤制油有限公司的成立不仅仅是集团实现"五型企业"中科技创新型企业目标的体现，同时也是实现其他四个目标的体现，因为煤制油技术的工业化过程将在缓解中国能源消费结构的矛盾，保证国家能源安全，实现煤炭资源高效洁净利用和环境友好目标，降低国民消费成本等方面都将起着重要的作用。目前神华煤制油有限责任公司的经营范围集中为三大业务：煤直接液化和间接液化等煤炭液化及其配套项目的建设和经营；煤直接液化和间接液化产品的生产和销售；煤直接液化和间接液化技术的研究与开发。

3.2.2　技术创新过程中 CEO 的领导方式分析

虽然德国在"二战"之前曾经尝试过煤炭液化技术的大规模生产，但是由于战争的原因使得当时的资料大部分已被销毁，绝大部分技术资料都已经失传，事隔数十年之后，对煤制油技术的研发和生产又需要重新开始，新技术和新工艺的可靠性也同样面临着与技术研发和生产所固有的风险和不确定性。截至目前，世界上还没有一座可以运行的煤直接液化工厂，南非沙索（Sasol）公司作为煤液化技术的先行者在 20 年前曾做过煤直接液化的尝试，随后便因各种原因停止了这种实践，而后主要集中于间接液化工程。因此，神华公司[①]从成立之初就面临着技术上的不确定性。

技术上的不确定性随之会带来许多工程实施过程中的风险，如在工程建设中的安装、运输和调试生产等过程中都存在着风险，在成熟的市场经济国家，这些风险可以通过工程保险得到规避，但是在发展中国家中却由于相关的措施不够完善仍存在着经济风险。正因没有足够的工业化实践成果和可以借鉴的成功经验，导致以煤制油技术项目为依托的神华煤制油公司从成立开始就面临着技术上的高风险和工程上的不确定。

技术上和工程上的风险只是对公司的运营提出了单方面的挑战，即公司从一开始便面临着环境的动态性，这些还不是公司所面临的最大挑战，最大的挑战和压力来自于该项技术和项目对自然环境可能造成的危害以及神华集团一直遵守的"五型企业"目标之间的冲突。"五型企业"目标要求企业能够做到节约资源、促进企业与自然环境的和谐发展，企业的发展不能建立在损害自然环境的基础之上，而煤制油项目本身具有高耗能、高耗水的特点，特别是二氧化碳的

---

① 为论述的方便，在本部分的下文中，我们用神华公司来代替神华煤制油技术有限责任公司。

排放量相对更多，而这方面国际上并没有多少经验可循，这些问题都需要公司在实践中自己想办法来解决，否则如果因项目的实施对环境造成无法挽回的损失可能随时面临项目终止和公司关闭的命运。

因此，从一开始神华公司就是在生存与发展的双重矛盾中摸索，既要想方设法保证煤制油技术能够成功实现工业化生产，降低技术研发和工程管理过程中的风险，又要降低对能源消耗、减轻或避免对水资源和空气污染，这种外部环境的双重压力和挑战使得公司在成立之初就需要平衡各种不同的需求和矛盾，在解决冲突和矛盾中不断摸索，正如该公司的 CEO 所言"一开始有风险要冒，但是有压力也要承受"。处于复杂且充满矛盾需求环境中的神华公司，正是在 CEO 的带领下，通过不断地解决矛盾，以及对技术的探索和应用，来提高公司的技术创新水平和经营业绩。通过对访谈资料的整理和归纳，我们发现该公司 CEO 主要通过以下 4 种方式来影响其所在公司的技术创新与组织绩效。

（1）高层决策制定与执行过程中的二元领导方式。

国有企业有时难免存在民主决策形式化和"一言堂"的情况，即迫于政治压力和团队规范，领导团队成员在原则性问题上与 CEO 保持一致，而只在细节上做一些补充，这种形式化的民主决策最终可能变成了 CEO 一个人的决策，从而不利于提高决策质量和效果。为了避免决策过程中出现这种问题，CEO 秉承"民主决策"和"批评与自我批评"的原则，对自己作出的决策和意见能够自我批评和反省，鼓励领导团队成员提出与自己相反和不同的观点和意见，反对决策过程中的"老好人"型的附和者，以尽量创造开放和公开的会议讨论氛围，尽量排除决策和讨论过程中的政治因素，这其实是其智力启发行为的表现。

通过对人力资源副总的访谈发现，"领导班子成员在决策和开会中能够发表自己的看法，不管这个意见对或不对，提出来至少能够引发大家的思考和讨论，所以在领导班子开会时大家总是争得面红耳赤。CEO他本人作为团队的中心很少在刚开始就提出自己的想法来左右大家的方向,他总是在试图创造一种能够争论和讨论的会议气氛,当在决策过程中出现僵局或死胡同时,他会不时提出一个想法以转换讨论的思路,或者重新抛出原来的问题让大家不至于跑题太远"。另外,该公司的CEO除了是国内煤制油技术的专家外,还具备多年的海外学习和工作经历,可能这种海外经历也对他采取民主决策和开放讨论的方式具有一定的影响。这种民主决策和开放沟通的讨论氛围,最大的优势在于能够调动领导团队成员提出更多的决策方案和技术创意,可以从多个角度来进行选择和评价,从而有利于提高技术创意和决策方案的质量和多样性,有利于打破成规和现有规则,获得新颖的技术方案,从而有利于对新技术的探索。

虽然CEO倡导"民主决策"和开放的会议讨论氛围,但是在决策制定之后,其则开始全力贯彻"权威执行"的原则,采取另外一种不同的领导方式。即CEO在决策制定过程中鼓励大家提出新观点和新建议,以提高决策的质量和方案的多样性,但是一旦决策确定下来,则通常很少更改,以保证事前的决策能够符合既定的决策目标,除非是在执行过程中发现了严重的漏洞或问题。因此,为了保证决策的执行力,CEO通常会在领导团队成员明确了任务标准和奖励标准后,通过严格的控制行为来保证决策目标与决策执行之间的一致性,防止在执行过程中发生偏离和错误,这其实是其例外管理行为的表现。正如该公司人力资源副总所言:"有时候会觉得他(CEO)表现得很友善,有时候又觉得他很严厉,如果谁在任务完成中出现偏差或没有如期完成任务,他是说到做到,该奖的则奖,该罚的就罚。他的民主和开放让我们在决策制定过程中体会到了自己的价值,但是他的严格和认真让我们在决策执行过程中感受到了很大的压力。"决策过程中的权威执行,以严格控制和纠正偏差为原则,可以保证所制定的技术方案能够按照既定的标准执行下来,有利于提高对先前决策结果的执行能力,这本质上属于对技术方案的利用和应用过程。

(2) 兼备愿景传递与权变奖励特征的二元领导方式。

神华公司是通过愿景传递的方式来提高员工对所从事任务的信心和信念，并将未来愿景与员工的日常工作联系起来以赋予工作本身更深的意义和价值。由于该公司所从事的煤制油技术的研发和生产面临着较高的风险和不确定性，如何让公司的员工愿意并且能够与领导者一起应对挑战，并且能够更深刻地认识到公司和自身所从事的任务的价值和意义，便是摆在CEO和其他高层领导团队成员的一个难题。与其他公司不同，神华公司并没有以本公司的未来愿景来增强员工的凝聚力，而是将公司从事的煤制油技术的研发和生产上升到关系国家和民族命运的高度来"内化"员工对于其工作意义和价值的深层次认识，激励员工"以做事业的态度来做工作"。

该公司将组织愿景与民族命运结合起来激励员工是基于我国能源发展状况的现实考虑，并且通过各种途径向员工传递和表达这一能源危机信号和公司对国家能源发展的贡献。中国能源资源储存的基本特点是"富煤、贫油、少气"。中国已探明的石油储存量并不丰富，自1993年起，中国已成为原油净进口国，2006年，石油对外依存度已高达50%。目前，中国已成为世界上仅次于美国和日本的第三大石油进口国，也是仅次于美国的第二大石油消费国。当近年来中国的石油资源开发和利用均遇到窘境的时候，而煤炭资源的储存与开发优势相对显现。中国煤炭资源储量居世界第三，这些煤炭按一定的热值折算的总储存量远远超过了石油资源量。而煤制油技术研发和生产的成功，不仅可以满足国内的石油需求，还可对国际油价上涨产生抑制作用。另外，石油属于战略物资，也是一些产油国和霸权主义国家的政治武器，而该公司所从事的事业则可以帮助国家在国际谈判中获得更大的主动权。

因此，在神华公司成立之时就提出了以"提供可靠的煤制油产品与煤化工品保障国家能源安全"为己任，以关乎国家能源发展的战略高度来激励所有员工的工作动机,提升他们对自身工作的意义和价值的认识和觉悟。这种超越公司层面的愿景激励让员工能够深刻认同公司和自身所从事的任务的重要性和价值,提高对公司的忠诚度。虽然该公司成立时间并不长,但是员工的离职率却很低,在访谈中发现,个别离职的员工往往来自那些工作清闲的岗位,忙碌和需要经常加班的工作岗位很少出现离职的情况,这说明该公司的员工能够从工作中感受和体会到所从事的任务的价值和意义,这种高层面需求的满足提高了其对整个公司和高层领导者的信任和忠诚。这种愿景激励的领导方式属于着眼于未来的愿景激励行为,即通过描绘和传达崇高的愿景来达到激励员工的目的。

虽然未来的愿景能够提高员工对公司所从事的事业的认同,但是要让员工一步步去达成这个愿景则需要相应的制度保障和激励措施,以让"未来"的愿景能够转化为员工"日常"工作的动力,这需要采取不同于愿景传递的领导方式。为此,需要建立相应的制度和人才激励措施来为对员工所做的符合愿景目标的行为进行奖励。该公司的人力资源副总在公司成立之初,就制定了相应的人力资源管理制度和具体措施来奖励员工,例如,在薪酬激励上,该公司设立了技术、业务和管理"三条薪酬通道",只要员工能够按照公司所期望的目标努力,不论各个领域和专业的员工都可以获得相应的薪酬奖励。这样,每个员工从进入公司开始就明确公司对自己的期望和目标,从制度上保证只要员工完成了公司所期望的目标和绩效,便会获得相应的奖励,保留薪资上、精神上、职业发展空间上的多种奖励,而这些目的都是为了保证员工去实现公司所期望的现实目标。这其实属于一种着眼于现状的权变奖励行为,即通过设定相应的制度来对员工符合其制度规范的行为进行相应的奖励,以便保证员工能够完成既定的目标。

(3) CEO领导方式对基层员工的影响途径:领导网络的社会信息扩散与知识聚合效应。

参考社会网络的概念，本文将领导网络定义为组织中不同层次上处于不同节点位置的领导者所构成的联带关系（ties）的集合。我们从社会网络的重要属性：网络密度来分析领导网络所起到的作用。所谓网络密度是一个社会网络中成员间相互联系的强度。网络成员间交流的密切程度和频度决定了他们的网络密度。一般而言，高度联结的网络有助于知识的流动，随着网络密度的增加，交流也会变得更加有效。

煤制油技术知识的专业化和复杂化使得动态授权在神华公司非常普遍。由于煤制油技术需要员工具备较为复杂和全面的知识结构，领导者往往并不一定是具体项目的专家，可能具体的技术人员具备更为专业和特殊的知识，为了更有效地处理技术难题，提高技术创新的效率，授权行为在该公司非常普遍。在技术创新过程中，CEO通过向高层领导团队成员授权，以使其能够最大程度地发挥自己的技术和知识专长，提高其自主性和创造性。同时，高层领导团队成员向中层和基层领导者的授权，也有利于调动其积极性和自主性，了解最新的知识和信息。而基层领导者则通过授权给一线员工来更有效地处理技术问题。这样，CEO所倡导的授权行为在公司内实际上形成了一个授权链条，通过层层授权来最大限度地提高一线技术员工的自主性和创造性。但是，该公司并不是简单的授权，而是采取一种动态授权模式，正如CEO所言，"我们不是'喜欢'授权，而是'善于'授权，根据具体情况来选择是否应该授权，授予多大的权力，甚至在适当的时候还要收回一部分权力"。这种动态授权模式对不同层次的领导者都提出了更高的要求，他们不仅要判断授权的情境和下属的成熟度、胜任能力等因素，还要把握住授权的"度"，这要求授权者与被授权者之间能够建立一种高水平的互动和信任关系才能做到灵活的把握。

根据社会信息处理理论（Social Information Processing），员工的行为和态度其实是受到其身边的人，如领导者、同事或朋友等所发出的社会信息的影响。CEO作为公司的最高领导者，其行为往往向下属传递和代表某种社会信息，从而借助这些行为所传递的社会信息来影响下属的态度和行为。这样在由不同层级所组成的领导网络中，CEO的行为往往向其直接下属传达某种社会信息和信号，其下属再将这种社会信息扩散给更低层的领导者或者基层员工，这样的层层传递将影响着员工的行为，而员工的不同行为将导致在技术创新过程中创造出不同类型的知识，进而通过知识的跨层次聚合来影响组织的绩效。为了明确其中的影响过程，我们从扩散和聚合两个方面来论述。

其一，领导网络在CEO影响基层员工的过程中扮演着社会信息扩散作用。

领导网络的密度高意味着不同层级的领导者之间的联结强度和交流频率高，表现在CEO社会信息的传达和扩散过程中，领导者之间的强联结关系有利于这种信息的转移和扩散，提高公司内领导者之间信息交换的质量。例如，CEO的智力启发行为实际上是向其直接下属传达一种社会信息，这种信息暗示其下属在决策过程中也需要遵循这种行为，这样在层层信息的传递过程中，领导者之间联结强度和交流频率的提高，会提高下属对此信息感知和理解的准确程度，不同部门之间的相互交流会促进此信息在公司内的扩散。例如，神华公司定期召开部门例会，以及部门间研讨会等各种会议形式，以增加部门内领导者之间的默契感，和不同部门领导者之间的交流和沟通频率。正如CEO所言，"我们要具备一盘棋的全局意识，公司每个部门是独立的，但又是相互依赖的，大家都是为了一个共同的目标，即发展煤制油技术来解决国家的能源危机。每个部门是一个小我，但是我们所做的一切都是为了服务公司和国家这个大我。所以，集体主义精神不只是口号，更要表现在行动中"。由于具备这种全局意识和共享的愿景，公司上下级领导者之间，以及不同部门的领导者之间的交流质量都比较高，各个部门之间的协作障碍也比较低，从而下级领导者对其上级领导者所传达的意图和社会信息的把握能力也更强，不同部门领导者之间对彼此以及更高层级的领导者的期望和所传达的信号的理解也更深刻，从而领导网络中领导者之间互动频率的提高加快了CEO所传递的社会信息在公司内不同部门之间的扩散。

其二，领导网络在知识的跨层次聚合方面也起着重要作用。

CEO通过社会网络的作用向基层员工所传递的社会信息最终会影响员工的两种行为，一种是提高了员工的创造性，另一种是提高了员工的工作效率。通常从事创新性的工作需要的风险相对更大，成本更高，在短期内很难看到成效，所以表现在工作绩效上相对会更低一些。而为了提高工作效率，从事那些风险低、创新程度小，在短期内比较容易看到成效的工作员工会获得更高的工作效率。从事技术创新的基层员工的这两种行为会创造出不同类型的知识，例如创造性高的员工可能会在团队合作过程中创造出异质性程度高的知识结构，实现个体知识向团队知识的聚合，有利于产生新的技术创意进而实现探索式创新，而工作效率高的员工则通常由于其创造性低而在团队合作中产生异质性低的知识结构，从而不利于较大幅度的技术创新，可能只能带来利用式创新的实现。除了定期正式的同部门或不同部门领导者之间的例会和研讨会之外，跨职能项目团队在公司内非常普遍，由于煤制油项目所面临的问题往往需要团队具备较为全面和丰富的知识结构，需要团队具备煤炭、化工、设备以及外语知识，因此，该公司的项目团队往往都是由不同专业背景的员工所组成的跨职能团队，这些成员之间的知识和技能具有高度的互补性，这样的结果是提高了团队知识结构的异质性，更容易获得新的解决问题的思路和创意，有利于探索式创新的实现。在完成一个项目后，团队的领导者会要求将创新成果和体会在研讨会上进行报告，对于一些典型的和代表性的项目，完成后还通过案例研讨的方式来分析其中的经验和不足，从而使得不同部门的领导者能够从经验中得到启发，从教训中避免错误，这种案例研讨会性质的交流有利于领导者之间将项目团队中的知识进行交流和共享，有利于形成公司的一些惯例和成功做法，转化为组织知识来进一步指导员工，以提高技术创新的成效。

（4）CEO在平常行为和特殊事件中发挥模范表率作用的社会效仿效应。

在神华公司的发展过程中，CEO以及高层领导团队成员在很注重塑造自身的个人魅力以及发挥模范表率作用来提高企业内员工的士气和热情，并对自己及其领导团队成员的言行和修为提出了明确的要求。例如，CEO对自身和领导班子成员提出了"三一"总体要求，即：以"一团火"的精神干事业，以"一盘棋"的思想抓项目，以"一杆旗"的形象做表率。"一团火"的精神要求领导团队成员不仅能够自我激励，更要能够激励下属和员工的工作热情和士气；"一盘棋"的思想要求CEO具备全局思维和战略布局意识，能够从总体上权衡利弊；"一杆旗"的形象要求CEO在各方面都能够树立典范，为中基层领导者和员工树立一个标杆和楷模，加强与下属的沟通和交流，以便发挥公司上下员工的学习和效仿效应，通过领导魅力的作用来提高公司的协同能力。作为国有企业，为了做到"一杆旗"的表率作用，CEO除了要求自身和其领导团队成员不断补充和学习业务知识外，还重视领导团队成员的道德和政治素养，即在企业中发挥共产党员的模范先锋作用。该公司设置了专门的纪律检查部门来定期检查领导班子成员是否存在违纪受贿行为，以确保高层领导者的模范和表率形象。

除在日常行为中需要发挥模范表率作用外，该公司的CEO还重视在技术创新实践和项目难题攻关等出现难题的时候来发挥自己和领导团队成员的模范表率作用和提升其领导魅力。通常在项目攻坚过程中，都是某位高层领导者作为项目总负责人，但是当出现难题时，CEO会亲自下一线，与基层员工一起来研究解决问题的方案，带领员工攻克难关。例如，在某次处理厚壁管道焊接裂纹难题中，CEO亲自带领科研院所和咨询机构一起调研、讨论、参与到难题攻关活动中，与普通员工和调研人员吃住在一起，这种行为鼓舞了大家克服困难的信心，最终比预定时间提前攻克难题，这是他通过在特殊事件或危机事件中发挥模范表率作用来达到提高员工凝聚力，加快技术创新速度的一种方式。

因此，CEO的模范表率行为不仅在日常行为中向其领导团队产生了社会效仿效应，领导团队成员也能够效仿他的行为以影响更低层的下属，而且也在特殊事件中向全体员工中传达一种信号，用行动去表明什么样的行为在公司内是符合规范并受到鼓励的。这样，CEO在日常行为中的模范表率行为对其直接下属产生了影响，同时也对其下属的下属产生了影响，同时在特殊事件中的模范表率行为也对直接从事技术创新的基层员工产生了影响，即一方面通过领导网络的途径来影响基层员工，另一方面，特殊事件中的模范表率行为也是一种直接向基层员工传达信号的方式，在处理危机或难题的过程中向基层从事技术创新的员工表达其鼓励这种行为的社会期望，以调动员工从事技术创新的热情和积极性。

（5）CEO领导下的技术创新成效与组织绩效水平。

技术创新成果和组织绩效的影响可能是多种因素共同作用的结果，在案例研究中我们很难控制其他因素的干扰作用，如果认为技术创新成果或组织绩效的提升全部归因于CEO的领导方式显然是片面的，也是不客观的。但是该公司的特殊之处在于其领导班子成员大多是从公司成立之初就伴随公司的发展，至少在一定程度上目前所取得的技术创新成果和组织绩效的提升来自于CEO的领导方式，因此，我们需要对该公司的技术创新成果和组织绩效做一个简单的归纳。

组织绩效的测评通常需要考虑到同行业其他公司的业绩，但是由于煤制油技术在我国尚属于新技术，该技术的应用和商业化将可能形成一个新的产业,而目前其他公司的煤制油技术项目由于各种原因也暂时搁浅。例如,我国目前在建和拟建煤制油的公司主要包括神华公司、兖矿公司、潞安矿业公司和内蒙古伊泰公司,不过,2008年9月,国家发改委宣布除了神华公司继续从事煤制油项目外,其他公司的煤制油项目一律暂时停止实施。这样就很难按照传统的方法来测评其组织绩效,但是我们可以采取一种替代的方式来间接了解其组织绩效水平。

我们从煤制油项目的实施速度来间接测评其组织绩效。2001年3月,国务院批准了神华集团的煤制油项目的项目建议书,2002年8月批准了可行性研究报告。神华公司成立于2003年,2005年4月开始进行煤制油项目的开工建设,2007年底建成。经过一年的试产,在2008年,神华公司已经在第一个煤液化工厂成功实现煤炭到油的预试和转化,初步实现了煤制油技术的工业化生产,目前各项技术和生产指标都比较正常,并产出了合格油品。这标志着神华煤直接液化示范工程取得了突破性进展,与此同时,其他公司的煤制油项目或者是尚没有投产建设,或者是被叫停搁置,而神华公司目前则已经成为煤制油项目的领军企业,在煤制油技术的研发与工业化生产方面获得了先行者优势。正如该公司CEO所言,"神华煤直接液化装置投煤成功世界瞩目,是一次伟大的成功。它验证了神华煤直接液化工艺完全可行、放大正确、大设备基本可靠,创造了煤液化的历史最好成绩"。该说法进一步验证了该公司的业绩水平,目前,由神华公司研究的"煤直接液化关键技术"已成为世界上规模最大的以煤为原料直接制成油品的示范工厂。

在技术创新成果方面,神华公司近年取得了一系列的技术突破,并获得了许多专利成果。仅在建设当今世界第一套煤直接液化工业化装置方面,神华公司实现了六项具有里程碑意义的重大技术突破:拥有自主知识产权的世界第一套商业化煤直接液化技术;拥有自主知识产权的世界首套纳米级煤直接液化催化剂制备成套技术;世界最大最重的加氢反应器制造与吊装技术；世界最厚达 88mm 的 347H 不锈钢厚壁管道焊接与热处理技术；国内首套沸腾床加氢（T-STAR）应用技术；国产的世界首台 8800 千瓦增安型无刷励磁同步电机。

同时，神华集团煤炭科学研究总院在 30 多年科研的基础上，组织国内外专家研究了各国煤直接液化工艺后，开发了适合神华煤特点，符合中国国情并拥有中国自主知识产权的神华煤直接液化工艺。在其自主开发的煤直接液化工艺方面，也创造了诸多世界之最和同行业之最，如采用了我国首创的、拥有自主知识产权的"863"催化剂；在世界上第一次设计、制造和吊装单台重达 2100 吨的煤液化反应器；在同行业建设项目中首创同时建设两套每小时 13.8 万立方米的煤制氢装置；项目采用的特大型型钢混凝土框架高达 82.7 米，其土建施工难度堪称行业之最。直接液化工艺由于采用 863 高效合成催化剂，添加量少，与国外煤液化工艺相比具有单系列处理煤量大，油收率高的优势。

3.2.3 研究发现与启示

鉴于目前对 CEO 如何影响跨越组织不同层次影响基层员工的行为，进而基层员工的行为如何跨越组织层次来影响组织绩效的问题缺乏明确的认识，本文按照 Eisenhardt（1989）等学者的建议，在现有研究问题和现象没有明确答案的情况，采用案例研究的方法来探索其中的影响过程和机理。本文通过对神华煤制油有限责任公司中 CEO 在技术创新过程中的作用进行案例分析和归纳后，得出了以下四个研究发现，这些发现对于解释上述的研究问题，以及后续的理论构建和机理探索具有重要的启示。

第一，CEO 在高层决策的制定和执行过程中可采用不同的领导方式。承袭 Hambrick（1984）的高层梯队理论，CEO 通过战略选择和战略决策的过程能够影响到企业的技术创新和组织绩效，但是本案例的研究结果进一步深化了对该理论的认识。按照西蒙的观点，决策可以分析决策制定和决策执行两个阶段，我们发现CEO通过鼓励领导团队成员进行多元化思考，倡导民主决策的方式能够提高技术决策方案和创意的多样性，从而能够获得新的技术方案以实现新技术的探索。从决策的执行过程来看，由于神华公司遵守权威执行的原则，在决策过程中的严格控制和纠正偏差的行为能够保证事先决策所确定的技术方案能够按照既定的标准和目标执行下去，这种领导方式有利于技术的利用和应用过程。因此，在高层决策的制定和执行过程中，CEO其实是采取两种不同的领导方式，在决策制定过程中采取的多元化思考，以及民主决策的方式，目的是鼓励领导团队成员能够挑战既定的假设，从多个角度思考问题，这种方式属于变革型领导行为的智力启发方式。在决策的执行过程中保证所制定的决策能够得到严格控制，避免各种偏差，执行权威执行的原则，目的是鼓励领导团队成员能够按照既定的决策目标执行下去，保证决策目标与决策结果的一致性，这种方式属于交易型领导行为的例外管理方式。

第二，CEO能够表现出一种兼备变革型和交易型特征的二元领导行为。Bass（1985）曾经指出，高明的领导者能够同时表现出高水平的变革型和交易型领导行为，本文的案例中的愿景激励方式属于变革型领导行为的范畴，而权变奖励方式则属于交易型领导行为的范畴，现实中的企业领导者并不是只展现某一种领导行为，而是在可能是在某一阶段表现出一种领导行为，在另一个阶段表现出另一种领导行为。例如，在本案例中，CEO既要着眼于未来采用愿景激励的方式来提高下属和员工对企业发展的信心，同时也要采用权变奖励的方式来在日常工作中达成既定的绩效目标。也就是说，变革型领导行为和交易型领导行为在管理实践中并不是相互孤立和彼此分割的，优秀的领导者能够同时驾驭这两种领导行为来获得更高的领导效能。

第三，CEO的领导行为对基层员工的影响途径可以借助于领导网络的作用来实现社会信息的扩散和知识的聚合。对于本案例所提出的研究问题，可以从领导网络的角度来分析其领导行为的跨层次影响过程。根据社会信息处理理论，CEO的领导方式和行为会向下属传达某种社会信息以影响他的主观判断和态度，这种行为所传达的某种信号、符号和社会信息通过领导网络的作用扩散到基层员工之中可以影响到他们的行为。当领导网络的密度高时，意味着领导者之间的交流频率和互动质量也高，有利于社会信息的转移和传递效率和效果。通过领导网络的社会信息传递，CEO的领导方式会对员工产生两种不同的影响，一种是提高了基层员工的创造性，另一种是提高了员工的工作效率，从而在由这些不同类型的员工所组成的团队互动过程中个体知识聚合为两种不同类型的知识结构，创造性高的员工的团队容易获得异质性高的团队知识结构，而工作效率高的员工的团队容易获得同质性高的团队知识结构，进而这些团队在组织内部的互动过程中产生了不同类型的技术创新。

第四，CEO在日常行为与特殊事件中的模范表率作用会对整个组织产生一定的社会效仿效应。一方面，在日常行为中，CEO向高层领导团队中发挥模范表率作用，意在为领导团队成员树立一种行为参考规范和标准，而满足这个规范的有效方式是通过效仿。从而，通过领导网络中不同层级的领导者之间的社会效仿，使得CEO的行为能够通过影响基层领导者的行为进而影响到基层员工的行为。因此，虽然在基层员工在日常工作中与CEO的交流机会比较少，很难通过直接的人际接触来了解，而更多是通过一些间接的途径，如其直接上司以及各种传闻等方式来获悉各种信息，但是通过领导网络中领导者之间的社会效仿效应，他们同样可以被CEO的行为所影响。另一方面，在特殊事件中，CEO在与基层员工一起攻克难关或克服危机的过程中，也是对基层员工进行影响的过程，这时的影响属于直接影响过程，而不是必须通过领导网络的作用。

虽然通过案例研究，我们发现了 CEO 在高层决策的制定和执行过程中会表现出不同的领导方式，能够同时采用愿景激励和权变奖励的二元领导行为，通过领导网络的社会信息传递和知识聚合过程来影响组织的技术创新，并且 CEO 的模范表率作用会在日常行为中通过领导网络中领导者之间的社会效仿效应，以及特殊事件中基层员工的直接效仿来影响到基层员工的行为，但是仍然留下三个理论问题需要进一步的探讨：第一，CEO 的领导行为对组织绩效的影响机理是什么；第二，领导网络中的领导者为什么会产生社会效仿行为；第三，二元领导行为技术创新和组织绩效会产生什么样的影响，他是如何形成的。关于前两个问题的机理性解释，我们在第 4 章会进行探讨。最后一个问题，我们在第 5 章的假设推演过程中会进行讨论。

第4章 双重视角下 CEO 领导行为的影响机理分析

　　本章的目的是进一步深化案例中发现的结论，对所提出的研究发现做出更为深入和全面的机理性解释，一方面是对案例发现的深化和总结，另一方面也是对下文的假设推演提供理论铺垫。从之前的案例分析中可以看出，CEO 对整个组织的绩效主要可以通过两种方式来实现，一种是通过高层决策的方式，在决策的制定和执行两个阶段，他采用不同的领导方式提高决策方案的多样性和贯彻方案的执行能力，保证了决策制定和决策执行两个阶段的有效统一；另一种是通过 CEO 的远距离领导过程来间接影响基层员工的行为，我们在案例中发现，通过领导网络中领导者之间的社会效仿，可以实现其行为所蕴涵的社会信息的传递和扩散，从而经过层层的扩散最终影响到基层员工的行为。承接案例分析中所提出的问题，本章主要阐述以下两个问题：CEO 的领导行为对组织绩效的影响机理是什么，我们尝试从高层决策视角和远距离领导视角两个角度来探讨；领导网络中的领导者为什么会产生社会效仿效应以实现社会信息的扩散。为了回答这两个问题，本章的安排如下，我们首先从高层决策的视角来探讨 CEO 的变革型和交易型领导行为对组织绩效的影响机理，然后再从远距离领导过程的视角来分析 CEO 的变革型和交易型领导行为对组织绩效的影响机理，在此过程中解释领导网络中的领导者所产生的社会效仿效应的原因，最后简单归纳和比较两种视角下 CEO 对组织绩效影响机理的不同之处。

4.1 高层决策视角下 CEO 领导行为对组织绩效的影响机理

4.1.1 高层决策制定过程视角下 CEO 变革型领导行为对组织绩效的影响机理

现有文献对 CEO 变革型和交易型领导行为与组织绩效关系的研究中，很少有学者从高层决策的视角来探讨其对组织绩效的影响机理，本文则力图从高层决策的这一逻辑主线出发打开其中的"黑箱子"。按照西蒙（2004）的观点，管理的本质就是决策，管理中的决策可以分为决策制定和决策执行两个过程。CEO 作为组织的决策制定者，他与其所在的高层领导团队所做的决策的质量直接影响着组织的生存与发展。从世界五百强的发展历程来看，在 1970 年《财富》上的全球五百强企业，到 1982 年已经有三分之一销声匿迹了，而造成这些公司毁灭的一个重要因素便是高层的决策失误。因此，CEO 的领导方式如何影响高层领导团队（TMT）成员的认知和行为进而提高决策的质量以达到提高企业绩效的目的，便是本章需要讨论的重点问题。从本质上来说，CEO 对高层领导团队的影响过程属于近距离领导过程，这与组织行为学中所研究的团队领导过程类似，也是通过 CEO 与其直接下属，即其所在的高层领导团队成员之间的互动关系，来实现其对高层领导团队成员的影响进而提升组织绩效。

我们从 CEO 变革型领导行为对其直接下属，即高层领导团队成员的影响来提升决策质量进而提高组织绩效这一研究脉络来进行探讨。由于变革型领导行为分为领导魅力、愿景激励、智力启发和体恤关怀四个维度，为了深入分析其内在的机理，我们分别从其维度来进行论述。从 CEO 的领导魅力行为来看，魅力不仅表现为一种属性，还表现为一种行为。从行为的整合性理论来分析，CEO 主要是通过其魅力行为来影响其高层领导团队成员行为的整合程度。魅力型 CEO 本身具备变革和探索新机会的意识和能力，他将自己的角色看作是协调者而不是指挥者和控制者（Barczak et al, 1992），重视下属和领导者之间的互惠关系，鼓励冒险和变革（Aragon-Correa et al, 2007）。他不仅会在日常的工作沟通中会展现这种行为导向，而且在高层决策过程中将这种探索新事物的导向贯彻到决策制定的过程之中。魅力型 CEO 会在高层领导团队成员之间起到一定的示范效应，增强其所在领导团队成员对他的尊重和信任，有利于提高领导团队高层决策过程中行为的一致性和整合性，而现有文献的研究表明，高层领导团队行为的整合性可以带来更高的组织绩效（Hackman, 1987）；在愿景激励行为方面，我们可以从目标的一致性方面来分析。组织愿景的制定过程其实已经包括了高层团队成员之间多次的相互沟通与协商，愿景可以反映高层领导团队对未来发展的共同看法。变革型 CEO 重视愿景的激励作用以及组织内部共享的价值观的塑造（Adair, 1990），他会为高层领导团队成员的活动提供适当的环境和条件（Tushman et al, 1986），从而提高领导团队成员对未来目标认识上的一致性程度，增强团队成员对未来愿景的信心。持续的愿景激励会提高领导团队的动态性，使其能够根据愿景来不断调整组织的战略目标和决策方向，从而使高层决策结果更能适应外部环境的发展。现有文献的研究也表明，高层领导团队成员在决策过程中感知的共同目标和愿景可以带来更高的组织绩效（Senge, 1990；Montes et al, 2005）。

从 CEO 的智力启发行为来看，根据团队冲突理论，任务上的冲突可以带来多元化的观点来提高团队效能。在高层领导团队的互动沟通与高层决策过程中，CEO 鼓励团队成员从多个角度思考问题，或者以新颖的角度来看待老问题，接受错误和变革，鼓励打破成规的行为、提倡包容新思想和新知识的做法能够带来多元化的观点。他倡导有效的会议讨论，头脑风暴式的观点碰撞等沟通方式，创造开放的交流氛围（Friedlander, 1983），通过这种方式所制定的高层决策可以获得更大程度上的共识，多元化的观点能够降低决策方案的失误和风险概率，从而有利于提高决策质量并促进组织绩效；在体恤关怀方面，同样根据团队冲突理论，人际关系上的冲突会对团队效能带来负面影响。变革型CEO能够体察到每个高层领导团队成员的特殊需求和困难，及时帮助他们解决存在的困难，由此可以增强领导团队成员之间人际关系的和谐性和社会整合程度。体恤关怀的背后暗含着领导者对下属的授权和信任，变革型CEO重视提高领导团队成员在高层决策过程中的参与度，他通常在下属的工作过程中扮演着导师、指导者和支持者的角色（Montes et al, 2005），能够为高层领导团队提供方向、热情、凝聚力和支持（Tushman et al, 1986），从而有利于降低决策制定过程中领导团队的人际冲突和提高领导团队的凝聚力来提高组织绩效。

4.1.2 高层决策执行过程视角下CEO交易型领导行为对组织绩效的影响机理

决策的制定和执行过程是一个有机的整体，在企业的管理实践中常常出现决策执行力不足或者执行不到位的情况，从而导致了决策的制定和执行过程完全脱节，使得决策的执行过程流于形式，使高质量的决策方案失去其应有的价值。为了保证决策执行结果与决策目标的一致性，本文认为CEO需要采取交易型领导方式，通过权变奖励以激励下属在实现既定的目标下能够得到奖励，以提高其完成决策执行目标的动力。通过例外管理行为来控制决策执行过程中的偏差和失误，使得既定的决策方案能够落地实施，保持与决策目标的一致性。为了深入了解CEO交易型领导行为在决策执行过程中如何影响高层领导团队成员进而提升组织绩效的机理，我们仍然从交易型领导行为的两个维度，权变奖励和例外管理两个方面来分别论述。

从CEO的权变奖励行为来看，根据经济交换理论，领导者与下属之间的关系被理解为一种成本与收益权衡的交易过程,当下属完成特定的任务后,领导者便给予承诺的奖励,整个过程就像一场交易过程。它通常以组织的合法性为基础,完全依赖组织的奖励和惩罚措施来影响下属绩效(Bass,1985)。在高层决策的执行过程中,交易型CEO会为高层领导团队成员设定具体的任务标准和角色,以严格按照绩效标准进行奖励,明确的角色和标准会降低决策执行过程中"讨价还价"所带来的摩擦和交易成本问题,有利于提高战略执行的效率(Senge et al,1990;Montes et al,2005),从而实现既定的绩效标准;在例外管理行为方面,根据控制理论,事前控制能够"防患于未然",事中控制可以及时发现偏差以减少问题的危害性,事后控制则类似于"亡羊补牢",已经发生了严重问题才进行补救。CEO积极的例外管理行为通常在高层领导团队成员开始工作时,就向其说明具体的标准,并以此标准监督差误来防止问题的发生,这属于事前控制行为。同时在工作过程中一旦发生问题立即采取必要的纠正措施,这属于事中控制行为。事前和事中控制都可以保证高层团队成员在决策的执行过程中不偏离最初的标准,当发现偏差时立即进行纠正,从而能够保证决策执行结果与既定标准的一致性。

4.2 远距离领导视角下 CEO 领导行为对组织绩效的影响机理

4.2.1 领导距离与 CEO 远距离领导过程的特殊性

CEO领导行为与组织内中基层领导者所展现的领导行为的重要区别在于其不仅存在近距离领导(close leadership)过程,还存在远距离领导(distant leadership)过程(Antonakis et al,2002)。所谓近距离领导过程(也叫直接领导过程),是指CEO通过影响其直接下属(即高层领导团队成员)的认知和行为来达成特定目标的过程。前文中从高层决策视角的研究其实是基于近距离领导过程的假设,在组织行为学中对中基层领导者的领导行为的研究大多也基于近距离领导过程的假设。但是，CEO作为组织的最高领导者，其言传身教也会对组织内非直接下属产生影响，即除了近距离领导过程之外，CEO还通过影响那些非直接下属的追随者的认知和行为来达成特定目标（也叫间接领导过程）。在此过程中，由于领导距离的存在，导致了CEO的远距离领导过程与近距离领导过程存在较大的区别。现有文献对近距离领导过程的研究成果相对较多，而对于远距离领导过程的研究则相对很少，学者们的研究尚处于定性描述层面，对于远距离领导过程的影响机理的研究更是鲜见。本文尝试以社会信息处理理论（Social Information Processing，即SIP）为基础来对其影响机理进行探讨。

领导距离并不单纯是指物理距离，它包括多个维度，下属与领导者之间的距离，除了物理距离外，还可能包括心理距离等。Napier and Ferris（1993）最初将领导距离分为三种类型：第一种是心理距离，通常指的是领导者与下属实际的和感知到的心理上的差别，包括年龄、种族、性别等人口变量的差别，以及权力距离、感知的相似性和价值观的相似性等；第二种是结构距离，是指由于物理结构（如物理距离的远近）、组织结构（如控制幅度或组织的集权度）、监督结构（如上下级之间的互动频率）所带来的领导距离；第三种是职能距离，它指的是工作上的关系亲密度和质量，即一个员工是属于"圈内人"还是"圈外人"，这也是领导成员交换关系理论的基本假设。

以上对领导距离的分类虽然比较全面，但是过于复杂且不易于应用到具体研究之中，为了更清晰地对领导距离进行分类，Antonakis et al（2002）将其分为社会距离（或心理距离）、物理距离和感知的互动频率。社会距离通常类似于心理距离或者社会心理距离，它指的是个体所感知到的社会地位、级别、职权、权力等方面的差距；物理距离通俗来讲就是领导者与下属在地理上的远近程度；感知的互动频率代表领导与下属之间的亲密程度。一般来讲，领导与下属高频率的互动通常意味着社会距离也更近一些。但是，物理距离远并不代表领导与下属之间的互动频率低，例如随着科技的发展，领导与下属虽然分布在世界各地但是可以借助电话、互联网、视频会议等方式来加强彼此的沟通与互动。

领导距离的不同导致了领导者对下属的影响方式和机理也存在差异，对于物理距离近，心理感知距离近或者互动频率高的下属而言，领导者通过动态管理与下属之间的关系可以改变其认知和行为；而对于物理距离远、心理距离远或者互动频率低的下属而言，领导者则需要通过塑造自己的形象并进行印象管理，通过社会传染和模仿效应来影响员工的感知和行为，以期得到他们的追随和认同。由于本文的目的主要是探讨远距离领导过程中 CEO 对整个组织的纵向跨层次影响机理，而不是对领导距离的概念界定，因此，我们在本文中我们只分析领导者与下属之间的感知的互动频率，而不探讨社会距离和物理距离。在后续的论文中，我们所提到的远距离领导过程，实际上意味着领导者与下属的互动频率比较低，而近距离领导过程则通常意味着领导者与下属的互动频率比较高。由于基层员工通常与 CEO 的互动频率比较低，甚至在大型组织中许多基层员工与高层领导者从没有机会交流过，所以在后续论述中我们以基层员工来代表那些与 CEO 互动频率很低或者根本没有互动过的追随者。这样由于互动频率低，这些基层员工很难通过交流来直接了解 CEO，而往往通过讲故事、传奇或者与其直接领导的交流来间接了解，这样 CEO 所传递的社会信息以及印象管理手段对于基层员工的认知和行为将有更大的影响。

4.2.2 远距离领导视角下 CEO 变革型领导行为对组织绩效的影响机理

（1）领导网络中领导者之间社会效仿效应的机理性解释。

关于 CEO 如何影响远距离的基层员工的行为这一问题，目前并没有相应的理论解释和答案，从本文的案例分析中可以看出，由不同层级的领导者所组成的领导网络在其中起着重要的媒介作用。但是关于领导网络中的下层级领导者为什么要效仿上级领导者的行为来进行社会信息的传递和传播过程，则需要借助于 George（1976）所提出的领导成员交换理论（LMX）来进行说明。根据该理论，领导者对外下属的方式是有差别的，组织成员的集合中往往包括一少部分高质量的交换关系（圈内成员之间）和大部分低质量的交换关系（圈外成员和圈内成员之间）。从而下属也被分为圈内人和圈外人两类，圈内人受到信任、得到领导更多的关照，也更可能获得特殊利益；而圈外人则获得满意的奖励机会则相对较少。

　　本文认为，这种领导理论过于强调领导者对下属的"作用"，而忽略了下属对领导者的"反作用"，即将下属是"静态的"，而忽略了下属的"动态性①"，因为在管理实践中，不仅存在着领导者影响下属的情况，同时也存在着下属影响领导者的情况，下级可能会通过动用自己的工作技能和政治技能等手段来影响自己的上级以达成特定的目的。因此，作为对领导成员交换理论的补充，我们认为领导者虽然会将下属划分为圈内人和圈外人，但是为了获得更多的特殊对待和利益，圈外人也会通过满足领导者的偏好和"效仿"领导者或者已有圈内人的行为来不断进入到"圈内"来，这样出于特殊利益的考虑，越来越多的圈外人逐渐转变为圈内人身份，因为只有这样才能获得领导者的特殊对待。因此，圈内人为了保持自己的现有身份需要效仿其上级的领导行为，因为上司领导行为所传达的社会信息代表着他的一种期望和规范要求，遵循它可能会获得特殊利益。而圈外人则也需要通过模仿上司的行为来试图进入圈内来获得特殊对待，这样不论是圈内人还是圈外人，虽然出于不同的目的，

---

　　① 论述下属动态性的反作用关系时，本文暗含了两个假设：第一，下属愿意为了获得圈内人的特殊对待和利益而试图进入圈内；第二，下属有能力通过政治技能或社会技能以及其他一些工作技能等手段来进入圈内，能够识别领导者的行为所暗含的社会信息并通过满足领导者的显性的或隐性的期望来获得领导者的青睐进而获得特殊对待和利益。

但是结果却是圈内人与圈外人都在积极效仿其上级的领导行为,从而产生了下属效仿上司的社会效仿效应。

将该理论应用于领导网络之中,领导网络中的领导者往往具备两种身份,通常既是其上司的"下属",同时也是其下属的"上司"。与普通员工不同的是,领导网络中的领导者的下属也相对更少,并且具备领导经验和政治技能的领导者把握其上司意图的能力也相对更高,这样一方面表现为对其直接上级某种行为所蕴涵的社会信息的理解程度也相对普通员工而言会更深刻,另一方面也表现为其相对普通员工而言更容易获得圈内人的身份。为了能够成为其上级的圈内人并获得特别对待和利益,他也需要揣摩其上级某种行为所传达的社会信息和意图,以便满足上级的偏好来获得差别对待,而满足这种偏好的一个有效方式是"效仿"。例如,CEO 向其下属展现智力启发行为,这向下属传达一种鼓励智力启发和多元思考的社会信息,为了能够成为圈内人并得到 CEO 的差别对待,作为对这种社会信息的反映,他不仅会自己效仿这种领导行为,而且会将这种社会信息传递给自己的下属。这与营销学中的顾客忠诚的行为类似,忠诚的顾客不仅自己会亲自购买某个公司的产品,而且会游说和鼓励自己的朋友去购买,并且会通过口碑传播来免费宣传这种产品。唯一不同的是,下属向自己的下属传递这一社会信息可能并不是一种公益行为,而可能是为了能够获得圈内人的身份而采取的一种有目的的策略。

结合以上的分析,通过进一步的推论,我们认为,领导网络在 CEO 向基层员工的社会信息传递过程中,下属为了能够获得上级的认可和奖赏,以及能够变为上级的"圈内人"而得到各种特殊利益,他会不断提高自己模仿上级的行为和对其行为所蕴涵的社会信息的把握能力,这样不同层级的领导者对其上级所表现的行为的社会信息的把握能力也会相应提高,从而不论是圈内人还是圈外人,虽然出于不同的目的来效仿其上级的行为,但是其结果却是使得圈内人和圈外人的行为逐渐趋同,从而出现领导行为趋同的现象,以此类推,在领导网络中不同层级的领导者之间通过社会效仿过程最终表现出与 CEO 相似的领导行为。因此,CEO 对其直接下属的领导行为会通过领导网络中不同领导者的社会效仿过程而对远距离的基层员工产生类似的领导效果。

(2) 远距离领导视角下 CEO 变革型领导行为对组织绩效的影响机理。

我们依然是从 CEO 的变革型领导行为的四个维度来分析其对基层员工的影响,以及基层员工的行为如何经过聚合作用进而影响到组织绩效。从 CEO 的领导魅力行为来看,根据角色模仿(role modeling)理论,CEO 的行为不仅会影响到高层领导团队的决策质量,还会影响到基层员工对他的认同和模仿。对于基层员工而言,他们更多是通过企业中有关 CEO 的故事、传奇、直接上级等方式来间接了解其消息,这样 CEO 行为所传递的社会信息对于基层员工的认知和行为将具有影响作用,而不同层级领导者所构成的领导网络则是传递这一社会信息的重要媒介。领导网络密度的不同会产生不同的传递效果,如果上下层级领导者之间的联结强度比较高,下级领导者对上级领导者所传递行为所蕴涵的社会信息的理解将更为深刻和准确,因为根据社会网络理论,节点之间联结关系密度高会有利于隐性知识的传递,这也意味着下级领导者对上级领导者所传递的社会信息理解更为准确。而如果领导网络的联结强度比较低,这意味着下级领导者对上级领导者的社会信息理解可能不准确或者出现错误,在对其行为所传递的社会信息的理解过程中会扩大偏差,从而在传递过程中会发生选择性错误,使基层员工所感受的 CEO 领导行为所表达的社会信息发生了偏离。魅力型 CEO 作为组织内员工模仿和参考的对象,其行为会通过领导网络的作用对基层员工的行为产生影响。例如,迪斯尼的 CEO 被认为是一个创新者和风险承担者,其对创新的热情被认为具有一种传染效应(contagious effect),他通过亲自试验新的创意向其直接下属传达一种鼓励创新和大胆实践的社会信息,其下属再向更低层级的下属,最后只到基层员工传递这种社会信息，以便鼓励基层员工的创新行为和对创新的热情。当然，有时候CEO在公开场合向所有员工展现他的这种创新行为来直接传递这种社会信息，此时则不需要借助领导网络的媒介。杰克·韦尔奇也被认为是一个角色塑造者，他通过各级领导者的传播将自己的鼓励变革和创新的社会信息扩散到基层员工中来影响员工的日常创新行为。因此，领导网络在实现CEO的领导行为所蕴涵的社会信息从高层向基层传递的过程中起着部分的中介作用。

在愿景激励行为方面，变革型CEO的一个重要任务就是为组织制定未来愿景，并以此来激励所有组织成员朝着这个愿景而努力（达夫特，2007）。愿景本身便蕴涵着某种社会信息，特定的愿景都是向员工传达某种特定的信息，而变革型CEO经常喜欢创造一种变革的愿景，试图将变革制度化为组织的一种惯例（Trichy et al, 1984），并且通过领导网络以及其他宣传途径让员工能够深刻理解愿景对其日常工作的深刻意义和价值，为了实现变革的使命，员工需要学习产品、流程、市场、技术等方面的新知识，试验新的技术和产品创意，进入不同的地域开发全新的市场等。变革型CEO还与各级领导者一起通过设立首席知识官、首席学习官等方式来创建以变革为导向的学习型组织，以在组织中逐渐培育起一种重视别人观点、共享信息、大胆尝试的学习型气氛（Hunt et al, 2000），这种氛围能够调动基层员工对愿景的承诺，鼓励他们的冒险导向和挑战工作惯例，学习新知识的行为（Vera et al, 2004），从而变革型CEO通过愿景设定和愿景传递的方式来影响基层员工的日常行为。

在智力启发方面，技术创新离不开员工创造力的发挥，即使员工想出了新的创意，如果没有领导者的支持和鼓励，这些想法也很难在组织内实施并转化为技术成果，而CEO在支持员工实施创新、影响员工的态度方面则扮演着重要作用（王辉等，2006）。CEO的智力启发行为不仅能够提高领导团队决策方案的多样性，而且会通过领导网络在组织内传播一种社会信息，即倡导员工能以新的角度来看待和解决老问题，鼓励他们挑战既定假设和成规并能够承担风险。这种社会信息经过领导网络的传递以鼓励基层领导者也能够对其下属，即基层员工也展现智力启发行为，鼓励其从多个角度分析问题，不拘泥于原有的工作模式，敢于挑战权威并勇于承担责任，这样促使基层员工在工作过程中不断提出独特的想法和创意，提高其创造力。不仅如此，变革型CEO重视组织内的有效沟通，通过创造一些竞争、试验的机制来促进员工对新知识的探索（Waldman et al，1999），设计出有效的组织结构和交流平台以刺激员工之间交流经验和体会，并在组织内建立团队精神、信任、交叉培训（cross-training）、联结性（connectedness）等机制来鼓励基层员工打破学习的障碍（Vera et al，2004），提高基层员工的创造性。

从CEO的体恤关怀行为来看，他的体恤关怀行为不仅能够通过提高领导团队的凝聚力而带来组织绩效的提升，而且其行为作为一种社会信息通过领导网络的传递作用影响基层员工的感知和行为。员工创造力来自于个体强烈的创新动机和自我实现的愿望，通过探索和发明等活动能够满足员工的这种需求。CEO对其直接下属的体恤关怀行为实际上向其直接下属传递一种社会信息，这样下属再向更低层级的下属传递这种信号，直到基层领导者向基层员工传递这一社会信息和展现这种关怀行为，如提供支持、指导、培训、提供各种实现自我价值和成就感的创新机会，来进一步激发员工的创新动力和热情。CEO的体恤关怀行为还通过领导网络向基层员工创造一种心理舒适感和自尊感，这些也有利于其创造性的发挥。

4.2.3 远距离领导视角下CEO交易型领导行为对组织绩效的影响机理

领导理论过去大多是从微观的角度研究领导者对下属的影响行为，或者是对团队成员的影响（Waldman et al，2004），而很少关注CEO对整个组织的影响，而新的基于跨层次范式（meso-level paradigms）框架试图将微观层次和宏观层次的领导行为整合起来以提供一个新的分析框架（Hunt and Dodge，2000）。而远距离领导过程的探讨则必然要涉及到从高层到基层，再从基层到高层的跨层次范式以形成一个新的分析框架。一般而言，远距离领导过程的影响过程要远比近距离领导过程复杂，因为远距离领导过程通常跨越组织不同层次并且经过一系列的扩散与聚合过程。这样，虽然交易型 CEO 并不能直接对基层员工进行权变奖励和例外管理，但是需要注意的是，他对高层领导团队成员的奖励与控制行为，会向其下属传递一种蕴涵鼓励权变奖励和例外管理行为的社会信息，为了得到相应的奖赏，下属也将这种社会信息再传递给自己的下属，从而层层传递最终能够影响到基层员工的认知和行为。

从 CEO 的权变奖励行为来看，下属如果按照领导者的期望达到了任务标准后会得到相应的奖励，这样领导者的预期便成为下属能否得到奖励的一个指标。对于交易型 CEO 而言，他期望员工在现有的规则和框架下完成任务，不希望进行大刀阔斧的变革或通过打破现有的制度体系来承担更大的风险，如果某些惯例阻碍了下属工作效率的提升，他也会进行适当的调整和修订，但不会做根本性的改革和创新。交易型 CEO 的这种期望和所表现的行为所代表的社会信息会通过领导网络的媒介传递到基层员工以使其符合这种领导期望和意图，在这种激励机制下，基层员工只有遵循这些制度和惯例才能得到奖赏。这种经济交换关系下的员工在工作过程中，尽量按照现有的成规和标准来操作，如果某些环节需要改进也只是进行适当的修补以降低工作过程中的风险，否则由于失败的风险可能减少其得到的奖励。从而，基层员工在日常工作过程中更多表现为在现有的绩效标准下完成任务，注重提高工作的效率以尽快获得奖励，创造性行为由于需要花费更长的时间和承担更高的不确定性和风险反而不能得到奖励，从而这种行为有利于员工工作效率的提升，但是却可能降低其创造性。

在例外管理行为方面，交易型 CEO 不愿意冒险和试错，他更多关注于控制、标准化、正规化与效率（Bass, 1985），发现下属偏离既定标准时立刻予以纠正，以保证其在既定的范围和框架下完成任务。CEO的这种控制行为会通过领导网络中不同层级的领导者的效仿，最终形成的结果是基层领导者对基层员工也采用这种控制行为，按照既定标准对基层员工的工作进程进行控制，当发现偏差时便及时进行信息反馈以纠正员工的偏差行为。员工创造性的发挥和灵感的涌现需要具备一个的宽松、自由的空间和氛围，领导者的严格控制阻碍了员工的试错行为和冒险行为，导致他们只能在既定的标准下逐步调整自己的行为以满足工作标准的要求。这种行为不利于员工创造性的发挥，但是对于员工提高工作效率、及时完成任务标准具有促进作用，因为控制行为能够减少员工行为的偏差和变异，通过学习曲线效应可以获得工作效率的提升。

在远距离领导过程中，基层员工的行为如何经过聚合进行影响到组织绩效，这也是本章需要探讨的一个理论问题，我们从知识的聚合角度来进行机理性分析。CEO的变革型和交易型领导行为会给基层员工带来两种结果，一种是员工创造力的提升，一种是员工效率的提升。但是员工个体创造力和工作效率的提高并不一定能够带来组织绩效的提升，因为组织绩效作为总体并不是个体的简单叠加，从个体创造力和工作绩效对组织绩效的影响是一个跨层次的聚合过程。

关于由低层次向高层次聚合（aggregation）的方式，Kozlowski et al（2000）在研究组织的多层次问题时，将聚合方式区分为"组合"（composition）与"合成"（compilation）两种。具体地，如果集体成员间特征的同质性高，当个体之间共享这种相似的特征时便会"组合"成更高层次的相似特征。如果集体成员间的特征异质性程度高，个体特征将以复杂的非线性的方式"合成"集体特征，这就使集体具有个体完全不同的特性。我们将组织分为三个层次，分别是个体、团队层次、组织层次，由于组织内大部分的创新项目往往采取团队的形式来进行，因此我们以团队作为中间层次分析单位。

在由创造性低而工作效率高的员工所组成的团队并不利于新方案和新知识的产生，伴随着团队成员降低知识变异和提高知识利用的过程，团队知识结构的同质性程度逐步提高。从团队成员的互动与沟通过程来看，创造性低的员工并不利于产生高异质性的团队知识，因为在团队互动过程中，成员之间由于不能产生全新的观点反馈而不利于双环学习，只在既定的假设条件下进行单环学习，这种学习方式虽然也可能带来团队知识结构的变化，但是其变化程度相对比较小，即其知识的同质化程度相对比较高，我们将其称为高同质性团队知识。

在由创造性高而工作效率低的员工所组成的团队中，团队成员创造性的提高一方面会促进团队合作过程中产生更多的新知识和新方案，采用新的方法和角度来解决团队所面临的任务，这个过程中伴随着团队成员寻求知识变异和对新知识的探索过程，最终形成异质性程度高的团队知识存量；另一方面从团队成员互动与相互学习的非线性合成角度来看，团队成员间知识结构异质性程度高会导致在其互动与交流过程中，成员得到截然不同的反馈，从而引发其更深入的思考和对既定假设质疑的"双环学习"过程。经过不断地互动与交流，每个成员在双环学习的过程中不断调整自己的知识流量和存量，以寻求完成任务所需的最佳知识匹配结构，在不断地试错、匹配过程中，经过多次非线性的互动与聚合过程，最终形成了完成团队任务所需要的团队层面的知识结构。这种知识结构并不是每个团队成员知识的简单叠加，而是经过多次交流与互动所"合成"的新的"知识生成结构"（knowledge configural structure），它具有与个体知识完全不同的新特征，我们将其称作高异质性团队知识，即团队知识的异质化程度相对较高。

组织与团队的区别之处不在于其规模的大小，而在于其功能的完整性。虽然近年来有学者提出建设团队化组织，但是团队仍然无法取代组织，因为在某个项目团队完成任务后，仍需要其他团队的配合，或者组织的资源、战略、流程等条件的支持才能最终将团队的成果推向市场。从这个角度来看，高同质性团队知识是实现高同质性组织知识的必要条件，而不是充分条件。在团队知识向组织知识的合成过程中也面临不同团队之间的协作关系，这种协作关系有利于降低知识合成过程中的冲突和矛盾，从而促进了高同质性团队知识向高同质性组织知识的转化效率；同样，高异质性的团队知识也是形成高异质性组织知识的必要条件，也不是充分条件。异质性的团队知识是形成组织知识的基础，在其跨层次转化过程中也是一个不断寻求变异的新知识探索过程。在团队与团队的配合过程中，跨部门之间密切的协作关系有利于高异质性团队知识向高异质性组织知识的转化效率。

从而，组织知识是实现技术创新的关键，异质性程度高的组织知识有利于促进以搜寻、变异、承担风险、试验、尝试、灵活性、发现、创造等活动为特征的探索式创新的实现，借助这种创新有利于满足顾客的新需求以提高组织对外部环境的适应性，通过为顾客提供个性化的产品或服务来增强其差异化竞争优势进而带来组织绩效的提升。同质性程度高的组织知识有利于促进以提炼、选择、生产、效率与执行等活动为特征的利用式创新的实现，借助这种创新有利于降低创新风险和创新成本，提高组织的稳定性和效率，从而通过为顾客提供低成本的产品或服务来增强组织的低成本竞争优势而带来组织绩效的提升。

通过以上的总体论述，我们对高层决策视角下 CEO 对组织绩效的影响机理，与远距离领导视角下 CEO 对组织绩效的机理做一简单的比较分析，以明确其中的差别。从领导距离来看，前者本质上属于近距离领导过程，而后者则属于远距离领导过程；从影响对象来看，前者的主要对象是高层领导团队成员，而后者的主要对象是组织内的基层员工；从研究层次上来看，前者属于单层次的研究范式，而后者则属于多层次的研究范式，其扩散和聚合过程跨越组织的不同层次；从中介方式上来看，前者主要是通过高层决策的中介方式来提高决策制定的质量和执行的效率进而提高组织绩效，而后者则主要通过领导网络的方式实现 CEO 领导行为所蕴涵的社会信息的传播和扩散来影响员工的创造性和工作效率，进而经由知识的跨层次聚合过程来提高组织的适应性和稳定性来分别提高组织绩效。

第 5 章 双重视角下的假设推演过程与概念模型

尽管在上一章我们从高层决策和远距离领导两个视角分析了CEO 的变革型和交易型领导行为对组织绩效的影响机理，但是为了对 CEO 领导行为与组织绩效之间的关系进行验证，我们在这一章中主要论述三部分的内容：

第一，针对现有文献中关于 CEO 交易型和变革型领导行为与组织绩效之间关系研究中存在的忽略了对其中间机制和情境条件进行深入探讨的问题，我们重点对其中间机制和情境条件进行探讨，以试图弥补现有研究的不足，同时为本章后续讨论的内容做铺垫。本章的 5.1、5.2、5.3 和 5.4 节属于第一部分的内容。

第二，针对现有文献对协同式技术创新前因后果研究中忽略了领导视角的研究缺口，我们从二元领导行为出发来论述其与协同式技术创新之间的关系，以期为协同式技术创新的实现寻找一个新的角度。同时，我们还探讨了二元领导行为与组织绩效的关系，以及协同式技术创新在二元领导行为与组织绩效之间的中介作用。本章的 5.5、5.6、5.7 节属于第二部分的内容。

第三，案例分析中所提出的前两个问题在上一章的机理分析中已经得到了答案，最后一个问题是二元领导行为是如何行为的，也就是二元领导行为的前因影响因素是什么？本章的 5.8 节将对该问题进行论述。

5.1 交易型、变革型领导行为与组织绩效的关系

(1) 组织绩效进行维度划分的依据。

组织绩效可以按照不同的标准进行分类，例如可以按照时间长短将组织绩效分为短期绩效和长期绩效，可以基于平衡计分卡将组织绩效分为利润绩效、运营绩效、客户绩效和员工绩效等。本文从组织的盈利性和增长性的角度将组织绩效分为财务绩效和市场绩效两个维度，之所以这样来划分，一方面是在现有对 CEO 变革型和交易型领导行为与组织绩效关系的研究中，学者们大多采取财务绩效指标，本文采用财务绩效指标所得出的结论可以与现有的文献结论进行比较；另一方面，现有文献中采用市场绩效指标的研究很少，但是从研究问题来看，这两个指标所代表的内涵是不同的。财务绩效代表组织的盈利能力，通常以利润率来表示，盈利能力高的组织可以获得可持续发展的现金流量。而市场绩效则代表组织的增长与扩张能力，通常以市场增长率或市场份额来表示，高增长的组织可以获得较大的市场份额和组织规模，有利于获得规模经济。需要注意的是，增长能力高的组织未必其盈利能力也强，例如许多大型的公司其市场占有率虽然很高，但是其盈利能力则较差。而有些小公司盈利能力非常好，但是其公司规模和市场份额则很小。因此，优秀的公司是能够同时获得高水平的财务绩效和市场绩效，即在实现快速扩张的同时也能够保持高的盈利能力。

需要说明的是，虽然本文将组织绩效分为财务绩效和市场绩效两个维度，但是在假设推演的过程中，按照目前在组织与战略管理领域实证文章的一般做法，在假设推演过程中并不具体讨论自变量对组织绩效不同维度影响的差异性，而是在最后的结果讨论中具体讨论自变量对不同维度的组织绩效的差异性影响，因此，我们在论述的过程中是将组织绩效作为一个整个概念来论述的，而在假设的

提出上则将其分维度来提，为的是在后续的结果讨论中能够做进一步深入的分析和挖掘。另外，在假设的提出方式上，之所以出现提某一种假设而没有提另外一种假设的原因是基于现有理论的考虑，假设提出的目的是为了填补现有理论的空缺或者是扩展已有的理论，而对于现有研究中已经得到印证的结论或者理论意义不大的假设，我们并没有在本文中做相应的论述。

（2）CEO交易型领导行为与组织绩效的关系。

我们首先从CEO的交易型和变革型领导行为对组织绩效的影响来论述。从第四章中无论是基于高层决策视角，还是基于远距离领导视角，CEO交易型和变革型领导行为对组织绩效的影响机理中可以推断，CEO的交易型领导行为和变革型领导行为与组织绩效之间存在正相关关系。但是该结论在中国情境下是否能够得到实证结果的支持，因此，本部分的论述中为了避免累赘，我们不再从高层决策视角和远距离领导视角来分别详细论述了，而主要是结合已有文献的研究成果来进一步佐证本文所提出的观点。

交易型CEO试图在既定的系统和文化下通过经济交换和权变奖励行为来满足下属的当前需求，关注员工与既定目标的偏离、错误或不寻常性并且采取措施以进行纠正（Bass，1985；Burns，1978）。权变奖励与组织绩效之间的正相关关系已经得到一些学者的实证检验结果的支持（Howell & Avolio，1993；Waldman et al，2001），因为交易型CEO关注效率和控制，当下属完成既定的目标后就进行相应的奖励以使得设定的目标和任务能够顺利完成（Bass，1985），从而能够提高整个组织内下属的工作效率并进而带来组织效率和组织绩效水平的提高。但是例外管理行为与组织绩效之间的关系就比较复杂，学者们对两者之间的关系存在一定的争议，例如，Howell & Avolio（1993）认为如果领导者事后批评下属或者并没有指出如何避免犯错误的措施的话，例外管理行为对下属的努力和个体绩效会产生负面的影响。但是，他们所提出的这种例外管理行为是属于被动的（passive）例外管理的成分，而本文所研究的是主动的例外管理行为。Waldman et al（2001）所关注的是主动的例外管理行为，他们认为，交易型CEO能够促进组织的战略和结构调整，通过对下属的工作成果进行奖励，并采取措施纠正与目标的偏差和错误等行为能够帮助组织获得更高的绩效，这样，通过CEO积极的例外管理和权变奖励行为，他可以有效管理许多低层级的领导者和员工的日常活动和行为，从而提高组织的效率和稳定性，并带来组织绩效的提升。基于第4章中的机理分析，以及现有文献的研究结论，我们提出以下假设：

假设1a：CEO交易型领导行为与财务绩效正相关

假设1b：CEO交易型领导行为与市场绩效正相关

（3）CEO变革型领导行为与组织绩效的关系。

同样，结合第4章中不论是基于高层决策视角还是基于远距离领导视角，我们也可以推断出CEO的变革型领导行为与组织绩效之间存在正相关关系，为了使得推理过程更具有说服力，本文采用现有研究的结论来进一步佐证所提出的观点。Agle et al（2006）的研究表明，CEO的魅力领导行为能够克服认知惰性、激励惰性和责任惰性三种组织惰性来使得组织更好的适应环境（Trichy et al, 1990; Agle, 1993），他之所以能够克服认知惰性（即不能突破自己的思维框架来思考问题）是因为魅力型CEO本身就是变革的代言人，他以变革为导向的价值观影响着组织的战略选择。之所以能克服激励惰性（motivational inertia，即试图避免变革）是因为他可以通过施展自己的影响让下属对自己充满信心，并且能够让下属坚信变革对组织和个人都是有利的；之所以能够克服责任惰性（oligation inertia，即对制度的承诺）是因为魅力型CEO可以通过改变与不同的利益相关者的合同关系（包括法律和社会的）来获得更高的组织适应性。

在愿景激励方面，变革型CEO通过设定并不断传递愿景的方式可以使组织成员最终认同组织的未来发展目标和方向，这样可以提高组织内成员的凝聚力（Waldman et al, 2001）；在智力启发方面，概念化能力对于高层领导者尤其重要，因为它在高层领导者建立长期的愿景、运用他们自己的判断来了解其他人的价值观、信念和观点等过程中都起着重要的作用（Lewis and Jacobs，1992）。变革型CEO通常具备较高的概念化能力，他通过智力启发来帮助下属寻找复杂问题的核心和解决方法，鼓励下属从多个角度来处理复杂的、甚至矛盾的外部信息，可以从多种方案中选择最佳的方案，有利于提高战略决策的质量；在个性化关怀方面，CEO关心员工的特殊需求和成长，信任并尊重他们，提高他们的自我效能感，这会鼓励员工最大限度地发挥自己的潜力。个性化关怀在本质上体现了对员工的授权行为（Janice Beyer，1999），CEO对员工创造性和主动性的尊重，有利于提高员工参与组织创新的热情和积极性，有利于组织绩效的提升。现有实证研究也表明变革型领导行为与组织绩效之间存在正相关关系（Avolio et al，2003；Zhu et al，2005），之前的元分析也证明变革型领导行为以及其各个维度，如魅力领导、愿景激励、智力启发和个性化关怀，与个体、业务单元绩效和组织绩效存在正相关关系（Howell et al，1993，2005；Dvir et al，2002）。基于第4章中的机理分析，以及现有文献的研究结论，我们提出以下假设：

假设1c：CEO变革型领导行为与财务绩效正相关

假设1d：CEO变革型领导行为与市场绩效正相关

5.2 利用式、探索式技术创新与组织绩效之间的倒U型关系

（1）利用式技术创新与组织绩效之间的倒U型关系。

技术创新一直被认为是提高组织绩效的重要手段，之前的研究已经证明技术创新与组织绩效之间存在正的相关关系（Hurley et al，1998；Aragon-Correa et al，2007），Damanpour（1991）的元分析结果进一步说明，技术创新与组织绩效之间的正相关关系比较稳定。研究者从不同的角度论证过技术创新对组织绩效提升的重要性，战略领域的研究者强调那些率先进行技术创新的组织能够创造一种隔离

机制（isolation mechanisms），借此技术创新中所形成的新知识不容易被竞争对手学习，这保证了公司的利润（Lieberman et al, 1988）。还有学者从资源和能力的视角出发，认为技术创新的实现需要组织的人力技能和人际关系、物质资源、价值观、规范和文化的支持（Lengnick-Hall, 1992），组织通过技术创新来适应市场的需求（Porter, 1985），创新程度高的组织将对环境的反应更加迅速，获得提高组织绩效的能力，更有利于增强竞争优势（Hurley et al, 1998）。然而，研究者越来越发现，不能仅仅关注技术创新作为一个整个构念与绩效之间的关系，研究不同类型的技术创新与绩效之间的关系更有理论和实践意义（Montes et al, 2005），因为有些技术创新类型对组织绩效是有促进作用的，而有些则没有，有些还可能有负面的影响。Danneels et al（2001）的实证研究发现，尽管技术创新作为一个整个构念与组织绩效存在正相关关系，但是技术创新的五个维度中有些维度与组织绩效正相关，而有些则没有显著关系，尽管产品创新还需要我们对技术创新进行分类，以探讨不同类型的技术创新对组织绩效的影响作用。本文将技术创新分为探索式技术创新和利用式技术创新两个类别，分别探讨其对组织绩效的影响关系。

利用式技术创新以提炼、复制、提高效率和实施为特点，它是来满足已有的顾客或市场需求，是对已有知识或技能的扩展，可以带来设计、营销渠道和技能等方面的改善。通过利用式技术创新，组织把他们已有的知识复制应用于已有领域的经营活动，通过对已有知识的提炼和传统惯例的承袭来营造组织的可靠性和稳定性。从利用式技术创新的效果来看，它不仅能强化企业的生产和技术能力，同时还能强化企业、顾客和市场的联结，效果延续性强。一般来说，利用式技术创新风险较小（刘新民等，2006）。利用式技术创新和探索式技术创新对知识的种类和结构的要求各不相同。从知识的种类来看，利用式技术创新更多依赖于显性知识，如何最大限度地获取和利用现有的知识存量是利用式技术创新的目标，而探索式技术创新更多依赖于隐性知识，如何能够准确定位有用信息的来源是它的主要目标（Edmondson，2002；Nonaka，1994）。因此，为了有效地进行利用式技术创新，现有知识必须能够被有效地整合起来，以在组织中易于获得和交流；从知识的结构要求来看，利用式技术创新则需要同质性高的知识，因为知识的相似性更有利于转移、实施和推广新的创意，这时组织所关注的是知识运用的效率。而探索式技术创新需要异质性高的知识，因为知识的多样性更有利于产生新的技术创意。

利用式技术创新关注组织的创新效率，它在创新的过程中是以提炼现有的知识、以对现有产品或技术进行再加工为基础进行的创新，这样的小修小补虽然不会引起原来产品发生突破性的革新，但是却改善了原来的技术性能，从而能够降低由于创新不确定性所带来的风险。在以利用式技术创新为主要创新方式的企业中，通过对原有技术的重复利用，由于学习曲线的效应，起初技术创新的成本比较高，但是随着对原有创新模式的不断重复，组织中逐渐会形成一套固定的创新规则和惯例，创新活动随之沿着这样的惯例不断进行下去。如果重新打破这些惯例和规则需要较长的时间来适应，而且可能由于原有惯例的惰性而使新规则无法发挥正常的作用，而在现有的惯例和框架下对某些具体条件的修改则可以进一步加强原来的技术规则，使得原来的规则更加富有效率，从而提升了组织创新的效率和组织绩效。

虽然本文认为利用式技术创新能够提升组织绩效，但是过多的利用式技术创新却会降低组织的绩效水平。根据路径依赖理论，由于规模经济、学习效应、协调效应（coordination effect）以及适应性预期（adaptive effect）等因素的存在，会导致某种制度沿着既定的方向不断得以自我强化（秦海，2004）。如果没有路径突破，原有制度可能顺着原来的路径由于惯性的力量而一直存在下去从而容易被锁定在无效或低效的状态，陷入恶性循环而不能自拔。具体到组织内部也是一样，组织过去的技术创新行为会由于路径依赖而形成组织的惯例，由于惯性的作用会使得之前的某种行为不断强化最终形成的某种惰性和刚性，进而束缚组织的发展。由于路径依赖的作用，过多的利用式技术创新会使得企业过多地关注于现状而忽视了未来的机会，更多地重视对现有技术的修正而忽略了对全新技术的研发和投入，这样导致的结果是组织可能由于不能适应未来市场需求的变化而逐步处于劣势地位。基于以上的分析，我们提出以下假设：

假设2a：利用式技术创新与财务绩效之间呈倒U型关系。

假设2b：利用式技术创新与市场绩效之间呈倒U型关系

（2）探索式技术创新与组织绩效之间的倒U型关系。

探索式技术创新是以搜索、变异、柔性、试验和冒险为特点，它的目标是满足新出现的顾客和市场需求。这种类型的技术创新来自于新的知识种类，以便获得新的产品设计、新的市场或新的营销渠道。因此，探索式技术创新通常涉及新的组织实践，以及发现新技术、新事业、新流程和新的生产方式等活动（张玉利等，2006）。探索式技术创新往往会改变人们的思维方式，对于这一类创新的管理不同于对利用式技术创新的管理，它需要有长期、周密的战略规划。一般来说探索式技术创新风险较大（刘新民等，2006）。

与利用式技术创新主要关注组织的创新"效率"不同，探索式技术创新主要关注组织的创新"效果"，由于这种创新包括了寻找新的机会、发现新的市场、搜寻新的知识的活动，从而可以为组织提供新的发展机会。虽然探索式技术创新充满了不确定性和技术风险，但是在复杂多变的市场环境中，组织在现有的市场竞争中往往由于过多竞争者的蚕食而使得现有的市场不断萎缩，在"红海"之中的竞争导致企业之间的利润率都逐渐降低，为了在竞争中生存，组织需要寻找新的"蓝海"来获得新的竞争优势，在蓝海中为顾客创造独特的价值（Kim et al, 2005）。而组织为了发现蓝海并在蓝海中创造出新的价值，则要进行不断地探索，包括发现能为顾客提供新价值的技术信息，搜寻顾客的新需求信息，不断对新的技术进行试验等，这些探索活动都可以为组织创造新的价值，能够带来组织销售额和现金流的增加从而提升组织的绩效水平。

但是，过多的探索式技术创新也会对组织绩效带来负向影响，由于路径依赖和组织惯性的作用，探索式技术创新虽然可以为组织带来新的创新机会，但是过多的探索活动则会耗费组织大量的资源，而且由于探索式技术创新失败的风险更大，不确定性更高，将组织的资源过多地集中于探索活动会使组织陷入"创新陷阱"，陷入到"探索—失败—无回报变革"的恶性循环之中。这些企业对技术探索性活动投入了过多的资源和时间，有可能过分重视短期变化而没有从探索活动中获益（张玉利等，2006）。Gupta et al（2006）也从理论上论证了过多的探索式技术创新或利用式技术创新对组织绩效的影响反而可能是有害的。本文也认为，探索式技术创新与组织绩效之间存在"过犹不及"的效应。基于以上的分析，我们可以提出以下假设：

假设2c：探索式技术创新与财务绩效之间呈倒U型关系

假设2d：探索式技术创新与市场绩效之间呈倒U型关系

5.3 利用式、探索式技术创新在CEO领导行为与组织绩效间的中介作用

（1）高层决策视角下利用式技术创新在CEO交易型领导行为与组织绩效之间的中介作用。

从第2章的文献回顾中可以看出，现有文献对CEO交易型领导行为与组织绩效之间关系的研究中，鲜有从技术创新的角度来探讨其中介影响机制，尤其是哪种类型的技术创新所起到的中介作用。本文认为，利用式技术创新在CEO的交易型领导行为与组织绩效之间起着中介作用，但是只起着部分中介的作用，因为如现有文献所指出的，虽然当前的研究只证明组织氛围在魅力型领导行为与组织绩效之间承担中介作用（Koene et al, 2002）但是作者并没有对组织氛围进行分类，有可能是交易型领导行为通过创造某种特定类型的组织氛围来影响到组织绩效。从而，结合以上的分析，我们提出利

用式技术创新在 CEO 交易型领导行为与组织绩效之间只承担部分中介的作用。

我们从高层决策的视角来分析交易型 CEO 通过利用式创新来影响组织绩效的机制。在权变奖励方面，交易型的 CEO 与高层团队成员之间是一种经济上的交易关系，当下属完成了特定的任务后他会给予一定的经济奖励，他将下属看做是一种满足物质需要的"经济人"，很少关注下属的精神需求或更高层次的需求，因此，下属更多是在他的指导下工作，按照其命令来执行，这样相互之间意见冲突和互动交流的成分就比较少，从而在技术创新方案的讨论过程中，很难涌现出新颖的或者具有突破意义的技术创意，而可能只是在原有的方案上进行修补和调整，从而只能产生以提炼、效率和执行为特征的利用式技术创新。从之前的论述中可以看出，利用式技术创新因能够提高组织的效率和稳定性而可能带来组织绩效的提升，但是过多的利用式技术创新却会对组织绩效带来负向影响；在例外管理方面，当 CEO 发现高层领导团队成员在决策过程中偏离了既定的主题或者提出不符合常规的新想法后便进行制止和纠正，对高层团队成员的工作过程和结果都要进行严密的控制，他更多关注的是下属能否顺利完成任务而不是工作中的冒险和创造性，注重下属的收敛性而非发散性思维的培养（Waldman et al, 2006），这样的结果是很难在技术创新决策中获得新颖的技术方案，因而只能带来以整合和提炼为特征的利用式技术创新的实现进而提升组织绩效，但是我们同样认为过多的利用式技术创新反而降低了组织绩效。

（2）远距离领导视角下利用式技术创新在 CEO 交易型领导行为与组织绩效之间的中介作用。

从远距离领导过程来看，交易型 CEO 除了通过领导网络的作用在组织内部创造一种追求效率和稳定的氛围外，还会通过设置奖励制度和惩罚制度来影响普通员工的行为，在管理手段上，交易型 CEO 为组织设立正规（formal）系统（如诊断或控制系统）和培训项目来强化对当前知识的学习，这些激励机制会引导员工的日常行为，久而久之，员工的行为便转向高层领导者所设定的轨迹，员工都在既定的规则下做事，不敢打破现有的规则，这限制了他们探索未知机会的信心和动力，在创新中也表现为对现有技术进行修补，更多关注眼前工作的结果而不重视对未来的影响，这样很难获得探索式技术创新所需要的异质性知识，而只能带来组织现有知识的提炼和整合。此外，现有研究发现，交易型CEO在知识的整合与交流过程中起着正向促进作用（Bryant，2003），他通过将存储于实践惯例、计算机系统、组织结构、共享的价值观或者专家的头脑中的知识进行有效整合，降低知识交流的障碍，采取措施打消员工共享知识的感知风险，这些都有利于最大程度地利用现有的知识存量（Vera et al，2004），有利于通过对现有知识的利用以实现利用式技术创新来提高组织的效率和绩效，但是过多的利用式技术创新却会对组织绩效产生负向影响。综合以上的分析，我们提出以下假设：

假设3a：利用式技术创新在CEO交易型领导行为与财务绩效之间起着部分中介的作用

假设3b：利用式技术创新在CEO交易型领导行为与市场绩效之间起着部分中介的作用

（3）高层决策视角下探索式技术创新在CEO变革型领导行为与组织绩效之间的中介作用。

House & Aditya（1997）指出，现有文献对魅力型领导行为和引入创新之间的关系，以及他们如何提高组织绩效的问题尚需要进一步地探讨。而一个公司的成功则需要较强的组织学习、适应和变革的能力（Jick，1993）。因此，研究领导行为对组织绩效的影响过程离不开组织创新的作用，领导者通过适应环境和战略决策的方式以产生和应用新知识来提高公司的潜力和绩效（Van de Ven，1993）。实证研究已经证明变革型领导者能够建立一种愿景来激励下属，重塑下属的价值观和信念，提高他们超越绩效水平的意愿，鼓励他们在工作过程中采用新的工作方式，促进个体和组织的变革和创新性，从而促进了组织内创新性观点的产生和绩效水平的提升（House et al, 1993; Jung et al, 2008; Gumusluoglu et al, 2008)。

之前的学者曾经对 CEO 变革型领导行为与技术创新之间的关系进行过研究。例如，Jung et al（2003）认为技术创新最终来自于创造性员工的努力，个体是新观点的最终来源，并且为技术创新提供了基础（Shalley et al, 2004），员工的创造性为组织创新提供了原材料（Oldham et al, 1996）。创造性的员工是那些能够发现新产品机会的人（Gumusluoglu et al, 2008），这些人不仅更有可能产生新的解决问题的方案并且把这些想法交流给别人，而且还能制定具体的计划来实现这些想法。因此，这种个体层次的创造性通过创意的产生和实施有可能导致组织层次上技术创新的产生（Gumusluoglu et al, 2008）。后续的实证检验也支持了变革型领导行为会对技术创新产生正向的影响，例如，Elenkov et al（2005）发现 CEO 的变革型领导行为，以及它的四个维度都与组织的产品/市场创新存在正相关关系；Lee et al（2006）运用我国台湾地区的样本来检验 CEO 的变革型领导行为与组织的技术创新之间的关系，同样发现变革型领导行为能够促进组织的技术创新水平；Jun et al（2008）最新的实证检验结果也表明变革型领导行为对组织的技术创新具有显著的正向影响。

通过对现有文献研究结果的归纳后不难发现，虽然学者们已经证明 CEO 的变革型领导行为与技术创新之间存在正相关关系，但是同样并没有说明变革型领导行为会对哪种类型的技术创新产生影响。我们认为变革型 CEO 会对探索式技术创新产生正向影响，这个观点也可以从前人的研究结论中得到佐证。Kanter（1983）认为参与式的、合作式的领导风格更能促进技术的创新程度。变革型 CEO 在组织内培育一种共同的组织目标去指导和激励公司成员寻求新的机会和挑战（Bass et al, 2000），他通过建立创新团队和提高下属的创新动机来提供理想的创新条件（Tushman et al, 1986）。McGill et al（1993）认为变革型领导促进了组织通过试验、交流、对话等方式的组织学习和知识创造过程，一个学习型的组织可以更好地获得与创新相关的新知识，发展关键技能和能力以提高组织的创新水平。变革型领导作为一个导师、促进者和训练者的角色可以提高组织对新知识的吸收和学习（Ulrich et al，1993；于海波等，2008），进而提高对新知识地探索和探索式技术创新水平。

从高层决策的视角来看，在领导魅力方面，魅力型CEO本身便包含变革和探索新机会的意识和能力，他将自己的角色看作是协调者而不是指挥者和控制者（Barczak et al，1992），重视与下属之间的互惠，鼓励冒险（Aragon-Correa et al，2007）。魅力型CEO不仅会在日常的行为中展现出这种导向，而且还会在高层的技术决策过程中展现这种探索新机会的导向，以便从多种决策方案中选择能够带来更大变革的创新方案和技术创意，从而这种具备探索特征的技术方案更可能带来探索式技术创新的实现；在愿景激励方面，变革型CEO会通过设立变革的愿景和战略目标来影响高层团队成员，他重视愿景的激励作用以及组织内部共享的价值观的塑造（Adair，1990），为组织的技术创新活动提供适当的环境（Tushman et al，1986），在此变革愿景的激励下，高层团队成员容易在决策过程中就创新的方向和变革的程度上达成共识，倾向于采取以变革幅度大和带有突破性创新的技术方案以符合组织的未来发展愿景，以促进探索式技术创新的实现。

在智力启发方面，变革型CEO善于在高层团队决策过程中进行互动和交流，善于鼓励团队成员从多个角度来看待问题，或者是以新的角度来看待老问题，接受错误和变革（Snell，2001），鼓励打破成规的行为、包容新思想和新知识等。他倡导有效的会议讨论，头脑风暴式的观点碰撞等沟通方式（Friedlander，1983），这些都有利于高层在决策过程中产生新的技术创意和方案，有利于探索式技术创新的实现；在体恤关怀方面，由于探索式技术创新面临着较大的不确定性，从事这类技术创新需要具备一定的勇气和决心，当面临不确定性的时候，更需要某种激励因素来鼓励他们坚持目标和信念。而变革型CEO的个性化关怀可以打消高层团队成员的顾虑，给他们信心和支持以提高其自我效能感，从而鼓励他们在决策过程中选择更富有风险和挑战的创新方案,从而有利于探索式技术创新的实现。与之前的结论一致,我们仍然认为探索式技术创新能够提高组织绩效,但是过多的探索式技术创新却可能对组织绩效产生负向影响。

(4)远距离领导视角下探索式技术创新在CEO变革型领导行为与组织绩效之间的中介作用。

从远距离领导视角来看,在领导魅力方面,CEO的魅力本身是组织内从事技术创新的基层员工所模仿的对象和榜样,他的行为会在组织内部产生模范表率作用。魅力型CEO本身便是变革和探索新机会的代言人,他的这种榜样示范效应通过领导网络的媒介会影响到基层员工进行变革和探索新知识的行为,在技术创新过程中,他们表现为对新技术和新知识的探索和试验,有利于获得新的技术创新成果;在愿景激励方面,CEO设定的变革愿景通过领导网络的信息传递过程让直接从事技术创新的基层员工能够明确该愿景对于他们从事技术创新的意义和价值,为了配合战略变革使命,他们需要学习产品、流程、市场、技术等方面的新知识,试验新的技术创意和产品创意,进入不同的地域,开发全新的市场,从而因能够获得全新知识而有利于探索式技术创新的实现。

在智力启发方面,Dampanpour(1991)的研究发现,领导者对变革的态度与组织创新具有正相关关系,变革型CEO鼓励组织内的员工进行发散式思考,鼓励各抒己见、多角度思考、包容相互冲突的观点的做法和态度,这样会在组织内培养一种积极谏言、敢于提出独特想法的氛围,进而可以通过创造一些竞争、试验和跨部门协作的机制来促进对新知识的探索(Waldman et al, 1999),设计出有效的组织结构和交流平台以刺激个体和部门去共享他们的想法和经验,这些方式有利于探索式技术创新的实现;在体恤关怀方面,CEO通过人力资源制度和工作制度的建设等措施,让基层员工在技术创新过程中能够获得更多的自主性和自由度,鼓励他们去挑战现状、追求高风险的项目并能够承担未知的风险和后果。CEO的体恤关怀行为还包含着授权的成分,它可以满足那些具备自我实现愿望的基层员工的高层次需求，由于这些领导者已经不再把工作看作是某种谋生的手段，而是实现自己梦想的事业来做，这样CEO会采取措施为这些基层员工提供更大的平台和支持，鼓励他们通过从事风险性和更能实现自我价值的探索式技术创新。通过上文的推理，我们认为探索式技术创新能够提高组织的绩效水平，但是过多的探索式技术创新却会对组织绩效带来负面影响。因此，我们认为探索式技术创新在CEO变革型领导行为与组织绩效之间承担中介作用，但是只承担部分中介的作用，因为从第2章的文献回顾中可以发现，战略变革（Waldman et al, 2004）、CEO薪酬（Tosi et al, 2004）、组织承诺（Steyrer et al, 2008）等变量在其中也承担中介的作用，因此，我们假设探索式技术创新在CEO变革型领导行为与组织绩效之间承担部分中介的作用。综合以上的分析，我们提出以下假设：

假设3c：探索式技术创新在CEO变革型领导行为与财务绩效之间起着部分中介的作用

假设3d：探索式技术创新在CEO变革型领导行为与市场绩效之间起着部分中介的作用

5.4 不同环境条件下交易型、变革型领导行为对技术创新的影响

（1）不同环境条件下CEO交易型领导行为对利用式技术创新的影响。

之所以研究环境的动态性和竞争性两个维度，主要是基于以下两方面的考虑：第一，现有文献对CEO变革型和交易型领导行为与组织绩效的关系研究中，只探讨了环境动态性对其关系的调节作用，而忽略对环境竞争性所起作用的研究。而环境动态性和环境竞争性是外部环境的两个重要特征（Finkelstein et al, 1996），同时考虑这两个环境维度特征不仅会补充之前的研究结论，而且会使得研究结论更加符合管理实践；第二，环境动态性和环境竞争性会给企业带

来完全相反的外部压力和张力。动态性程度高的外部环境可能使得组织当前的技术知识变得过时而需要研发新的技术或产品，为了降低这种威胁程度，组织需要引进新的产品、服务类别或进入新的市场来寻找发展机会（Jansen et al, 2005）。而竞争性程度高的外部环境则通常与高效率和低成本联系在一起，这种环境中承担过多的风险或者强调突破式技术创新对组织而言是很危险的（Miller et al, 1984），因为创新的成果很容易通过竞争对手的快速模仿而扩散出去（Levinthal et al, 1993），所以在竞争性程度高的外部环境中，组织为了生存通常着力于提高效率，在现有产品基础上进行改进以尽快取得价格优势，而研发新产品则由于风险高且短期内很难见效反而不利于组织在这种环境中生存。

所谓环境动态性通常是指环境变化的速度和不稳定的程度（Dess et al, 1984）。环境动态性不只包括环境变化的幅度比较大，还包括环境变化的不确定性。不确定性是指个体所感觉到的理解环境变化方向以及环境对组织潜在影响的无能为力（Milliken, 1987）。环境的不确定性通常伴随着环境所带来的高风险，在这种环境中一些错误的决策会给组织带来严重的后果，甚至可能关乎到组织的生存（Waldman et al, 2001）。环境动态性可能来自于技术、顾客需求、产品需求或原料供应的动态变化等（Jansen et al, 2005）；环境竞争性是指外部环境竞争的激烈程度（Matusik et al, 1998），它通常表现为竞争者数量以及竞争领域的多少。环境竞争性最典型的表现是行业内价格战的多少，以及价格战所发生的领域。

在竞争性程度高的外部环境中，企业与企业之间的竞争会变得更加激烈，在这样的环境中企业之间可能经常发生促销大战、价格战之类的行为，环境的竞争性会促使企业加快创新的速度，以便尽快满足顾客的需求。在这种环境中，交易型 CEO 的权变奖励和例外管理可以加快员工对现有产品的修补和调整速度，增强对现有知识的整合和提炼能力，这些相对于全新技术的研发活动而言见效更快、效率更高，风险和成本更低，当员工达到了这些标准后即进行奖励，纠正和控制那些不符合要求的员工行为，这样可以使员工更加专注于在既定的标准下改良产品或技术，能够促进利用式技术创新的实现。而CEO如何在这样的行业中从事探索式技术创新，则不仅由于投入大、时间长、风险高等特点无法在短期之内生存下去，而且所取得的成果在竞争性高的行业中很容易被竞争对手经过模仿而进一步改进，使得探索式技术创新的成果失去了应有的价值。因此，环境的竞争性越高，CEO的交易型领导行为对利用式技术创新的影响程度越大。

然而，在动态性程度高的外部环境中，交易型CEO可能并不那么有效了，动态环境中的员工缺乏自信和自我效能，对未来充满了恐惧，感受到的风险比较大，这时组织需要能够关心员工、重塑愿景、富有魅力的领袖人物的出现，而交易型领导者以经济交换为基础，重视领导与员工之间的经济交换，忽略了以信任和互惠为基础的社会交换，这样的CEO不能增强员工的自信心和自我效能，很难帮助组织建立起度过难关的信心和勇气。因此，在动态环境中的组织需要变革型CEO的出现，交易型领导者则无法完成重塑组织信心的任务，从而，环境的动态性越高，交易型CEO对利用式技术创新的影响程度就越小，而环境的动态性越低，交易型CEO对利用式创新的影响程度就越大。因此，企业如果同时出于动态性低而竞争性高的外部环境中，CEO的交易型领导行为会增强对利用式技术创新的影响程度。基于以上的分析，我们提出以下假设：

假设4a：在环境竞争性高而环境动态性低的外部环境中，CEO交易型领导行为会增强对利用式技术创新的正向影响程度

（2）不同环境条件下CEO变革型领导行为对探索式技术创新的影响。

组织往往处于具有相反压力影响的外部环境之中，例如，营销领域中的大规模定制环境其实就是一种对企业具有相反压力影响的外部环境，在大规模定制环境下，顾客不仅希望以最低的价格获得自己满意的产品，这是外部环境对企业所提出的低成本需求的压力，

而且希望能够获得满足自己个性化需求的独特产品，即希望产品是为自己量身定做的，从而满足自己求新求变的心理需求，这是对企业所提出的差异化需求的压力。环境的动态性与竞争性也会对企业带来类似的结果，环境的动态性会给企业带来"求变"需求的外部压力，在这种环境中往往通过实施较"大变大革"式的创新来"背水一战"以摆脱危机，而环境的竞争性则会给企业带来"求稳"需求的外部压力，在这种环境中的创新成果很容易被竞争对手模仿而失去价格优势，通常通过"小修小补"式的创新来生存和发展。

处于动态性程度高的外部环境中，组织往往面临更大的危机，在这样的情境中一些错误的决定将可能导致组织陷入困境甚至威胁到组织的生存，高层决策者将面临更大的信息处理障碍（Tushman，1979），因此，决策中 CEO 将承担更大的压力（Hambrick et al，1984；Pearce et al，2003；陈国权等，2000）。这种环境使得组织成员感受到压力和危机，对组织和自己的未来开始变得更为担忧，从而其被引导和激励的需求变得更加强烈。而变革型 CEO 则可以给员工带来关心和自信，领导者的关心、自信和未来愿景是组织成员心理舒适感（psychological comfort）的重要来源。这样通过向下属展示如何将压力和危机转化为机会则可以降低他们的担忧程度（Bass，1985；刘军等，2005）。研究显示，危机、压力和不确定性可能促进变革型领导者的涌现（House et al，1991）。纵上所述，当环境的动态性和竞争性程度高时，技术创新对于组织克服危机而带来组织转折变得更加重要（Miller et al，1988）。这样当组织成员感受危机和紧迫感时，创新的需求也更加强烈并容易被接受（Frambach et al，2002；Jung et al，2008）。

Crossan et al（2004）认为，危机的情境更需要变革型领导的出现，在危机或高风险的情境下，变革型 CEO 能够发挥更大的作用，因为他可以创造一种集体感觉（collective feeling）来处理外部的威胁，在员工弱心理（weak psychological condition）条件下，CEO 更不容易被现存的行政结构或组织政治所束缚（Waldman et al，2004），他通过角色榜样（role model）的作用（Kotter et al, 1992），可以提高员工的自信和自我效能并影响他们的认知，帮助员工把环境看作是一种机会而不是威胁，鼓励他们进行探索式技术创新以突破现有的束缚获得更大的生存机会。而在稳定的和竞争程度低的外部环境中，变革型领导者就没有那么有效了（Waldman et al, 1999, 2001）。如果员工没有变革的需求，他们似乎开始拒绝变革型领导行为，对变革型领导的满意和承诺也开始下降（Crossan et al, 2004）。因此，在动态性低的外部环境中，外界对组织的变革要求较低，由于组织惯性的存在，组织倾向于保持现状。

而在竞争性程度低的外部环境中，变革型 CEO 会提高对探索式技术创新的影响程度。因为在这种竞争比较缓和的外部环境中，CEO 可以在决策中倾向于将资源主要投入于见效慢、时间长、风险高的创新项目之中，因为这样的技术创新项目虽然在短期内不能带来竞争优势，但却是组织持续竞争优势的来源，并且由于竞争程度比较低，CEO 也不会过于担心自己的创新成果会很快被竞争对手模仿，而根据之前的研究结果，CEO 的领导魅力、愿景激励、智力启发和体恤关怀行为则更能够提高探索式技术创新的成效。因此，在环境动态性高而竞争性低的外部环境中，CEO 的变革型领导行为能够增强对探索式技术创新的影响程度。综合以上的分析，我们提出以下假设：

假设 4b：在环境动态性高而环境竞争性低的外部环境中，CEO 变革型领导行为会增强对探索式技术创新的正向影响程度

5.5 二元领导行为对组织绩效的影响

（1）高层决策视角下 CEO 的二元领导行为与组织绩效的关系。

与本章前四节的侧重点不同，本节的侧重点在于探讨 CEO 的二元领导行为与组织绩效之间的关联机制。因为从本文第 2 章对协同式技术创新前因后果研究的文献回顾中可以看出，现有文献忽略了

从领导行为的视角来分析CEO的领导行为对协同式技术创新的影响，那么进一步，CEO什么类型的领导行为能够实现协同式技术创新，我们认为CEO的二元领导行为能够促进协同式技术创新的实现。在此基础上，本文进一步论证CEO的二元领导行为与组织绩效之间的关系，以及二元领导行为是否通过协同式技术创新来影响组织绩效。本节主要论述CEO的二元领导行为与组织绩效之间的关系。

Burns（1978）将变革型与交易型领导行为看作是一个连续体的两个不同极端，认为这两种领导行为很难同时存在于同一个领导者身上。而Bass（1985）将两者看作是领导行为的两个维度，认为一个领导者可以同时表现高水平的变革型和交易型领导行为。后续越来越多的理论和实证结论也表明，变革型领导行为与交易型领导行为之间存在较高的相关性，高明的领导者能够同时驾驭这两种不同类型的领导行为。本文的案例研究也表明，变革型领导行为更可能促进决策方案的多样性，因为这样的领导者能够促进高层团队成员从多个角度考虑问题，有利于从更多的视角来进行决策方案的选择，有利于提升高层决策的质量，然而战略的执行则需要效率和速度来保证最终的执行结果能够符合决策目标，这需要交易型领导来保证在执行过程中不偏离预定的方向，出现错误时及时进行纠正。

我们从高层决策的视角来分析CEO的二元领导行为对组织绩效的影响。从决策全过程来看，决策的制定和执行需要能够实现有机的统一，优秀的决策方案如果不能够有效地执行下去，最终很难转化为商业价值。近年来企业实践中所出现的执行力强化训练，就是由于决策的制定和执行两个环节的脱节而出现的。在高层领导团队的决策过程中，CEO的魅力能够提高领导团队行为的整合性，制定和传递清晰的未来变革愿景能够激发领导团队成员的变革热情，鼓励团队成员从不同的角度来分析和解决问题，鼓励大家勇于质疑并突破定势思维，有利于产生新颖的创意和想法，对团队成员的关怀能够提高领导团队的凝聚力，从而有利于获得多种决策方案，从多个标准对决策方案进行评估,有利于提高决策的质量。但是,在决策的执行过程中,则需要 CEO 设定明确的绩效考核标准,赏罚分明,运用绩效考核的方式来督促领导团队成员能够按时按质完成所承担的任务,当他发现有偏离预期决策目标的行为时立刻给予纠正,从而保证了决策制定和执行的连贯性,有利于将优秀的决策方案落地实施,保证了决策中所提出的产品或技术方案能够尽快地实施下去,比竞争对手更快地把新产品推入市场,有利于在市场竞争中获得竞争优势。

(2) 远距离领导视角下 CEO 的二元领导行为与组织绩效的关系。

从远距离领导过程来看,CEO 的二元领导行为可能通过领导网络的社会信息扩散和领导网络中领导者之间的社会效仿而创造一种二元组织情境。根据 Gibson et al (2004) 的研究成果,组织的二元情境(ambidextrous context),即组织内同时存在社会关系情境的"软"因素和绩效管理情境的"硬"因素的情境,会通过影响普通员工在日常工作中处理冲突和矛盾的能力,因为处于二元情境中的基层员工,其处理冲突的能力要相对更高,更能够避免组织运营过程中的各种矛盾对组织的危害,从而有利于组织绩效的提升。作者虽然提出组织的二元情境可能来自于高层领导者的创造,但是并未指明高层领导者的什么类型的领导行为会形成二元情境。并且从后续的研究成果来看,近年来他们并没有继续对该问题进行过研究。遵循这样的思路,我们提出 CEO 的二元领导行为是形成组织二元情境的前因变量,他可以通过展现二元领导行为在组织内部形成一种二元情境,这种二元情境被证明可以提升组织的绩效水平(Gibson et al,2004)。

变革型 CEO 的领导魅力能够通过领导网络的扩散作用提高基层员工对他的认同和模仿,他所设定的变革愿景也向员工传递了变革的目标和意愿,他的智力启发行为能够促进组织形成开放沟通的氛围,体恤关怀能够提高员工的自主性,满足其挑战新事务的需求。

但是如果这种"软"氛围因素过多,没有"硬"氛围因素的互补,长期下去对于组织而言也是不利的。例如,CEO 的魅力虽然能够赢得员工的追随和认同,但是过于沉醉于魅力之中的领导者则可能产生自恋行为(narcissistic behavior),这对于组织而言则是有害的。而权变奖励和例外管理行为则属于"硬"氛围因素,这两种氛围的相互补充保证员工在实现未来理想的同时,也能够通过严格控制和制度管理来保证日常中现实目标的实现。现有研究已经表明,具有相互冲突要素的组织氛围因能够提高员工处理冲突的能力而更能提升组织的绩效(Gibson et al,2004)。基于以上分析,我们提出以下假设:

假设 5a:二元领导行为与财务绩效正相关

假设 5b:二元领导行为与市场绩效正相关

5.6 协同式技术创新对组织绩效的影响

现有的研究表明,企业中多个层面的因素(如个体层次的员工工作专业化程度,团队或业务单位的领导风格,以及组织层次的正规化、集权化程度等)都可能对企业探索式、利用式技术创新产生影响。同时,许多研究也强调了同时从事两种创新对于企业发展的重要意义,但是,要在企业组织中实现这种平衡却无疑是一大难题(Volberda,1998;Tushman et al,1996)。现有研究日益强调成功企业应当"参与足够的利用式技术创新以保证组织当前的生存,同时参与足够的探索式技术创新以保障组织未来的生存"(Levinthal et al,1993)。传统观点认为,这两种创新需要的是截然不同的两种组织方式,即机械式组织结构适于利用式技术创新,而有机式组织结构始于探索式技术创新,因此根本无法在同一企业组织内同时实现二者的平衡,而只能采用二元组织形式,将两种活动加以分离才能得以实现(Duncan,1976;Tushman et al,1996;张洪石 & 陈劲,2005)。然而,近期的一些研究则表明,组织可能打破这些限制,在不同层次、同一时段平衡探索式和利用式技术创新之间的矛盾（Gibson et al, 2004）。例如，某些成功的企业在对立统一观念指导下，确实能够同时平衡探索式技术创新与利用式技术创新（Gibson et al, 2004；Benner et al , 2003；Tushman et al, 1996；张玉利等，2006；王凤彬等，2008）。

协同式技术创新对组织绩效的正相关关系不仅得到了理论上的支持，实证检验结果也表明两者之间存在显著的正向关系（Gibson et al, 2004；He et al, 2004；Lubatkin et al, 2006）。利用式技术创新活动能够增加短期的绩效，而探索式的创新活动则能够增加长期的绩效。March（1991）建议，同时发展两种活动是系统生存和发展的重要因素。有案例表明（Tushman et al, 1996），协同式技术创新的控制成本和监督成本比其他类型的创新更低，并可以获得更高的组织绩效。因为，组织的短期生存和长期发展均依赖于企业利用现有资源的能力和探索新机会的能力。其中，利用式技术创新是对现有环境条件进行反应，适应现有技术，满足现有顾客（Harry et al, 2000），并对显性知识进行内化和组合，将现有技术和市场精致化（Nonaka, 1994）；相反，探索式技术创新是专注于未来的环境变化，将隐性知识进行外化和组合，研发新技术（产品）和开拓新市场（Nonaka, 1994）。探索式技术创新能够对环境变化保持灵敏的反应，通过发现新的技术或产品机会，创造新的竞争游戏规则，使竞争者无法进行模仿（Brown et al, 1997）。而能够同时投资于两种创新活动的企业将可以同时获得两种创新的收益（Gibson et al, 2004；He et al, 2004；Lubatkin et al, 2006）。因为高探索式技术创新所获得的新知识将可以通过高水平的利用式技术创新而得到有效的吸收和应用，使得探索式技术创新的成果得到及时的转化，同时利用式技术创新所积累的资源将可以进一步增强组织的探索式技术创新能力，这样探索式技术创新与利用式技术创新之间的协同互动作用将可以最大限度的增强对新知识的探索和应用过程，从而提高组织的知识创造和吸收过程，提高以知识为基础的组织竞争优势。以上都是基于西方情境下的研究结论,在中国情境下关于协同式技术创新与组织绩效间关系的实证研究仍很鲜见。因此,我们假设在中国情境下协同式技术创新也能够提高组织的绩效水平。基于以上的分析,我们提出以下假设:

假设6a:协同式技术创新与财务绩效正相关

假设6b:协同式技术创新与市场绩效正相关

5.7 协同式技术创新在二元领导行为与组织绩效间的中介作用

(1)高层决策视角下协同式技术创新在CEO的二元领导行为与组织绩效之间的中介作用。

我们从高层决策的视角来探讨CEO的二元领导行为通过协同式技术创新来影响组织绩效的机制。高层管理团队,尤其CEO,其主要任务是确定组织的战略目标,设计组织结构,决定组织的文化和资源分配程序,实现这一切的重要方式是决策(Smith et al,2005)。March(1991)认为,组织的适应性来源于其能同时平衡探索和利用这两种貌似冲突的活动。过多地探索不能带来规模效应和效率,而过多地利用则又导致了惯性和刚性,而持续的竞争优势植根于组织同时保持短期的效率和长期的灵活能力(Tushman et al,2002),这种能力本质上体现为一种动态能力(Tushman et al,2007)。组织往往同时进行探索和利用两种不同的技术创新活动,对于善于平衡这两个导向的组织,不仅要探索新知识以实现探索性创新或利用现有知识来实现利用性创新,而且领导者需要根据企业长/短期战略目标的引导和现有/未来资源的约束条件,在两种创新活动中进行选择和平衡,以便使得技术创新能够同时实现领导者所制定的短期和长期目标的需要。

在高层决策过程中创新资源分配方面,不论是探索式技术创新还是利用式技术创新,达成该创新的重要前提是高层领导者能够提供一定的资源支持,而资源支持的多少和质量则决定了最终创新的效果和效率。探索式技术创新活动是对组织内部的结构、流程、人员、价值观等方面都发生重大变化的一个过程,这种创新的发起需要富有魅力和感召力的变革型 CEO 的号召,他能够号召高层团队成员的变革热情,鼓励高层团队成员在技术创新决策过程中敢于打破成规,进行一些风险性高的决策,选择那些风险性和具有突破性的技术方案和创意,从而保证对探索式的创新方案进行资源和资金的投入和支持以保证探索式技术创新的实现。但是将探索式技术创新的成果应用于组织过程中则需要在具体的实施过程中根据具体情况进行适当的调整和修补,并且为了在竞争中致胜,将创新成果进行商业化的速度和效率在很大程度上决定着竞争的成败,CEO 的权变奖励和例外管理行为可以保证技术创新方案能够按照既定的目标执行下去,即使出现偏差也会及时纠正过来或进行适当调整,以保证技术创新在组织内进行实施和应用的效率和速度。

  总体来说,CEO 的变革型领导方式在高层决策过程中能够促进技术创意和新知识的搜寻和创造,他自身可能突破原有的制度框架和惯例,他的言传身教以及头脑风暴等智力启发的方式使得领导团队成员可能打破原来的思维框架来带来新的技术创意和方案。而 CEO 的交易型领导方式能够促进技术方案实施和贯彻的效率和一致性,他扮演着控制者和奖励者的角色,当发现执行过程中决策方案偏离了最初的目标便采取措施进行纠正,对符合规定的行为进行奖励,这样在这种激励机制的作用下,技术创新方案能够按照既定目标实施下去并成功进行商业化,从而保证新颖的技术创意能够转化为具体的产品来赢得竞争优势。这样,CEO 的二元领导行为要在高层决策过程中能够平衡创新资源分配中兼顾到探索式与利用式技术创新的不同资源需求,财务预算上能够平衡两种预算的不同需求,以实现探索式和利用式技术在资源和资金上的分配平衡,通过高层决策过程中资源配置的平衡来同时获得两种技术创新的优势以提高组织绩效。

假设7：二元领导行为与协同式技术创新正相关

（2）远距离领导视角下协同式技术创新在CEO的二元领导行为与组织绩效之间的中介作用。

组织如果只追求探索式技术创新，对环境变化保持灵敏地反应，这些组织将能够发现新的技术或产品机会，创造新的竞争游戏规则，使竞争者无法进行模仿（Brown et al, 1997）。但是如果组织过多从事于探索式技术创新活动，组织很难在短期内获得创新所带来的收益，同时还要承担研发投入和沉没成本所带来的潜在风险，可能消耗之前知识积累的存量（Levinthal et al, 1993）。如果组织过多地从事利用式技术创新活动，将现有技术和市场精致化，满足现有顾客的需求（Harry et al, 2000）。这种组织行为的回报比探索性行为的回报更现行并且可预期，但是可支撑性低，因为其承担着退化的风险（Levinthal et al, 1993）。组织利用式技术创新活动可以有效地适应渐进式的变化，却不能适应大的突破性的变化。

探索式和利用式技术创新存在冲突，是由于需要不同的领导行为和行政制度。利用式技术创新需要从上到下的学习过程，领导者需要将已有的惯例制度化，领导行为也需要适应组织现有的能力。相反，探索式技术创新涉及从下到上的学习过程，领导者需要放弃原有的惯例，对新的行动过程做出新的承诺（Wooldridge et al, 1989）。不同于利用式技术创新，探索式技术创新在打破常规思维中搜寻新的技术创意，满足自治战略的变化，并根据产品市场需求的转化开发新的技术、开拓新市场（Burgelman, 1991）。利用式技术创新需要领导层之间、领导与下属之间的正式沟通，探索式技术创新则需要大量的社会政治沟通，因为会涉及到不同层级的相关利益和不同需求（Weick, 1995）。因此，组织需要通过平衡两种技术创新来实现其协同发展。

之前的学者从组织结构（Tushman et al, 1996），组织惯例（meta-routines）（Adler et al, 1999），组织情境（Gibson et al, 2004），以及高层领导团队的整合角色（Smith et al, 2005）等角度探讨过协同式技

术创新的前因要素。展现二元领导行为的 CEO，需要具备能够同时驾驭多种角色的能力，西方一些实证研究的结果表明，出色扮演多重角色的领导比扮演较少角色的领导者具有更高的企业绩效（Denison et al，1995；Hart et al，1993）。业绩表现好的 CEO 其认知复杂性（Streufert et al，1986）、行为复杂性更高（Hart et al，1993；Hooijberg et al，1992），并能在处理问题时使用多种参考框架（Dreyfus et al，1986）来处理所面临的矛盾和冲突。

在管理实践中，企业徘徊在变革与稳定的两难困境中，一方面，CEO 担心过多的知识利用活动会束缚组织的创新精神和学习型组织的建立，但另一方面，他也会担心不断地变化和变换，会带来比较高的成本投入和风险，而且，一部分员工也可能因为组织内部的不确定性的增加而出现离职倾向。因此，他会通过魅力领导、智力启发、愿景激励和体恤关怀行为来调动组织内员工对于未来愿景和战略目标的积极性和探索精神，有利于探索式技术创新的实现，同时通过权变奖励和例外管理行为保证所设定的绩效标准能够实现和得到有效的控制以减少各种试错行为和风险，有利于利用式技术创新成果的实现。展现二元领导行为的 CEO 会将这两种技术创新活动兼顾起来，运用自己复杂的认知框架来妥善处理两种创新之间的冲突，这类领导者能够充分地发挥自身的平衡能力，在积极探索到新的技术知识的同时，也通过对这些知识的有效整合来将其实现商业化的应用，保持探索性创新活动和利用性创新活动之间的互补和协同，以同时获得两种技术创新的优势和效益，在提高组织适应能力的情况下也不会失去其稳定性，从而提升组织绩效。基于以上分析，我们提出以下假设：

假设 8a：协同式技术创新在二元领导行为与财务绩效之间承担中介作用

假设 8b：协同式技术创新在二元领导行为与市场绩效之间承担中介作用

5.8 中庸思维对二元领导行为的影响

西方一些实证研究的结果表明，出色扮演多重角色的领导者比其他领导者能够带来更高的企业绩效。业绩表现好的 CEO 具有高水平的认知复杂性、行为复杂性，并能在处理问题时使用多种参考框架。借鉴西方的现有研究成果，我们发现，能够有效解决悖论的领导者其领导效能通常比较高。创新的想法通常来自于同时包含不同的、相互冲突的矛盾体之中。而管理悖论则需要具备分化（求异）和整合（求同）思维，并且能够在这两种思维中保持平衡。综合以上西方的一些研究成果，我们发现具备中庸思维的 CEO，不仅能够从多个角度来全面考虑和衡量所面临的信息和矛盾，能够整合其他人和下属的意见以调和分歧从而找出让大家都比较满意的方案，并且以和谐友好的方式让其他人接受，这样的领导者同时兼备分化（从多个角度思考问题）和整合（整合其他人的意见并且以和谐的方式让大家接受）的思维，因此能够更好地处理所面临的冲突，包括领导角色所带来的冲突，情境所带来的需求上的冲突以及技术创新悖论中的冲突等，基于这个思路，我们从中庸思维来探讨它对二元领导行为的影响关系。

(1) 中庸思维的概念。

"中庸"一词首先是由孔子在《论语》中提出的，孔子认为，"中庸之为德也，其至矣乎，民鲜久矣。"他把中庸作为人的一种德性要求，反对抱有过激的思想和行为，防止在行为上表现得过于极端，倡导凡事做到适可而止。中庸之道作为古代帝王统治中国的文化基础，至今已经有两千多年的历史，在中国文化的发展过程中占有重要的地位。中庸是儒家学说的根基，同时也是中国文化性格的核心（董根洪，2000；雷原，2004）。虽然孔子赋予了中庸"至德"的高度，但是并没有就中庸的概念做出明确的说明。按照张德胜和杨中芳等人（1997，2001）的定义，中庸的概念有广义和狭义之分，广义的概念包括了儒家所有的价值观和言行,而狭义的中庸仅表现为一种行为趋向。

所谓中庸思维指的是个人在特定情境中思考如何整合外在条件与内在需求,并采取适切行为的思维方式(吴佳辉等,2005)。在既有文献中,与中庸思维概念相近的有认知复杂性、认知需要(need for cognition)、整合思维等概念,应该承认的是,中庸思维的概念与认知复杂性等概念之间存在一定的重叠部分,然而,作为一个更加反映中国文化特色的构念,多方思考、整合性和和谐性三个维度比西方的构念更加能够反应中国文化的特殊性,而目前西方既有的概念并不能同时兼顾这三种特性。另外中庸思维是一个完整性的思维方式,借用意见表达的情境作为测量中庸思维的共同背景,可以反映这种整体性的思维特征。就此而言,虽然中庸思维与目前既有的概念或有重叠之处,但这些概念无法表达中庸在中国本土文化中的内涵(吴佳辉等,2005)。因此,本文采用本土心理学中符合中国特色的构念来探讨中国情境下的高层领导者的中庸思维的作用机制。

(2)中庸思维的理论基础。

儒家中庸思想源于现有文献"用中"和"尚和"的思想。杨涯人在其著作《先秦中庸源流考》及《中国哲学史》中讲到:"孔子创立中庸,系由周公的'中德'观念和史伯、晏婴的'和同'说发展而来。"中庸思维在坚守中正之道时也强调"权"、"变",即所谓"执经达权",策略灵活、顺时而变。中庸思维注重考察矛盾的两个方面,力求全面、均衡、灵活和统一。另外,中庸思维还强调"兼",即"兼陈"、"兼容",这显示了中庸思维的包容性。孔子认为,"中"并不是一成不变的,而应当随时间、条件的不同而变化。《礼记·中庸》云:"君子之中庸也,君子而时中也。"这句话明确提出了"时"与"中"的关系,指出"中"是随时而中,因时而中,是根据时机的变化,审时度势,灵活地、适度地处理问题,而不是不分场合、不讲条件的随意折中,执著于一个凝固不变的"中",就会走向极端,失去了"中"的意义。因此,中庸之道本质上包含着一种权变的思维。

　　一般来说，孔子的中庸思想主要可以概括为"过犹不及"的适度性、"执两用中"的整体性、"权变时中"的权变性与"和而不同"的和谐性四个方面（邵爱国，2002，2005），其中"过犹不及"是孔子中庸思维的理论核心（朱永新，2005），这意味着任何事都要做到适可而止，不要过于极端和偏激，把握好做事情过程中合理的度。中庸之道主张要研究清楚事物两端的道理，然后再取其"中"而用之，即"执两用中"。两端不仅包括了要考虑事物的正反两个方面，而且还包括考虑量的"过"和"不及"两个方面等因素，坚持以全面的眼光来看问题。这样，为了取得"中"，需要人们坚持整体的原则来看待问题，从而保证做事不过"度"。"中"是指的是"适中"，即表现为一种动态的"度"，它因时间和场合的变化而不同。

　　因此，这里包含着丰富的辩证的成分。所谓"权变时中"就是在遵循原则性的同时，也要注意保持事物的灵活性，在处理具体问题的过程中要灵活，同时在处理问题的过程中要保持一个合适的度，而这个度则要根据不同的场合、不同的时间、不同的对象来衡量。"和而不同"来自于孔子所提出"君子和而不同，小人同而不和"，意思是君子坚持有原则的和睦相处，反对无原则的苟同，而小人则只是无原则的沟通，而不能有原则地相处。这便要求人们坚持一种有原则的协调与和谐（邵爱国，2005）。因此，中庸思想承认事物存在对立的两个方面，如阴阳、义利等，但是需要通过对"中"的把握，使得事物的两个对立面能够和谐有序地统一起来。

　　虽然之前本土心理学领域的研究者开发了中庸思维的量表并初步将其应用于个体的研究，但是尚未有人将其应用于领导者身上，尤其是高层领导者的研究上，这样，探讨具备中庸思维的高层领导者是否有利于企业的发展不仅具有重要的理论意义而且具有实践价值。更重要的是中国的企业领导者都在一定程度上以中庸原则作为自己的处世和决策之道，即中庸思维对中国企业的领导者影响更大，因此，不仅需要理论上的论证，更需要通过实证检验来发现受儒家文化影响的中国企业领导者的中庸思维是否有利于他个人和组织的发展。

（3）中庸思维的作用机制。

近年来，国内开始重视对本土心理学的发展并且逐步寻找适合中国特色的心理学构念，在此背景下，深受孔孟之道和中庸文化影响的中庸做为一个新的研究构念也越来越引起学术界的重视，并且近年来已经开始进行构念的可操作化和量表的开发工作，这些努力使得中庸从传统的概念演化为可以进行系统研究的管理学或心理学构念。赵志裕（2000）认为具备中庸思维的人能够以"中和"作为行动目标，认清复杂的互动关系、顾全大局，执中、辞让并避免偏激。吴佳辉、林以正（2005）在赵志裕、杨中芳等人研究的基础上，通过理论归纳和访谈、问卷施测等研究过程开发了中庸思维的量表，并将其划分为多方思考、整合性、和谐性三个维度。具备中庸思维的领导者并不是"和事佬"，他们也激发下属的讨论和争执，但是往往善于根据外部环境和内部条件在决策中寻找到一个恰当点，能够在相互矛盾和冲突的意见中找到某个平衡点，善于在意见讨论中整合其他人的观点，最后以委婉的方式让大家吸取别人的长处，做出对整体来说比较满意的决策。

从中庸思维的三个维度来看，多方思考主要是指 CEO 在意见表达的情境中，从不同角度进行思考的程度。这里的多方思考与变革型领导行为中的智力启发有点类似，但是其对象是不同的，多方思考的对象是 CEO 本身，而智力启发的对象则是领导者的下属。同时，两者所反映的本质内涵也存在一些差异，多方思考侧重的是考虑问题的全面性、整体性和辨正性，而智力启发则更侧重于考虑问题角度的新颖性。能够多方思考的 CEO 通常具备一定的全局意识，善于把握矛盾和冲突的多个方面，能识别每种领导行为或角色的优势和劣势，从而根据不同的情境选择合适的领导行为以达到与环境的匹配，从而有利于二元领导行为的形成。

整合性是指 CEO 将外在需求信息、不同外资行为与自身内在想法、行为进行整合的程度，这反映了领导者处理环境与自身界面的一种能力。在高层决策过程中，CEO 往往面临着多种复杂的、模糊的环境信息，处理对信息的扫描、加工、转化等能力对于高层决策非常重要。在高层团队中，领导者的信息整合能力在很大程度上决定着高层团队行为的整合程度，如果领导者能够在战略决策中有效平衡各个团队成员的观点和意见，在结合各个成员观点的基础上提出更好的解决方案，这会提高团队行为的一致性。Tushman et al（1978）认为，整合能力高的领导者可以同步整合各类资源与协调各种关系，注重信息交换的质量，共同解决相关的社会和工作过程，可以有效地增加反馈的机会。因此，整合能力高的领导者，不仅能够整合别人的观点和信息，同时也能整合自身所面临的冲突和矛盾，通过采取适当的领导行为来处理所面临的矛盾。因此，思维的整合性也有利于二元领导行为的形成。

和谐性是指 CEO 在会议决定时能够以不偏不倚的和谐的方式作为行动准则的程度。具备这种能力的 CEO 不仅能够以和谐的方式来解决高层团队成员之间的冲突和矛盾，提高成员之间的信任和互惠程度，降低团队成员之间的关系冲突水平，而且能够平衡自己的行为以保持与特定情境的和谐性。从近年来自我领导（self-leadership）理论的研究成果来看，自我知觉（self-awareness）和自我调整（self-regulation）是自我领导过程中的关键要素（Gardner et al, 2005）。能够进行自我领导的 CEO 需要具备较高的认知、行为和道德复杂性。当 CEO 面临复杂多变的环境变化时，需要具备高水平的自我知觉和判断力，有效的领导者并不是简单地转移或者被动适应环境，相反，他们将通过自我调整来主动适应矛盾的需求和环境的变化（Crossan et al, 2008）。我们由此可以推断，具备和谐性思维的 CEO 将能够通过自我知觉和自我调整来平衡两种不同领导行为的冲突需求，有利于实现二元领导行为。基于以上分析，我们提出以下假设：

假设9a：中庸思维与二元领导行为正相关

根据制度理论，组织的成长和发展取决于正式的和非正式的制度限制（Peng et al, 1996）。计划经济最根本的特点在于中央政府利用行政命令对组织进行控制，政府通过将计划指标分散到各个具体企业，企业不是完全依靠市场机制来经营，还需要受到政府的行政干预。在这种制度框架下，国有企业不是完全的决策制定单位，它的经营和战略还受到政府的行政干预。虽然近年来国企改革提高了国有企业的决策自主权，但是并没有从根本上改变国有企业的性质和决策方式，其决策标准并不完全是以市场为导向，还要受政府行政命令的干预。

在当前的中国企业中，相对于非国有企业而言，国有企业具有以下几方面的特点。第一，国有企业承担更大的社会责任。国有企业中的领导者不仅要实现利润目标，还要承担企业办社会的责任，在某种程度上属于一种义务。而非国有企业的社会责任则更多表现为一种企业营销行为，通过社会责任来提升企业的形象和品牌来获得更大的发展。第二，基于国有企业中的领导者决策过程中的标准更为复杂，不完全是经济标准，还要考虑社会标准，道德标准，同时还要兼顾上级单位的行政意愿，因此，在国有企业中，CEO 的认知和行为复杂性程度更高，领导者往往是在多种冲突的意见中进行决策。第三，在国有企业中，人际关系的复杂程度也高于非国有企业，普通员工往往除了工作任务外，处理好复杂的人际关系也是其主要任务之一，而在非国有企业，可能任务绩效是最主要的晋升标准。因此，在国有企业中，尤其是 CEO，更需要平衡多种需求和矛盾之间的冲突的需求，在不同的需求之间取得一种适度的平衡，以尽可能地满足各方面的利益。

正是由于以上的不同，在国有企业中，对 CEO 的行为复杂性和平衡能力提出了更高的要求，往往要求领导者能够同时满足多个方面的需求和要求。在这种环境中，领导者需要更能够根据情境而在各种领导角色之间取得平衡，不能过度地发挥某种角色而忽略了另外的角色，要通过采取多种不同的角色来满足不同利益主体的需要。例如，在国有企业中，为了提高领导效能，领导者除了关心下属的工作之外，还需要同时关心下属的生活本身。即具备中庸思维的领导者需要同时驾驭更多种不同的角色以满足各方面的需求，忽略了任何一方都会对其领导效能产生不利的影响。基于以上分析，我们提出以下假设：

假设9b：相对于非国有企业而言，在国有企业中，中庸思维会增强对二元领导行为的正向影响程度。

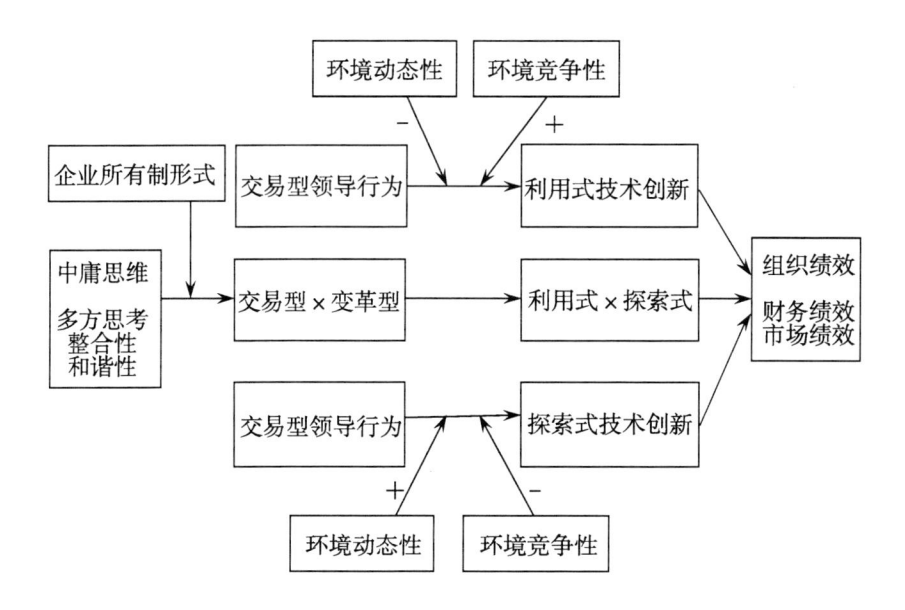

图5-1 本文的概念模型图

第6章　研究设计与数据收集

6.1　问卷设计与预试

6.1.1　问卷设计

本文采用问卷调查的方法收集数据，为确保问卷题项的可靠性和测量工具的信度和效度，我们尽量采用国内外现有文献已经使用过的量表，再根据本调查目的、前期案例结果和调研对象的反馈加以适当修改和调整。具体来说，问卷设计包括了以下四个步骤：

第一，在对高层领导理论、技术创新理论进行文献回顾和归纳的基础上，比较国内外相关领域顶级期刊（AMJ，AMR，OS，MS，JM，本土心理学研究）上的量表题项，以选择最能符合本文所提出的概念内涵之量表，同时结合文章的发表年份和引用率、影响因子等标准，从多个方面来确保量表和题项的可靠性。由于本文所使用的量表大部分来自于国外的英文期刊，对于英文题项的翻译，我们遵循传统的翻译与回译的程序，英文问卷先由精通中英文的一名领导理论领域的研究者和一名组织理论领域的研究者从英文翻译为中文，并由中文回译为英文，比较其中的差别并做相应的修改；然后再由一名领导理论领域和一名组织理论领域的研究者从英文翻译为中文，并由中文回译为英文；最后，前面四位研究者再与另外一位研究者一起检查其中的差别，并做相应的修正然后定稿以完成问卷的翻译。

第二，在确定了初步的调研问卷后，通过与五家企业的CEO进行结构化的深度访谈，了解实践中CEO如何通过技术创新来来影响组织绩效的过程，以及在此过程中可能受到的影响因素，同时确保本文所采用的问卷的题项表达符合企业的实际情况，并确保本文的题项能够被他们所理解，根据企业高管的反馈再对最初问卷中的部分提法、内容逐一讨论、审阅和修订，尽量使得题项既通俗易懂，又不失其所表达的概念内涵本质。经过这样的反复讨论和修改，最终形成了本文的调研问卷。

第三，通过在EMBA群体中进行预试调研，以进一步判断所采用的变量的内容是否具有较好的信度和效度水平，根据反馈对原始问卷中的部分提法和题项进行修正或删除，同时删除一些出现交叉载荷或因子载荷过低的题项，以保证大样本调研中变量的信度和效度水平。

第四，根据预试的结果，我们对预试中发现的问题进行修订和处理后形成了本文的正式问卷。为了尽量提高数据的可靠性并避免同源误差的影响，我们采用多源数据（multi source data collection）收集的方式。同源误差是指由于测量方法而非所测构念所造成的变异，也叫共同方法变异（Common Method Variance，CMV）。测量方法是指在不同抽象层次上的测量方式，如具体测量题目内容、问卷类型、回答方法和总的情境等（Fiske，1982）。由于晕轮效应、社会赞许性（social desiarability，是指导一些受测者对项目反应时更加考虑社会能否接受，而非依据其自身的真实感受）、默认倾向（指受测者不考虑问卷题项的内容而回答同意或不同意的倾向）、宽待效应（是指受测者倾向于将社会赞许的特质、态度或行为归于熟悉的效应）等回答偏差会影响到方法的效果。当向同一组被试都用自我报告的问卷方式来收集两个或两个以上的变量信息以试图发现他们之间的关系时，就会出现同源误差的问题（刘军等，2008）。同源误差会对测量的结果产生严重的影响，甚至会导致研究得出错误的结论（杜建政等，2005）。因此，为了克服同源误差的影响，关键在于找出自变量和因变量测评的共同之处，然后通过研究设计来消除和减小其影响效应，通常最为推荐的办法是从不同来源来获得自变量和因变量的测评数据（Podsakoff et al，1986，2003；刘军等，2008）。辅助的方法还包括问卷的匿名性、随机调整问卷题项之顺序，提高问卷题项的设计质量（如避免问卷题项的模棱两可）等方式来进一步削弱同源误差的影响。

本文的研究对象是 CEO 领导行为，技术创新方式，组织绩效，这些都属于组织层面的变量。尽管 CEO 及其领导行为严格来说是属于个体层次，但是由于 CEO 所处的企业高层位置之"特殊性"，以及其对整个企业所产生的战略性影响，在组织理论和战略管理领域中通常将 CEO 以及高层领导团队看作是组织层面的研究（Hambrick et al，1984），因此，整体来说，本文的研究层面界定为组织层面而非个体层面，并没有出现跨层次的错误。

为了避免同源误差的影响，我们在大样本测试中将问卷拆为 4 份子问卷由不同调研对象来填写。本文的自变量是 CEO 领导行为，由于领导行为更多表现为一种外在的影响，按照领导理论研究的一般做法，通常需要由多个不同的下属对领导者的行为进行评价，以避免单一测评的主观性和偏见。在本文中，CEO 领导行为的问卷由 CEO 助理（并非 CEO 秘书，而是从事管理工作并参与高层团队决策的高管人员）、人力资源副总和技术副总三个对象来测评。之所以选择他们是因为 CEO 助理与 CEO 的接触相对最为密切，而人力副总和技术副总作为他的直接下属在工作中与他接触也最多，对其领导行为更为熟悉和了解，这样最后通过综合三个对象的评价结果来作为 CEO 领导行为的评价值；技术副总对于企业内的创新状况最为了解和熟悉，本文由技术副总来测评其所在企业的技术创新（探索式技术创新和利用式技术创新）状况；由人力资源副总来测评其所在企业的环境动态性和环境竞争性状况；由财务副总来测评组织绩效；中庸思维的问卷由 CEO 助理来填写。除了由不同对象来填写问卷之外，本文在调研过程中还保证问卷的匿名性，尽可能使用通俗明确的用语，并告知填写者答案并无对错之分只需写出自己的真实想法外，还通过随机调整问卷题项的顺序等方式来进一步削弱同源误差的影响，以便尽量保证数据的可靠性和客观性。

6.1.2 测量工具

（1）自变量的测量。

变革型领导行为：该变量包括 4 个维度，分别是领导魅力、愿景激励、智力启发和体恤关怀，每个维度各由 3 个题项构成（具体题项见附录），我们采用利克特 5 点量表来测量，1 代表非常不同意，2 代表不同意，3 代表一般，4 代表同意，5 代表非常同意。由 CEO 助理、人力资源副总和技术副总三个对象来测评，最后对其测评结果进行平均，以消除单一测评对象可能带来的偏差。在测评工具的选择上，我们并没有直接将组织行为学领域中变革型领导行为的问卷拿来测量，而是根据我们的研究目的比较不同的问卷以确定最适合本文研究目的之测量工具。

在组织行为学的微观研究中，变革型领导行为的问卷已经相对比较成熟，大部分是基于 Bass 的 MLQ（1990）而发展来的，但是组织行为学领域中对变革型领导行为的研究大多是基于个体和团队层面的研究，考察高层领导者，尤其是 CEO 之变革型领导行为的量表则比较少，因为 CEO 的变革型领导行为不仅会影响到直接下属，而且会通过战略决策过程影响到整个组织的生存和发展，更多体现为一种战略领导过程（Vera et al, 2004），所以测评 CEO 变革型领导行为的题项与之前组织行为学研究中所使用的题项会存在一些差异。Waldman et al（2001）的量表虽然是以 CEO 的领导魅力（charisma）作为研究对象，但是其只关注 CEO 的领导魅力和感召力两个维度对组织绩效的影响，而通常变革型领导行为则不仅包括以上两个维度，还包括智力启发和体恤关怀两个维度，后两个维度也可能通过高层领导团队的战略决策过程和技术创新进而影响到组织绩效。基于以上的考虑，我们采用 Vera & Crossan（2004）的量表，该量表最初也来自于 MLQ（1990），但是两位作者根据 CEO 的领导行为特征选择了原始问卷中最符合 CEO 的变革型领导行为的题项，而不是基于组织行为学微观研究中个体和团队层面变革型领导行为的题项，并经过修改和发展最终形成了适合测评 CEO 变革型领导行为的量表。

交易型领导行为：该变量包括 2 个维度，分别是权变奖励和积极的例外管理，每个维度分别由 3 个题项组成，量表来源同上，我们也采用利克特 5 点量表来测量，1 代表非常不同意，5 代表非常同意。之前学者对 CEO 交易型领导行为的研究大多将变量分为这两个维度，我们也采用这种 2 维度的划分方法。

二元领导行为：之前领导理论的研究结果也表明变革型与交易型领导行为之间也存在相互影响（Bass，1985），高明的领导者能够同时驾驭这两种领导行为。承袭之前的研究成果，我们以变革型领导行为和交易型领导行为的交互项来代表二元领导行为。在统计操作过程中，为了降低多重共线性的影响，通常在获得交互项之前先对变革型和交易型领导行为两个变量进行去中心化处理。

（2）中介变量和调节变量的测量。

探索式技术创新：该变量属于单维变量，量表来自 Lubatkin et al（2006）的研究，原始问卷由 6 个题项构成。虽然 He et al（2004）的研究也涉及到了探索式技术创新，但是其量表内容只包括了技术方面的探索性活动，而没有包括开发新市场、满足新顾客等市场方面的探索活动，Lubatkin et al（2006）的量表则包括了技术和市场两个方面的探索式技术创新，量表的内涵与本文的概念更为一致，因此我们采用这个量表。该变量由技术副总来测评，由他根据企业过去三年内的技术创新状况对探索式技术创新的题项进行评价，也采用 5 点量表，1 代表非常不同意，5 代表非常同意。

利用式技术创新：该变量也属于单维变量，量表来源同上，原始问卷也包括6个题项，由技术副总对企业过去三年内的技术创新状况进行测评，采用5点量表，1代表非常不同意，5代表非常同意。

协同式技术创新：协同式技术创新本质上反映企业选择同时从事高水平的探索式技术创新和利用式技术创新活动，以期能同时获得两种创新的优势和效益。因此我们按照国际上的主流做法，以探索式技术创新与利用式技术创新的交互项来代表协同式技术创新（He et al，2004），这也与战略匹配中的调节式匹配（fit as moderating）相对应。其值越大表明其两栖性特征越明显，在做交互项之前同样对变量做去中心化处理。

环境动态性：该量表来自Jansen et al（2006），由人力资源副总来测评，原始问卷包括5个题项，采用利克特5点量表来施测，1代表非常不同意，5代表非常同意。

环境竞争性：该量表来源同上，也由人力资源副总来测评，原始问卷由4个题项构成，也采用利克特5点量表来施测，1代表非常不同意，5代表非常同意。

（3）前因变量的测量。

中庸思维：该量表来自吴佳辉、林以正（2005），包括多方思考、整合性和和谐性3个维度，原量表总计由13个题项组成，由CEO助理采用利克特5点量表来测评，1代表非常不同意，5代表非常同意。虽然之前已经积累了相对丰硕的中庸思维研究成果，但是大多是基于定性描述，近年来有学者开始了对员工的中庸思维或行为进行定量研究，但是都基于个体层面的分析，本文是首次将这一反映中国传统文化的重要构念应用于领导理论的研究当中，以决策作为考察情境来分析CEO的中庸思维特征以及其对不同类型的领导者的影响。

（4）结果变量的测量。

组织绩效：由于领导行为可能会对组织的不同绩效指标产生不同的影响，我们按照Li et al（2001，2004）的建议，将组织绩效分为财务绩效和市场绩效两个维度，量表来自Li et al（2001）和Gupta et al (1986)。财务绩效由3个指标构成,分别是净利润率(NPM),销售利润率(ROS)和投资报酬率(ROA)。市场绩效由2个指标构成,分别是市场占有率(market share)和销售增长率(sales growth)。本文采用主观测评的方式,要求财务副总评价其所在公司在过去三年内相对于主要竞争对手对以上5个绩效指标的满意情况,采用利克特5点量表来测评,1代表非常不满意,5代表非常满意。之所以采用主观测评的方式,一是本研究样本中的大部分企业并非上市公司,很难获得公开的客观财务数据;第二,之前的学者发现客观绩效数据和主观绩效数据之间也存在较高的相关性(Dess et al, 1984),在很难获得客观财务绩效数据的情况下,我们按照之前学者的做法(Cooper, 1979; Covin et al, 1989; Li et al, 2001;张映红, 2008),以主观测评的方式进行测量。

(5)控制变量。

其一,组织层面的控制变量:

组织成立年限(firm age):组织成立年限对技术创新和组织绩效产生影响是因为随着组织成立时间的增加,其制度化的惯例和规范可能会产生一定的组织惰性(Tushman et al, 1985; Lubatkin et al, 2006),并且,成立时间长的公司在组织学习和技术创新方面具有经验优势,而成立时间短的公司则通常具有快速学习新知识的能力(Autio et al, 2000),因此,组织成立时间的长短会产生不同的组织行为而带来不同的结果。我们以公司注册成立至今的年份来代表组织成立年限,用利克特5点量表来测量,1表示成立时间介于1~5年,2表示成立时间介于6~10年,3表示成立时间介于11~15年,4表示成立时间介于16~20年,5表示成立时间20年以上。

组织规模(firm size):组织规模大小反映了其冗余资源(redundant resource)的多少,通常规模大的公司的冗余资源更为丰富,可以保证技术创新的资源需求,而小公司的冗余资源则相对较为匮乏(Lubatkin et al, 2006)。因此,组织规模可能会影响到技术创新能力和组织绩效。遵循Bacharach et al(2002)的方法,我们也以公司内的员工人数来代表公司规模，1代表员工人数介于100～200人，2代表员工人数介于201～500人，3代表员工人数介于501～1000人，4代表员工人数介于1001～2000人，5代表员工人数大于2000人。

所处行业（industry sector）：由于技术创新可能会在不同的行业之间具有显著的差异性（Lane et al, 1998），我们也限定了行业类别。按照我国《国民经济行业分类》（GB/T4754－2002）标准，并参考国际行业分类代码（ISIC/Rev.3）和中国证券监督委员会（2005）所发布的上市公司行业分类和代码，最终确定了制造业（门类代码：C）、电子信息技术业（即IT业，门类代码：G）和金融业（门类代码：J）三个大的行业门类。制造业中我们包括了生物医药制造业（次类代码：C5）、机械、设备、仪表制造业（次类代码：C7）；电子信息技术行业包括了电子计算机及相关设备制造业（次类代码：G10）、电子元器件制造业（次类代码：G20）、软件业（次类代码：G60）；金融业主要包括银行业（次类代码：J68），我们采用利克特6点量表来施测，1代表机械、设备、仪表制造业，2代表生物医药制造业，3代表电子计算机及相关设备制造业，4代表电子元器件制造业，5代表软件业，6代表金融业。由于行业类别属于类别变量，我们在进行相关分析和回归分析时需要将其转化为虚拟变量（dummy），我们首先按照行业分类标准将上述六个次级门类合并为制造业、IT业和金融业三个大的行业门类，然后将制造业编码为1，其他行业编码为0。

所有制形式（ownership）：不同的所有制形式在一定程度上反映了不同的组织文化，由此可能带来员工行为和领导者行为的差异性，尤其在中国的企业中，国有企业的CEO在战略决策过程中的决策标准（如技术创新的引入和研发决策）不一定只关注经济绩效，还可能要考虑相当一部分社会责任问题和上级主管部门的需求，而民营企业则更多关注技术创新的经济效益。并且Lubatkin et al（2006）的实证结果也表明，所有制形式与组织绩效存在显著的相关关系。基于以上考虑，我们也需要将所有制形式作为控制变量，采用利克特5点量表来测评，1代表国有独资企业，2代表国有控股企业，3代表中外合资企业（外资占主导），4代表外资企业（纯外资企业），5代表民营企业。由于所有制形式也属于类别变量，我们在进行相关和回归分析时需要将其转化为虚拟变量来处理。我们首先按照所有制标准将上述国有独资企业和国有控股企业合并为国有企业，中外合资企业和纯外资企业合并为外资企业，以及民营企业。在进行编码时，我们将国有企业编码为1，其他所有制形式的企业编码为0。

研发强度（R & D intensity）：技术创新离不开企业研发投入的资源支持，之前在探索式技术创新和利用式技术创新的研究中学者们也将研发投入作为重要的影响变量控制起来（He et al, 2004），研发强度通常用研发投入额在销售额中的比重来衡量，在本研究中，我们让技术副总针对其所在公司过去三年中的研发投入相对于销售额的比例进行评价，1代表研发强度比例低于1%，2代表其比例介于1%~3%，3代表其比例介于4%~6%，4代表其比例介于7%~9%，5代表其比例大于10%，比例越大说明公司的研发强度越高。

其二，CEO个体层面的控制变量：

CEO年龄（age）：Hambrick（1984）的高层梯队理论指出，高层团队成员的人口统计变量会对组织绩效产生重要的影响，在之前关于CEO领导行为与组织绩效的实证研究中，学者们也将这些人口统计变量控制起来。根据高层梯队理论，CEO的年龄越小越倾向于采取高风险的发展战略，以希望能够获得更高的利润增长率和更快的发展速度。我们采用5点量表进行测量，1代表CEO年龄在35岁以下，2代表其年龄介于36~40岁之间，3代表其年龄介于41~45岁之间，4代表其年龄介于46~50岁之间，5代表其年龄50岁以上。

CEO性别（gender）：性别作为重要的人口统计变量，在之前关于CEO的领导行为研究中也作为控制变量来分析，由于该变量属于类别变量，我们在具体分析时需要将其转化为虚拟变量，用1代表男性，0代表女性。

CEO教育水平（education）：教育水平在一定程度上反映了高层

领导者的人力资本价值，也反映了其处理复杂问题的认知能力和专业技巧，西方先前的理论和实证研究表明，CEO的教育水平与技术创新和战略变革存在显著的正相关性（Kimberly et al, 1976；Bantel et al, 1989），因为受教育程度高的CEO在心态上更容易接受新事务，能够洞察组织变革的新需求，可以快速响应外部环境对技术创新的期望，从而可以促进组织的变革和创新速度。我们采用5点量表进行测量，1代表高中及以下，2代表大专，3代表本科，4代表硕士（包括MBA，EMBA和在职研究生），5代表博士及以上。需要说明的是，本文中的教育水平是一般的学历教育，而不是高层梯队理论所提到的管理教育。

CEO任期（tenue）：高层梯队理论的研究成果显示，CEO的任期与绩效之间存在复杂的影响关系，虽然其任期时间与组织绩效之间通常具有正相关关系，但是过长的任期反而可能不利于组织绩效的提升（Walters et al, 2007）。我们也采用5点量表来评价CEO任职时间的长短，1代表1~3年，2代表4~6年，3代表7~9年，4代表10~12年，5代表12年以上。

其三，高层管理团队层面的控制变量：

高层团队规模（TMT size）：高层团队规模的大小会影响到团队成员认知的多样性、社会整合过程和决策过程的一致性程度（Finkelstein et al, 1996）。团队规模的扩大因增加了不同背景的成员而带来更多不同的、新颖的观点，从而可能获得更多的解决方案，以提升高层管理团队的决策质量。我们以CEO所在的高层团队人数来测评高层团队规模，1代表团队人数介于1~3人，2代表团队人数介于4~6人，3代表团队人数介于7~9人，4代表团队人数介于10~12人，5代表团队人数多于12人。

需要说明的是，虽然CEO的人口统计特征和团队规模属于个体和团队层面的变量，但是区别于一般的员工和中层领导者，高层领导者的行为将对整个组织绩效产生影响，因此，在组织理论和战略管理研究中通常将CEO的人口统计特征和TMT特征看作是组织层面的变量进行处理，而不会从理论上产生跨层次的方法错误。

6.1.3 探索性因子分析

本文中所涉及的变量有些在国内还没有被使用过，有些变量在国际上也只是处于刚起步阶段，为了保证将来大样本数据收集过程中变量的信度和效度，我们首先用小样本预试的方式来对变量进行初步检验，以保证未来研究中变量的信度和效度。本文以北京和天津的 EMBA 作为被试对象，这些学员大部分在企业中担任高层领导职务。为了保证能够准确识别被试对象的具体身份，我们在问卷的背景资料中设计了选项，请被试对象填写其在企业内的职位，分别设有一般员工、基层领导者、中层领导者、高层领导者 4 个选项。在发放问卷之前的访谈中进一步确信被试对象对自己在企业中的职位都比较清晰，从而避免了被试对象对自己的职位和级别含糊不清的状况。问卷采用现场发放和回收的方式，共发放问卷 200 份，删除不符合高层领导者职位要求的 68 份问卷和明显不认真做答的 9 份问卷，最终有效问卷为 123 份。

由于本文所采用的变量都没有在中国情境下进行过验证，我们采用探索性因子分析以检测变量的效度。效度（validity）是指测量工具能够准确测出所需测量的变量内涵的程度。效度分析最理想的方法是利用因子分析来探析量表的结构效度，而因子分析的主要功能是从量表全部题项中抽取公因子，各公因子分别与某一群特定变量高度关联，所抽取的公因子就代表了量表的基本结构。因此，通过因子分析可以判断问卷是否能够测量出研究者设计问卷时假设的某种结构。在进行探索性因子分析之前，先做 Bartlett 氏球体检验以判断各变量所组成的相关矩阵，如果该球体检验达到显著水平则说明各变量的相关矩阵中有公因子存在；然后再进行 *KMO*（Kaiser-Meyer-Olkin）检验，*KMO* 是抽样适度测量，是用于比较观测相关系数值和偏相关系数值的一个指标（吴明隆，2001），根据 Kaiser (1974) 的观点，如果 *KMO* 值小于 0.50 则较不适宜进行因子分析。

本文采用主轴法中的主成分分析法抽取变量题项的公共因子，抽取时选择特征值大于 1 的主成分，并以最大变异量（varimax）旋转方法来计算各题项的因子载荷，如果因子载荷的值低于 0.5 则删去该题项，保留载荷值大于 0.5 的题项。

信度（reliability）是指采用同一方法对同一对象进行测量时问卷调查结果的稳定性和一致性程度，也就是说某量表能否稳定地测量所要施测的题项，信度值多以相关系数表示，测量信度的方法一般包括重测信度法（re-test）、复本法（alternative-form）、折半法（spilthalves）和内部一致性法（internal consistency）4 种方法（Cooper et al，1998），通常在管理学研究中应用最多的是内部一致性法。本文采用 Cronbach's α 系数来判断各变量题项间的内部一致性，α 系数值越大则表示该变量的信度水平越高。一般认为，Cronbach's α 系数值要大于 0.70 才能证明变量是具有良好的信度标准（Nunnally，1978）。

（1）变革型与交易型领导行为、中庸思维、组织绩效的探索性因子分析。

在变革型领导行为的题项检测中，Bartlett 氏球体检验的卡方值为 548.14（自由度为 66，$p < 0.001$），达到显著水平，代表母群体的相关矩阵间有共同的因素存在，表示适合进行因子分析。进而进行 KMO 检验后发现 KMO 为 0.74，大于 0.70，表示适合进行因子分析。采用主成分分析法来抽取变量题项的公共因子，抽取时选择特征值大于 1 的主成分，并以最大变异量旋转来计算各题项的因子载荷，发现 12 个题项可以明显地归为 4 个因子[①]，每个因子中的题项

---

① 需要说明的是，本文并没有在表中标识出 4 个因子每个因子下的所有载荷系数，而只标出了经过因子分析后所形成的 4 个因子所对应的载荷系数，即文中黑体数字部分，这样可以更清晰的看出每个题项所对应的载荷系数。另外，虽然本文将领导行为、中庸思维与组织绩效的探索性因子分析结果放在一张表格中，是因为考虑到他们都是多维度变量，阅读起来更为方便，但是在进行探索性分析时则是对三个变量分别进行因子分析的。

的载荷值都大于0.5。同时，变革型领导行为的四个维度，即领导魅力、愿景激励、智力启发和体恤关怀的 Cronbach's α 系数分别是0.77、0.80、0.81、0.80，变革型领导行为总的 Cronbach's α 系数是0.72，这表明该变量也具有良好的信度和效度水平。交易型领导行为变量的 Bartlett 氏球体检验中发现其卡方值为202.92（自由度为15，$p<0.001$），达到显著水平，KMO 的检测结果为0.65，大于0.60，表示适合进行因子分析。采用主成分分析法并以最大变异量旋转出各题项的两个公共因子载荷值都大于0.5。探索性因子分析结果发现交易型领导行为的6个题项可以明显地分为2个因子，表示该变量具有良好的结构效度。权变奖励和例外管理两个维度的 Cronbach's α 系数分别是0.78、0.72，交易型领导行为总的 Cronbach's α 系数是0.70，这表明该变量具有较好的信度。

中庸思维的13个题项进行探索性因子分析后显示，Bartlett 氏球体检验的卡方值为684.73（自由度为78，$p<0.001$），达到显著水平，代表母群体的相关矩阵间有共同的因素存在，KMO 检测的结果为0.82，大于0.80，表示适合进行因子分析。但是在第一轮因子旋转后发现该量表的第5个题项存在交叉载荷（cross-loading）的现象，我们试着删除第5个题项后再次进行因子旋转来分析剩余题项的归类状况。删除了第5个题项后再次进行因子分析，发现中庸思维的 Bartlett 氏球体检验的卡方值为591.57（自由度为66，$p<0.001$），达到显著水平，KMO 为0.82，大于0.80，表示适合进行因子分析，探索性因子分析后各个题项的因子载荷值大于0.5，并且中庸思维可以明显地区分为3个因子，表示该变量具有良好的结构效度，最终中庸思维由12个题项构成。多方思考、整合性与和谐性3个维度的 Cronbach's α 系数分别是0.75、0.79、0.84，中庸思维变量总的 Cronbach's α 系数是0.87，这表明中庸思维变量具有良好的信度。

表6-1 领导行为、中庸思维、组织绩效的探索性因子分析结果

变量的维度及题项		因子载荷	维度信度	变量信度
变革型领导行为	**领导魅力** 1 是公司上下员工学习的榜样 2 能使他身边的人对工作充满热情 3 我对他完全有信心	0.78 0.82 0.79	0.77	0.72
	感召力 4 时常用公司愿景和使命来激励员工 5 能够激发员工对"他"的忠诚 6 能够激发员工对"公司"的忠诚	0.79 0.85 0.85	0.80	
	智力启发 7 他的观点启发我重新思考以前从未质疑过的问题 8 能够让我从新视角来考虑寻常问题 9 为我一直困惑的事情提供新的思路	0.85 0.85 0.78	0.81	
	体恤关怀 10 关心公司里那些容易被忽视的员工 11 能发现我的需求并尽力满足我 12 尊重员工的个性并帮助其成长	0.86 0.79 0.81	0.80	
交易型领导行为	**权变奖励** 13 他会告诉我想要在工作中获得奖励该具体怎么做 14 向我表示只要工作做得符合他的要求和期望就会得到奖励 15 我可以和他商量完成某个任务后该如何奖励我	0.86 0.85 0.79	0.78	0.70
	例外管理 16 让我只做好自己工作份内的事 17 不鼓励我在工作过程中擅自作主 18 只告诉我做好份内工作必须知道的那些知识	0.83 0.82 0.73	0.72	
中庸思维	**多方思考** 1 意见讨论时,他会兼顾相互争执的意见 2 他习惯从多方面的角度来思考同一件事情 3 在意见表决时,他会听取所有的意见 4 做决定时,他会考虑各种可能的状况	0.65 0.77 0.74 0.74	0.75	0.87
	整合性 5 他会试着在自己与他人的意见中,找到一个平衡点 6 他会在考虑他人的意见后,调整他原来的想法	0.52 0.80	0.79	

最后对组织绩效进行探索性因子分析后发现，Bartlett氏球体检验的结果显示卡方值为333.00（自由度为21，$p<0.001$），达到显著水平，KMO的检验结果为0.78，大于0.70，表示适合进行因子分析，探索性因子分析后所有题项可以明显地分为2个因子，每个因子的载荷系数都大于0.5，表明该变量具有较好的效度。Cronbach's α系数是0.83，也表明该变量具有较好的信度。

（2）探索式和利用式技术创新、环境动态性和竞争性的探索性因子分析。

我们将探索式技术创新和利用式技术创新的12个题项进行探索性因子分析后的Bartlett氏球体检验的结果显示卡方值为688.15（自由度为66，$p<0.001$），达到显著水平，KMO的检验结果为0.78，大于0.70，表示适合进行因子分析。但是发现有第1个题项和第12个题项出现了偏差，在删除这两个题项后再次进行探索性因子分析后，发现Bartlett氏球体检验的卡方值为377.42（自由度为45，$p<0.001$），达到显著水平，代表母群体的相关矩阵间有共同因素存在，KMO为0.83，大于0.80，表示适合进行因子分析，因子分析后各题项的载荷值也大于0.5，剩余10个题项可以明显地归结为2个因子，与理论假设也一致，表示该变量具有较好的结构效度。利用式技术创新最终由5个题项组成，该变量的Cronbach's α系数是0.80，大于0.70的门槛值。探索式技术创新量表也由5个题项组成，该变量的Cronbach's α系数是0.72，这表明这两个变量均具有较好的信度。

环境动态性、环境竞争性属于单维度变量，我们将两个变量所包含的9个题项一起进行探索性因子分析，如果效度好则9个题项可以清晰地归结为2个因子。Bartlett氏球体检验的卡方值为363.61（自由度为36，$p<0.001$），达到显著水平，代表母群体的相关矩阵间存在共同的因素，KMO为0.83，表示适合进行因子分析。但是分析结果显示环境动态性的第4题项出现了偏差，我们试着删除这个题项来进一步考察题项的聚集。在删除了环境动态性的第4个题项后再次进行因子分析，发现Bartlett氏球体检验的卡方值为349.11

(自由度为 28，$p < 0.001$)，达到显著水平，KMO 为 0.84，大于 0.80，表示适合进行因子分析，因子分析后各题项的载荷值也大于 0.5。并且剩余的 8 个题项也可以明显地区分为 2 个因子，表示这两个变量具有良好的结构效度。环境的动态性量表最终由 4 个题项组成，其 Cronbach's α 系数是 0.78。环境的竞争性量表也由 4 个题项组成，Cronbach's α 系数是 0.86，表明这两个变量均具有良好的信度。

表 6-2 探索式与利用式技术创新、环境动态性与竞争性的探索性因子分析结果

	变量的维度及题项	因子载荷	信度
利用式技术创新	1. 逐步提高产品/服务的可靠性	0.66	0.80
	2. 逐步提高业务流程的效率	0.84	
	3. 重点调查老顾客的满意度	0.73	
	4. 适时调整产品/服务以更好满足老顾客的需求	0.64	
	5. 重点挖掘老顾客的价值	0.60	
探索式技术创新	6. 能打破常规寻找新的技术/产品创意	0.64	0.72
	7. 将探索新技术的能力作为公司成功的根基	0.68	
	8. 经常研制有价值的新产品（服务）	0.77	
	9. 尝试以新方式来满足顾客需求	0.56	
	10. 敢于开发全新的市场	0.55	
环境动态性	1 外部环境变化程度很剧烈	0.73	0.78
	2 顾客经常对产品（服务）提出新的需求	0.73	
	3 外部环境不断在发生变化	0.79	
	4 公司所在市场上的产品（服务）数量和种类不断在变化	0.73	

续表

变量的维度及题项		因子载荷	信度
环境竞争性	1 环境竞争非常激烈	0.82	0.86
	2 竞争对手实力较强	0.87	
	3 市场竞争强度很高	0.77	
	4 公司所在的市场经常爆发价格战	0.77	

6.2 大样本施测

6.2.1 数据收集与样本描述

（1）数据收集程序。

在样本企业的选择方面，我们主要基于以下三个原则：第一，必须是独立的公司而不是分支机构或子公司，公司规模至少在100人以上；第二，成立时间至少在3年以上；第三，以制造业（行业门类：C）和IT业（行业门类：G）为主。之所以选择成立时间在3年以上的企业，是因为技术创新从创意的提出到最终的市场化需要一个过程，国际上学者对探索式技术创新和利用式技术创新的研究也大多是基于对过去3年时间内所进行的创新状况分析（He et al, 2004；Jansen et al, 2006；Lubatkin et al, 2006）。以制造业和IT业为主要调查对象是因为这两个行业中的创新活动更具有典型性，但是为了使得本研究的外部效度更高一些，我们也对金融行业中的部分企业进行了调研。之所以选择金融行业一方面是因为国外近年来对探索式和利用式技术创新进行研究的企业样本很多来自金融行业（Jansen et al, 2006），并且金融产品也面临着持续创新的动力和挑战，另一方面是因为近年来我国金融改革使得金融业的产品创新活动更加频繁。

本文的数据来自中国内地的 2 个直辖市和 10 个省份，分别是：北京、天津、吉林、内蒙古、甘肃、河北、河南、山东、山西、浙江、江苏和广东。在调查方式上采取上门现场调研和邮寄调研相结合的方式，在调研之前先尽可能通过报刊、杂志、企业黄页、互联网（如中国科技部的官方网站中关于中国各地区技术创新的相关资料）以及公开的数据库，如中经网，资讯行、中国财经报刊数据库检索系统等以及人际网络的方式确定拟调查的企业名单。对于北京市以及近郊的企业，我们采取上门调查的方式，通过企业黄页、行业协会披露的企业名单及联系方式、人际网络、互联网搜寻等途径与被调研企业的高层领导人员联络后确认可以接受调查，然后派人上门进行现场问卷的发放，对于无法现场作答但承诺几天后会填写的高层领导者，我们数天后再次登门收取所填写的问卷。对于个别出差或请假的高层领导者，根据需要通过电子邮件将电子版的问卷发送过去以便在填写完毕后返回。关于北京市以外的企业，我们确认被调研企业符合本次的调研要求后，也是通过电话或电子邮件与该企业的高层领导者取得联系，确认可以调研后通过信件的方式邮寄出了本次的调查问卷，并附上写好本次调研接收地址并贴上邮票的回执信封，以尽量提高问卷的回收率。

本次调研共发放问卷 700 份，回收 387 份，剔除填答不完整或无法配对（包括 CEO 助理和人力资源副总填写完整而技术副总没有填写完整，或者前三个高层管理者填写完整了其调研子问卷但是财务副总没有填写，即要保证 4 份子问卷能够完整对应）的问卷 88 份和明显不认真作答的无效问卷 52 份，最终有效问卷是 297 份，有效回收率 42.42%。对回收企业与没有回收的企业进行非回应偏差分析后发现两者并没有显著的差异，说明本次调研的企业中非回应偏差问题并不严重。虽然本文在研究设计中采取多种措施来降低同源误差的影响，但是为了数据的可靠性，我们仍然从统计上来检验是否之前的研究设计消除或削弱了同源误差的影响程度，最常用的检验方式是哈曼的单因子检验法（Harman's single-factor test, Podsakoff et al, 1986），它是通过对研究者采用的所有题项进行探索性因子分析来检验未被旋转的因子数目，如果从中萃取出一个因子并且这个因子解释了大部分题项的总体变异量，则说明同源误差依然存在。我们将本文变量的所有题项按照上述步骤进行因子分析后，发现第一个因子仅解释了18.954%的变异量，并没有解释绝大部分的变异量，这表明通过研究设计分开填写问卷的方式和其他辅助措施有效地避免了同源误差的影响。

（2）样本企业特征分析。

样本企业中，从企业的成立年限来看，其平均年龄大概为12.48年，说明本文的样本并不属于创业企业，企业的平均人数大概为485人；从所有制形式来看，我们将五种不同所有制形式归类为国有企业、外资企业和民营企业三个大类，这样国有企业共有56家，占18.90%，外资企业共有72家，24.20%，而民营企业共计169家，占总样本的56.90%，由于该变量属于类别变量，在后续分析中需要将其转化为虚拟变量，1代表国有企业，0代表非国有企业；我们对企业所处行业也进行归类处理，按照行业大类将其分为制造业、IT业和金融业三种类别，这样制造业中的企业共115家，占总样本企业的38.70%，IT业中的企业有155家，占52.20%，金融业中的企业有17家，占9.10%；样本企业中企业的研发强度平均为7.50%。从CEO的受教育程度来看，43.40%的企业中CEO拥有本科学历，33.30%的企业中CEO拥有硕士（包括MBA/EMBA和在职研究生）学历，说明本次调研中样本企业的CEO具有较高的文化素质水平；样本企业中CEO的平均年龄为43.35年，CEO任期平均为7.87年；样本企业中男性CEO占绝大多数，占到总样本量的90.60%，而女性CEO只占9.40%。

表6-3 问卷样本描述

		企业数量	百分比(%)			企业数量	百分比(%)
成立年限	1~5年	72	24.20%	组织规模	100~200人	143	48.10%
	6~10年	112	37.70%		201~500人	80	26.90%
	11~15年	60	20.20%		501~1000人	43	14.50%
	16~20年	29	9.80%		1001~2000人	10	3.40%
	20年以上	24	8.10%		2000人以上	21	7.10%
TMT人数	1~3人	28	9.40%	所有制形式	国有独资	21	7.10%
	4~6人	110	37.00%		国有控股	35	11.80%
	7~9人	66	22.20%		中外合资	30	10.10%
	10~12人	46	15.50%		外资	42	14.10%
	12人以上	47	15.80%		民营	169	56.90%
CEO教育水平	高中及以下	8	2.70%	研发强度	低于1%	15	5.10%
	大专	22	7.40%		1%~3%	73	24.60%
	本科	129	43.40%		4%~6%	84	28.30%
	硕士	99	33.30%		7%~9%	61	20.50%
	博士及以上	39	13.10%		10%以上	64	21.50%
CEO年龄	35岁以下	20	6.70%	CEO任期	1~3年	54	18.20%
	36~40岁	94	31.60%		4~6年	123	41.40%
	41~45岁	107	36.00%		7~9年	67	22.60%
	46~50岁	50	16.80%		10~12年	34	11.40%
	50岁以上	26	8.80%		12年以上	19	6.40%

续表

		企业数量	百分比（%）		企业数量	百分比（%）
CEO性别	男	269	90.60%	行业类别 软件业	88	29.60%
	女	28	9.40%	机械、设备、仪表制造业	81	27.30%
				电子计算机及相关设备制造业	18	6.10%
				电子元器件制造业	49	16.50%
				生物医药制造业	34	11.40%
				银行业	27	9.10%

6.2.2 聚合性检验

由于在研究设计中CEO领导行为是由三个不同的对象来进行测评，为检验三种测评结果之间是否具有一致性，即在一个由三个成员所构成的组中，组内成员所测评出的结果能否代表这个组的平均值，我们需要在合并之前进行数据的聚合性（aggregation）分析。通常有两种方法来衡量组间数据的一致性（agreement），一种是组内相关系数（Intraclass Correlation Coefficient，ICC），可以进一步分为ICC（1）和ICC（2）两种，运用方差分析（ANOVA）来判断组间方差是否大于组内方差，F值如果显著则说明可以将个体层的数值加总到团队层；另一种是评分者之间的信度（Interrater Reliability Coefficient，IRR），通常用R_{wg}来表示，即利用特定团队中系统性变异量相对于预期变量的比例来反映组内成员在评价题项中的趋同程度（James et al，1984）。虽然本文对变革型和交易型领导行为的测量并不属于个体层向团队层次的聚合过程，但是要综合三个不同对象的评分值则也需要考察是否可以将这三个不同对象的填答结果进行平均，因此，之前也需要考察三个不同调研对象之间以及不同组之间的成员对项目评价的一致性程度，由此我们在合并数据之前需要采用R_{wg}、ICC（1）、ICC（2）来判断数据合并的可能性。

（1）R_{wg}指标分析。

R_{wg}是用来评价组内成员评价的一致性程度，它是James（1982）等学者提出的评分者间信度系数法，代表当要求由不同的人来评估同一个题项时，从他们评分的情况来判断其评价是否可信。一般而言，R_{wg}的值越接近1越好。通常认为，R_{wg}大于0.7比较好，表明适合将团队成员的评价值聚合到团队的层次（Bliese，2000）。但是James et al（1984）认为，R_{wg}的值介于0.5~0.7之间表示具有中度的一致性，也可以接受将组内成员的评价值聚合到团队层次。需要注意的是，在计算R_{wg}时不会涉及到组间的变异问题，研究者计算每个群体的R_{wg}值并报告他们研究样本的R_{wg}的平均数或中位数（于海波等，2004）。每个组都有一个R_{wg}值，这样本文样本企业总计有297个组，这样需要分别计算297个组内的R_{wg}值，然后取其平均值以判断是否可以将组内的评价值进行平均。

R_{wg}的指标可以分为单一选项指标和多重选项指标，单一选项指标适合于单个维度的变量，而本文中所要合并的变革型领导行为和交易型领导行为都属于多维度变量，因此需要采用多重选项指标来计算，其计算公式为：

$$R_{wg(J)} = \frac{J[1-(\overline{S_{xj}^2}/\sigma_{EU}^2)]}{J[1-(\overline{S_{xj}^2}/\sigma_{EU}^2)]+(\overline{S_{xj}^2}/\sigma_{EU}^2)}$$

在这个公式中，$R_{wg(J)}$为团队评分者间的信度系数值，J是指量表中题项的数目，S_{xj}^2则为题项的方差，σ_{EU}^2是指题项均匀分配的期望变异量。James et al（1984）等学者认为，当要评估随机测量误差项时，可以由矩阵分配（rectangulr distribution）或均匀分配（uniform distribution）来计算，由Mood et al（1974）所提出均匀分配的期望变异量计算公式为：

$$\sigma_{EU}^2 = \frac{A^2-1}{12}$$

其中，A 是指测量尺度的等级数，本次调研中变革型和交易型领导行为所采用的量表都是利克特 5 点量表，因此 $A=5$，本文中 σ_{EU}^2 等于 2。由于本文每个题项由 3 个不同的对象来测评，这样首先需要计算 3 个不同对象所测评的题项的方差的平均数，然后为了计算领导魅力维度的 $R_{wg(J)}$ 还需要将其所包含的 3 个题项的方差再次进行平均，然后带入上面的公式可以算出第一个公司内 3 名不同对象所测评的 $R_{wg(J)}$ 的值，以此类推，还可以求出愿景激励、智力启发、体恤关怀、权变奖励、例外管理等其他 5 个维度的系数值。然后以同样的方法计算第二个组内 3 名不同对象所测评的变革型和交易型领导行为各个维度的值，以此类推，最后在再分别得出所有组（本文中有 297 个组）的 $R_{wg(J)}$ 值时，通过对这 297 个公司的 $R_{wg(J)}$ 值进行平均，最终求出各个维度的 $R_{wg(J)}$ 总平均值。通过计算，变革型领导行为中领导魅力维度的 $R_{wg(J)}$ 值为 0.870，愿景激励维度的 $R_{wg(J)}$ 值为 0.917，智力启发维度的 $R_{wg(J)}$ 值为 0.871，体恤关怀维度的 $R_{wg(J)}$ 值为 0.853。交易型领导行为中的权变奖励维度的 $R_{wg(J)}$ 值为 0.820，例外管理维度的 $R_{wg(J)}$ 值为 0.846。在此基础上，对各个维度的数值进行平均可以得到变革型领导行为的 $R_{wg(J)}$ 值为 0.878，交易型领导行为的 $R_{wg(J)}$ 值为 0.833，本文中变革型和交易型领导行为的各个维度以及总变量的 $R_{wg(J)}$ 值均在 0.8 以上，大于 0.7 的标准，说明每个企业中由 3 位高层领导者所测评的 CEO 变革型和交易型领导行为的题项可以进行合并。一般而言，在清楚了 R_{wg} 的值符合要求就可以进行数据的合并了，但是有些学者还建议最好能够再进行 ICC 的检验以进一步检验合并的可靠性，例如，Hofman（2002）建议多用几种指标进行检验会使得结论更有说服力，因此，我们继续分析本次调研结果的 ICC 指标是否符合要求，以便为下一步的数据合并提供更充分的论据。

（2）ICC（1）与 ICC（2）指标分析。

虽然说每个组都有一个 R_{wg}，有多个组就会有多个 R_{wg}，但是所有的组却只有一个 ICC（1）和一个 ICC（2）。ICC（1）代表了组间的变异量占总变异量的比例，它指的是在评价一个组内的成员时评价者的可靠性，其值越大，代表把每一组数据合并的可靠性也越高；而 ICC（2）则是指所有评价者对这些组内成员所得出的平均测评值的可靠性。组间方差也是证明高层次结构有效性的必要条件，在分析数据的聚合时，组内和组间差异都是需要的（于海波等，2004）。Bliese（2000）认为 ICC（1）的值大于 0.05 比较好，但是 James et al（1982）建议该值最好介于 0~0.5 之间，这样综合以上两位学者的观点，通常 ICC（1）的值介于 0.05~0.5 之间比较合适。Klein et al（2000）认为，ICC（2）大于 0.7 比较好，但是如果能够大于 0.50 在研究中通常也可以接受。ICC（1）和 ICC（2）的计算公式如下：

$$ICC（1） = \frac{MSB - MSW}{[MSB + (k-1)MSW]}$$

$$ICC（2） = \frac{k\ ICC（1）}{1 + (k-1)ICC（1）} = \frac{MSB - MSW}{MSB}$$

在上述公式中，其中 MSB、MSW 分别指组间和组内平均变异量，k 指每个组内评价者的数目。在对变革型和交易型领导行为的所有题项进行方差分析后发现，每个题项的 F 值都达到显著水平，表明不同企业之间存在显著的差异，变革型领导行为的 ICC（1）均值为 0.32，交易型领导行为的 ICC（1）均值为 0.25，这两个变量的 ICC（1）的值都大于 0.05，并且小于 0.5，介于 0.05~0.50 之间，这表明变革型和交易型领导行为在本文 297 个样本企业中有充足的内部同质性。同时，变革型领导行为的 ICC（2）均值为 0.58，交易型领导行为的 ICC（2）均值为 0.51，都符合 Klein et al（2000）提出的 0.50 的可接受水平，这表明对 3 个填写者的数据进行平均是可以接受的。因此，综合 $R_{wg(J)}$、ICC（1）、ICC（2）三个指标来看，我们可以将由 CEO 助理、人力资源副总和技术副总所测评的 CEO 变革型领导行为和交易型领导行为的题项进行合并。

6.2.3 信度与效度检验

虽然在试测（pilot study）中我们检验了本文所采用变量的信度，但是在大样本调研（main study）中由于调研对象、所处行业、地理位置都发生了变化，所以还需要检验各变量的信度和效度。管理学研究中主要采用的效度可以分为内容效度和结构效度，内容效度是一个测量的内容代表它所要测量之主题的程度，我们在研究设计中根据专家和企业高管的意见对测量的题项进行反复修订的过程就是为了尽可能的使得所测题项能够反映概念内涵以保证其内容效度。而结构效度是指测量结果体现出来的某种结构与测值之间的对应程度，其中，收敛效度（convergent validity）和区分效度（discriminatory validity）是最广泛的两项效度检测项目（Schwab，1980；Sethi & Carraher，1993）。两者的区别在于，区分效度是检验不同变量之间的题项相关性程度，而收敛效度则是指同一变量内部各题项之间的相关性程度，具有良好区分效度和收敛效度的标准是不同变量之间题项的相关性比较低，但是同一变量内部各题项的相关性比较高。由于在预试过程中对各变量的结构效度进行探索性因子分析（EFA）的结果已经表明各变量具有良好的结构效度，为了进一步验证这种结构是否在正式测试中有效，我们采用结构方程模型（SEM）进行验证性分析分析（CFA）来验证各变量的结构效度。

（1）信度与区分效度分析。

在大样本调研中，变革型领导行为的 4 个维度，即领导魅力、愿景激励、智力启发和体恤关怀的 Cronbach's α 系数分别是 0.87、0.86、0.86、0.80，变革型领导行为总的 Cronbach's α 系数是 0.94；交易型领导行为中权变奖励和例外管理 2 个维度的 Cronbach's α 系数分别是 0.78 和 0.75，交易型领导行为总的变量之 Cronbach's α 系数是 0.76，这表明变革型领导行为和交易型领导行为均具有良好的信度。

为了检验变革型领导行为与交易型领导行为之间的区分效度，

我们遵循 Lubatkin et al（2006）的建议，根据理论将变革型和交易型领导行为总计 18 个题项组成一个 6 因子的基线模型（baseline model），然后比较它与二因子模型（在基线模型的基础上，合并领导魅力、愿景激励、智力启发、体恤关怀为 1 个因子；合并权变奖励和例外管理为 1 个因子）、单因子模型（所有题项合并为 1 个因子）之间的拟合度。根据 Hu & Bentler（1999）的建议，NNFI、CFI、IFI 等指标处于 0.90 以上表示模型具有良好的拟合；RMSEA 低于 0.08 表示具有良好的拟合度，低于 0.1 也可以接受，表示拟合度也不错（侯杰泰等，2005）。验证结果表明：6 因子基线模型（$RMSEA = 0.071$，$IFI = 0.98$，$NNFI = 0.98$，$CFI = 0.98$）对数据的拟合程度要高于 2 因子模型（$RMSEA = 0.136$，$IFI = 0.94$，$NNFI = 0.93$，$CFI = 0.94$）和单因子模型（$RMSEA = 0.153$，$IFI = 0.93$，$NNFI = 0.92$，$CFI = 0.93$）。进一步从卡方变化来看，6 因子基线模型要显著地优于 2 因子模型（$\triangle x^2 = 451.11^{***}$，$\triangle d.f = 14$）和单因子模型（$\triangle x^2 = 541.20^{***}$，$\triangle d.f = 15$）。因此，综合来看，6 因子结模型的拟合度要显著地优于其他嵌套模型，这表明变革型领导行为与交易型领导行为具有良好的区分效度。

探索式技术创新、利用式技术创新、环境动态性和环境竞争性的 Cronbach's α 系数分别是 0.75、0.77、0.87、0.83，表明这 4 个变量具有良好的信度。由于这 4 个变量都属于单维度变量，我们将其所有题项（5＋5＋4＋4）基于理论构建了一个 4 因子的基线模型，并比较它与 2 因子（合并探索式技术创新和利用式技术创新为 1 个因子，合并环境动态性和环境竞争性为 1 个因子）和单因子模型（合并所有题项为 1 个因子）之间的数据拟合度。验证结果表明：4 因子基线模型（$RMSEA = 0.057$，$IFI = 0.94$，$NNFI = 0.93$，$CFI = 0.94$）对数据的拟合程度要高于 2 因子模型（$RMSEA = 0.157$，$IFI = 0.62$，$NNFI = 0.62$，$CFI = 0.62$）和单因子模型（$RMSEA = 0.189$，$IFI = 0.46$，$NNFI = 0.45$，$CFI = 0.46$）。进一步从卡方变化来看，6

因子基线模型要显著地优于 2 因子模型（$\triangle x^2 = 863.11^{***}$，$\triangle d.f = 5$）和单因子模型（$\triangle x^2 = 1314.21^{***}$，$\triangle d.f = 6$）。因此，综合来看，4 因子结模型的拟合度要显著地优于其他嵌套模型，这表明探索式技术创新与利用式技术创新、环境动态性与环境竞争性之间具有良好的区分效度。

组织绩效中财务绩效和市场绩效的 Cronbach's α 系数分别为 0.77、0.71，其总的 Cronbach's α 系数为 0.76，这表明该变量具有较好的信度。为了验证本文所采用的财务绩效、市场绩效 5 个指标之间是否具有区分效度，我们将该变量的 5 个题项基于理论构建了一个 2 因子基线模型，并比较它与单因子模型对于数据的拟合度。验证结果表明：2 因子基线模型（$RMSEA = 0.080$，$IFI = 0.98$，$NNFI = 0.96$，$CFI = 0.98$）对数据的拟合程度要高于单因子模型（$RMSEA = 0.212$，$IFI = 0.85$，$NNFI = 0.70$，$CFI = 0.85$）。进一步从卡方变化来看，2 因子基线模型要显著地优于单因子模型（$\triangle x^2 = 59.53^{***}$，$\triangle d.f = 1$）。因此，综合来看，2 因子结模型的拟合度要显著地优于其他嵌套模型，这表明财务绩效、市场绩效之间具有良好的区分效度。

中庸思维的多方思考、整合性与和谐性 3 个维度的 Cronbach's α 系数分别为 0.78、0.72、0.80，中庸思维的 Cronbach's α 系数为 0.87。为验证中庸思维 3 个维度之间是否具有区分效度，我们将其 12 个题项依照理论构建了一个包括 3 个因子的基线模型，然后通过它与单因子模型的嵌套比较来判断中庸思维 3 个维度之间的区分效度。验证结果表明：3 因子基线模型（$RMSEA = 0.053$，$IFI = 0.98$，$NNFI = 0.98$，$CFI = 0.98$）对数据的拟合程度要高于单因子模型（$RMSEA = 0.109$，$IFI = 0.94$，$NNFI = 0.93$，$CFI = 0.94$）。进一步从卡方变化来看，3 因子基线模型要显著的优于单因子模型（$\triangle x^2 = 115.57^{***}$，$\triangle d.f = 3$）。因此，综合来看，3 因子结构的中庸思维的拟合度要显著地优于其他嵌套模型，验证性因子分析的结果表明的中庸思维三个维度之间具有良好的区分效度。

（2）收敛效度分析。

对于收敛效度分析，Fornell & Larcker（1981）提出必须检测所有的标准化项目载荷量、潜在变量的组合信度、潜在变量的平均萃取量3项指标，若此3项指标均符合标准，则表示所提出的变量具有收敛效度，具体指标说明如下：

①所有变量的标准化项目载荷量（λ）（factor loading）：其值要大于0.5且达到显著水平。

②潜在变量组合信度（Composite Reliability，CR）：指变量的内部一致性。如果潜在变量的 CR 值越高，则其测量变量是高度相关的，表示他们都在测量相同的潜在变量，并且越能测出该潜在变量。一般而言，其值大于0.7比较好，大于0.6也可以接受。

③平均变异萃取量（Average Variance Extracted，AVE）：是指所有变量的变异量能被潜在变量所解释的程度，其值建议要大于0.5（Hair et al，1998）。

我们用结构方程模型对变革型与交易型领导行为的题项进行验证性因子分析可以得到它的各个维度上每个题项的载荷值，然后再分别计算每个维度上的平均变异萃取量和组合信度就可以判断出这两个变量的收敛效度。从表6-4中可以看出，变革型与交易型领导行为的所有标准化载荷值均大于0.5，并且都达到了显著水平；各维度的组合信度值都大于0.7，表示本研究的变量具有较好的内部一致性；其各维度的平均变异萃取量（AVE）均在0.5以上，表示本研究的变量之变异均可显著地由其对应的变量所解释。综上所述，变革型与交易型领导行为在标准化项目载荷量，潜在变量组合信度、潜在变量的平均变异萃取量方面均比较符合理想结果，即本研究中所有测量项目均收敛于各对应的变量，表明他们具有良好的收敛效度。

表6-4 变革型领导行为与交易型领导行为的收敛效度分析

变量名称	测量变量	标准化项目负荷量（λ）	平均变异萃取量（AVE）	组合信度（CR）
领导魅力	KS1	0.77	0.79	0.87
	KS2	0.74***		
	KS3	0.60***		
愿景激励	KS4	0.69	0.78	0.86
	KS5	0.81***		
	KS6	0.81***		
智力启发	KS7	0.81	0.78	0.86
	KS8	0.77***		
	KS9	0.79***		
体恤关怀	KS10	0.65	0.71	0.80
	KS11	0.72***		
	KS12	0.63***		
权变奖励	KS13	0.75	0.70	0.78
	KS14	0.67***		
	KS15	0.61***		
例外管理	KS16	0.72	0.67	0.75
	KS17	0.68***		
	KS18	0.60***		

注：AVE（Average Variance Extracted）：$Li^2 / (Li^2 + Var(Ei))$；

CR（Composite Reliability）：$(\sum Li)^2 / ((\sum Li)^2 + \sum Var(Ei))$

其中 Li = 观察变量对该潜在变量的因子负荷量；$Var(Ei)$ = 观察变量的误差变量（Error Variance）

由于探索式技术创新与利用式技术创新、环境动态性与环境竞争性都属于单维度变量，我们根据理论构建了一个由18个题项所组成4因子模型，然后检验各个变量的收敛效度。从表6-5中可以看出，探索式技术创新与利用式技术创新、环境动态性与环境竞争性的所有标准化载荷值均大于0.5，并且都达到了显著水平；4个变量的组合信度值都大于0.7，表示其具有较好的内部一致性；4个变量的平均变异萃取量（AVE）基本大于0.5，表示其变异均可显著地由所对应的变量所解释。综上所述，探索式技术创新与利用式技术创新、环境动态性与环境竞争性在标准化项目载荷量、潜在变量组合信度、潜在变量的平均变异萃取量方面均比较符合理想结果，即本研究中所有测量项目均收敛于各自所对应的变量，表明他们具有较好的收敛效度。

表6-5 探索式技术创新与利用式技术创新、环境动态性与环境竞争性的收敛效度分析

变量名称	测量变量	标准化项目负荷量（λ）	平均变异萃取量（AVE）	组合信度（CR）
探索式技术创新	KS1	0.58	0.50	0.75
	KS2	0.62***		
	KS3	0.70***		
	KS4	0.60***		
	KS5	0.56***		
利用式技术创新	KS6	0.63	0.52	0.77
	KS7	0.62***		
	KS8	0.63***		
	KS9	0.73***		
	KS10	0.57***		
环境动态性	KS11	0.81	0.72	0.87
	KS12	0.85***		
	KS13	0.76***		
	KS14	0.74***		

续表

变量名称	测量变量	标准化项目负荷量（λ）	平均变异萃取量（AVE）	组合信度（CR）
环境竞争性	KS15	0.65	0.66	0.83
	KS16	0.82***		
	KS17	0.73***		
	KS18	0.75***		

同样，我们根据理论将组织绩效的5个题项组成了一个包含2因子的模型然后判断其收敛效度。从表6-6中可以看出，组织绩效2个维度的所有标准化载荷量均大于0.5，并且都达到了显著水平；两个维度的组合信度值都大于0.7，表示本研究的变量具有较好的内部一致性；财务绩效和市场绩效的平均变异萃取量（AVE）均达0.5以上，表示本研究变量的变异均可显著地由其对应的变量所解释。综上所述，组织绩效在标准化项目载荷量、潜在变量组合信度、潜在变量的平均变异萃取量方面均比较符合理想结果，表明其两个维度之间具有良好的收敛效度。

表6-6 组织绩效的收敛效度分析

变量名称	测量变量	标准化项目负荷量（λ）	平均变异萃取量（AVE）	组合信度（CR）
财务绩效	KS1	0.81	0.69	0.77
	KS2	0.81***		
	KS3	0.58***		
市场绩效	KS4	0.79	0.76	0.71
	KS5	0.64***		

同样,我们根据理论将中庸思维的12个题项组成了一个包含3因子的模型然后判断其收敛效度。从表6-7中可以看出,中庸思维各维度的所有标准化载荷值均大于0.5,并且都达到了显著水平;其3个维度的组合信度值都大于0.7,表示本研究的变量具有较好的内部一致性;其3个维度的平均变异萃取量(AVE)均达0.5以上,表示本研究变量的变异均可显著地由其对应的变量所解释。综上所述,中庸思维在标准化项目载荷量、潜在变量组合信度、潜在变量的平均变异萃取量方面均比较符合理想结果,即本研究中所有测量项目均收敛于各对应的变量,具有良好的收敛效度。

表6-7 中庸思维的收敛效度分析

变量名称	测量变量	标准化项目负荷量(λ)	平均变异萃取量(AVE)	组合信度(CR)
多方思考	KS1	0.57	0.61	0.78
	KS2	0.73***		
	KS3	0.67***		
	KS4	0.80***		
整合性	KS5	0.73	0.55	0.72
	KS6	0.64***		
	KS7	0.61***		
	KS8	0.53***		
和谐性	KS9	0.72	0.62	0.80
	KS10	0.67***		
	KS11	0.74***		
	KS12	0.69***		

第 7 章 统计分析与假设验证

7.1 描述性统计分析

表 7-1 列出了本文中主要变量的均值、标准差和相关系数。从表中可以看出，由于我们是按照 Bacharach et al（2002）的方法以利克特 5 点量表来测量组织成立年限和员工人数，从而本表中组织成立年限和组织规模的均值分别为 2.40 和 1.94，经过转化和计算后的企业实际年龄和员工人数的均值大概分别为 12.48 年和 485 人。变革型领导行为和交易型领导行为的均值分别为 3.68 和 3.09，说明样本企业中 CEO 交易型领导行为的评价值低于变革型领导行为的评价值，这反映了中国企业 CEO 的变革型领导行为特征更为突出；探索式技术创新和利用式技术创新的均值分别为 3.86 和 4.00，说明样本企业更加侧重于利用式技术创新活动；环境动态性和环境竞争性的均值分别为 3.28 和 3.36，说明样本企业中的环境竞争性特征更为明显，同时它与环境动态性的均值差值并不大，反映样本企业所面临的环境表现出动态性和竞争性相对都高的特征；财务绩效和市场绩效的均值分别为 3.53 和 3.51，说明样本企业中对两种绩效的评价值都相对较高，并且差别不大；中庸思维的均值达 3.72，这说明样本企业中 CEO 的中庸思维特性比较明显。

表7-1 变量的均值、标准差与相关系数矩阵

变量名称	1	2	3	4	5	6	7	8	9	10	11	12	13	14	15	16	17	18	19	20	21
1 成立年限	—																				
2 组织规模	.43**	—																			
3 所处行业	.11	.01	—																		
4 所有制	.06	.01	-.07	—																	
5 研发强度	.03	.13*	-.07	.09	—																
6 CEO性别	.02	.01	.02	-.05	.07	—															
7 CEO年龄	.31**	.20**	.12*	.07	-.02	-.02	—														
8 CEO教育水平	.11	.23**	-.01	.00	.19**	.07	.11	—													
9 CEO任期	.29**	.11	.07	.11	-.01	-.02	.30**	-.03	—												
10 TMT人数	.30**	.42**	.05	-.08	.15*	.05	.29**	.16**	.21**	—											
11 变革型领导行为	-.02	.03	-.05	.06	.14*	-.03	.02	.19**	-.03	.15**	.94										
12 交易型领导行为	.02	.02	-.04	-.05	.06	.01	.03	.08	.04	.15*	.55**	.76									
13 探索式技术创新	.04	.10	.00	-.02	.13*	.01	-.01	-.05	-.02	.11	.33**	.19**	.75								
14 利用式技术创新	-.05	.01	.07	-.10	.01	.00	-.07	-.03	-.08	-.04	.17**	.15*	.19**	.77							
15 环境动态性	-.10	-.08	-.01	.02	.11	-.14*	.02	.05	-.09	-.09	.07	-.01	.14*	.04	.87						
16 环境竞争性	.01	-.05	-.05	.05	-.07	.09	-.13*	-.13*	-.03	.03	-.04	-.05	.03	.16**	.07	.83					
17 财务绩效	-.05	-.04	-.08	.00	-.06	.00	.03	.03	.01	.06	.22**	.18**	.23**	.18**	.12*	.20**	.77				
18 市场绩效	-.01	.15**	-.08	.06	.02	-.07	.03	.12*	.01	.02	.17**	.12*	.22**	.22**	.14*	.14**	.40**	.71			
19 中庸思维	-.04	.01	.00	-.02	.20**	.04	.09	.14*	.01	.12*	.52**	.46**	.26**	.13*	-.01	-.04	.08	.09	.87		
20 二元领导行为	.06	.00	.05	-.08	-.01	.06	.06	-.11	.03	-.07	-.23**	.03	.04	.05	-.03	-.04	.07	.08	-.09	—	
21 协同式技术创新	.09	.08	.02	-.03	-.07	.03	.02	-.06	.05	-.02	-.19**	-.04	-.23**	.09	-.10	-.03	-.03	.14*	-.11	.32**	—
最小值	1.00	1.00	0.00	0.00	1.00	0.00	1.00	1.00	1.00	1.00	2.17	1.89	2.60	1.40	1.00	1.00	1.00	2.00	1.58	-1.60	-3.75
最大值	5.00	5.00	1.00	1.00	5.00	1.00	5.00	5.00	5.00	5.00	4.92	4.56	5.00	5.00	5.00	5.00	5.00	5.00	4.92	6.80	7.94
均值	2.40	1.94	0.45	0.19	3.29	0.91	2.89	3.47	2.46	2.91	3.68	3.09	3.86	4.00	3.28	3.36	3.53	3.51	3.72	0.54	0.46
标准差	1.19	1.18	0.50	0.39	1.20	0.29	1.05	0.91	1.11	1.24	0.49	0.42	0.49	0.50	0.74	0.75	0.58	0.61	0.58	1.17	1.14

注：* $p < .05$（双尾）；** $p < 0.01$（双尾），斜对角线上的黑体数字是各变量对应的信度水平。CEO性别、所处行业和所有制形式都属于类别变量，在相关分析时均将其转化为虚拟（dummy）变量，用1代表男性，0代表女性；1代表其他行业，0代表制造业；1代表国有企业，0代表非国有企业。

从变量的相关系数来看，变革型领导行为与交易型领导行为存在显著的正相关关系（r=0.55**）。西方学者的实证研究表明，变革型与交易型领导行为的相关系数值介于0.35到0.75之间，这说明本文中两者之间的相关程度并不算高；探索式技术创新与利用式技术创新之间也具有显著的正相关关系（r=0.19**）；财务绩效和市场绩效之间也呈正相关关系（r=0.40**）。

7.2 变量间整体关系的结构方程模型检验

之前学者的研究大多将变革型和交易型领导行为分开来研究其对组织绩效的影响，而且更多是侧重于对变革型领导行为的研究，而本文的研究模型不仅整合了西方现有的研究成果，同时作为对现有研究的扩展，也同时考虑了变革型和交易型领导行为对组织绩效不同维度的影响。在本文的研究模型中，我们以财务绩效和市场绩效作为因变量，将利用式技术创新和探索式技术创新作为中间变量，以分析交易型和变革型领导行为对组织绩效的不同影响机制。为了完整检验这种整体影响效果，我们采用结构方程模型（SEM）来分析不同变量之间的整体影响效果。通常而言，传统的线性回归检验适合于只存在一个因变量的模型，不能完整检验变量之间的整体影响效果，而结构方程模型则可以同时处理多个因变量的问题。但是由于采用结构方程模型来检验调节效应尚存在一些争议，将控制变量放入结构方程模型中与主变量一起检验也受到许多学者的质疑，因此，按照大多数学者的做法，我们在整体模型检验中不引入控制变量和调节变量，只检验在不受调节变量和控制变量影响的条件下CEO领导行为、技术创新与组织绩效之间的整体关系，以便为下一步的假设验证提供铺垫。

结构方程模型要涉及到潜变量与指标（显变量）之间的关系，通常每个潜变量的指标介于3个到5个之间比较好，考虑到模型中题项的数量多而可能使模型变得复杂，我们按照管理学研究中一般的做法对题项进行"打包",打包的标准是将变量的题项按照因子载荷系数的高低,将最高载荷系数的题项与最低载荷系数的题项进行合并,如果题项仍然比较多,按照这个方法继续合并(Chen et al, 2007)。最终,本文中变革型领导行为的题项被合并为 4 个指标,而交易型领导行为的题项被合并为 3 个指标,探索式技术创新和利用式技术创新各包括 5 个指标,财务绩效包括 3 个指标,市场绩效各包括 2 个指标。

本文的理论假设模型(基线模型)包括两个自变量,两个中间变量和两个因变量,不同变量之间存在相互影响,为了完整检验变量之间的整体关系,在进行假设验证之前,我们首先对本研究模型的测量模型进行分析,即先检验各个潜变量的测量是否理想。从表 7-2 的参数估计结果中可以看出,测量模型的标准化参数估计值均比较理想,并且都达到显著水平,说明本文的测量模型是有效的。

表 7-2　测量模型的参数估计

指标	潜变量	标准化值	标准误	指标	潜变量	标准化值	标准误
T.1	交易型领导行为	0.77***	0.41	E.1	探索式技术创新	0.56***	0.69
T.2	交易型领导行为	0.82***	0.32	E.2	探索式技术创新	0.58***	0.66
T.3	交易型领导行为	0.76***	0.43	E.3	探索式技术创新	0.67***	0.55
T.1	变革型领导行为	0.91***	0.18	E.4	探索式技术创新	0.58***	0.66
T.2	变革型领导行为	0.89***	0.20	E.5	探索式技术创新	0.54***	0.71
T.3	变革型领导行为	0.77***	0.41	F.1	财务绩效	0.81***	0.35
T.4	变革型领导行为	0.77***	0.41	F.2	财务绩效	0.81***	0.34
E.1	利用式技术创新	0.61***	0.62	F.3	财务绩效	0.59***	0.66
E.2	利用式技术创新	0.61***	0.62	M.1	市场绩效	0.80***	0.36
E.3	利用式技术创新	0.63***	0.61	M.2	市场绩效	0.64***	0.59
E.4	利用式技术创新	0.74***	0.45				
E.5	利用式技术创新	0.57***	0.68				

本文所构建的基线模型是交易型领导行为通过利用式技术创新来影响财务绩效和市场绩效，变革型领导行为通过探索式技术创新来影响财务绩效和市场绩效。同样，根据 Hu & Bentler（1999）的建议，NNFI、CFI、IFI 等指标处于 0.90 以上表示模型具有良好的拟合；RMSEA 低于 0.08 表示具有良好的拟合度，低于 0.1 也可以接受，表示拟合度也不错（侯杰泰等，2005）。从表 7-3 中可以看出，

表 7-3　结构方程模型的嵌套比较分析

	χ^2	d.f.	$\triangle\chi^2$ ($\triangle$df)	RMSEA	NNFI	CFI	IFI
模型 1（baseline）	489.56	202		0.075	0.92	0.93	0.93
模型 2	487.76	201	1.80（1）	0.075	0.92	0.93	0.93
模型 3	489.45	201	0.11（1）	0.075	0.92	0.93	0.93
模型 4	489.56	201	0.00（1）	0.075	0.92	0.93	0.93
模型 5	487.80	201	1.76（1）	0.075	0.92	0.93	0.93
模型 6	489.52	201		0.075	0.92	0.93	0.93
模型 7	485.91	201		0.074	0.92	0.93	0.93
模型 8	520.08	202		0.078	0.91	0.92	0.92

注：表中，* 表示 $p<0.05$ [χ^2（1）= 3.84]，** 表示 $p<0.01$ [χ^2（1）= 6.63]，*** 表示 $p<0.001$ [χ^2（1）= 10.83]。

模型 2：在基线模型的基础上，增加变革型领导行为到财务绩效的直接路径。
模型 3：在基线模型的基础上，增加变革型领导行为到市场绩效的直接路径。
模型 4：在基线模型的基础上，增加交易型领导行为到财务绩效的直接路径。
模型 5：在基线模型的基础上，增加交易型领导行为到市场绩效的直接路径。
模型 6：在基线模型的基础上，增加变革型领导行为到利用式技术创新的直接路径。
模型 7：在基线模型的基础上，增加交易型领导行为到探索式技术创新的直接路径。
模型 8：在基线模型的基础上，删除探索式技术创新和利用式技术创新的中间路径，增加变革型和交易型领导行为到财务绩效、市场绩效的直接路径。

基线模型具有较好的拟合度，$RMSEA = 0.075$，小于 0.08 的门槛值，$NNFI = 0.92$，$CFI = 0.93$，$IFI = 0.93$，都大于 0.90。基线模型不一定是最佳拟合度的模型，为了检验其他可能存在的模型，我们采用模型嵌套（nested model）的方法来对模型的拟合度进行嵌套比较分析。在基线模型的基础上，通过增加变革型领导行为到财务绩效的直接影响路径构建了模型 2，从表中可以看出，模型 2 与基线模型之间并没有显著的差别（$\triangle\chi^2 = 1.80$，$p > 0.05$，ns），进一步比较两个模型的拟合指标，发现两者在拟合度上也没有变化（两个模型在如下指标上数值相同：$RMSEA = 0.075$，$NNFI = 0.92$，$CFI = 0.93$，$IFI = 0.93$），我们遵循简约原则接受基线模型；类似，通过基线模型与模型 3 的嵌套比较，我们发现两个模型没有显著的变化（$\triangle\chi^2 = 0.11$，$p > 0.05$，ns），拟合指标也完全相同，同样遵循简约原则接受基线模型；通过基线模型与模型 4 的嵌套比较后发现两个模型没有显著的变化（$\triangle\chi^2 = 0.00$，$p > 0.05$，ns），拟合指标也完全相同，我们同样接受基线模型；在将基线模型（模型 1）与模型 5 的嵌套比较后发现两个模型并没有显著的变化（$\triangle\chi^2 = 1.76$，$p > 0.05$，ns），拟合指标也相同，同样遵循简约原则我们接受基线模型。

为了检验是否有可能变革型领导行为通过利用式技术创新来影响财务绩效和市场绩效，我们构建了模型 6，然而模型 6 与模型 1 并不属于嵌套比较，非嵌套模型的比较一直以来在学术界备受争议，针对这种情况，我们根据 Yli-Renko（2001）的建议，并不通过嵌套比较来分析，而是通过模型的拟合指标来进行判断。通过比较模型 6 和模型 1，我们发现两者的拟合指标并没有发生变化，但是新增加的路径的影响系数并不显著（$T = 0.50$，$p > 0.05$），我们还是接受基线模型。类似，为了检验是否有可能交易型领导行为通过探索式技术创新来影响财务绩效和市场绩效，我们构建了模型 7，它与基线模型也不属于嵌套模型比较，通过比较两者的拟合指标，我们发现两者在拟合指标上并没有大的差异，但是新增加的路径影响系数并不显著（$T = -1.72$，$p > 0.05$），同样我们接受基线模型；最后，由于非中介模型与中介模型也不属于嵌套比较，我们比较模型8与基线模型的数据拟合度后发现，基线模型对于数据的拟合度优于模型8的拟合度，我们最终接受基线模型。这样，通过嵌套比较和模型拟合指标的综合比较分析，最终基线模型的拟合度最佳，从而，我们接受基线模型作为最终的验证模型。图7-1画出了具体的模型图和路径系数。

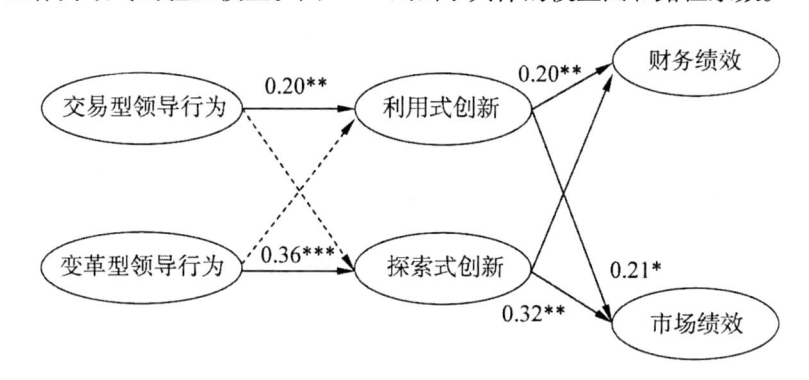

图7-1 经过验证的结构方程模型及路径系数

从图7-1中可以看出：交易型领导行为与利用式技术创新正相关①，其路径系数为 0.20^{**}（$p<0.01$）。变革型领导行为与探索式技术创新正相关，其路径系数为 0.36^{***}（$p<0.001$），但是变革型领导行为对利用式技术创新的路径系数并不显著（$p>0.05$），交易型领导行为对探索式技术创新的路径系数也不显著（$p>0.05$）。利用式技术创新与财务绩效、市场绩效都正相关，其路径系数分别为 0.20^{**}（$p<0.01$）和 0.21^{*}（$p<0.05$）。探索式技术创新与财务绩效、市场绩效也都正相关，其路径系数分别为 0.32^{***}（$p<0.001$）和 0.35^{**}（$p<0.01$）。财务绩效和市场绩效之间也存在显著的正相关关系（$r=0.30^{**}$，$p<0.01$）。

---

① 由于本文的数据属于横截面数据而不是纵贯数据，从统计方法上无法检验变量之间的因果影响关系，而只能从统计上检验出变量之间的相关关系。因此，虽然在本文的假设推演中我们从理论上可以论证变量间的因果影响关系，但是由于统计方法的局限性，在后续的实证检验论述中，我们不再使用影响关系或影响程度的说法，而是采用相关关系或相关程度的表达法。

结合结构方程模型的嵌套比较结果，以及整体模型之间的路径系数，我们发现：交易型领导行为与利用式技术创新正相关，但是其与探索式技术创新的相关关系并不显著；变革型领导行为与探索式技术创新正相关，但是其与利用式技术创新的相关关系也不显著，而利用式技术创新和探索式技术创新与财务绩效、市场绩效都具有显著的正相关关系。从而，在接下来的假设关系检验中，我们将分别检验交易型领导行为与利用式技术创新、财务和市场绩效之间的关系，变革型领导行为与探索式技术创新、财务和市场绩效之间的关系，以及利用式技术创新①是否在交易型领导行为与组织绩效（财务和市场）之间起着中介作用，探索式技术创新是否在变革型领导行为与组织绩效（财务和市场）之间承担中介作用。虽然近年来有学者尝试采用结构方程模型来检验中介效应，但是这一方法的科学性仍然存在争议。因此，本文仍然采用传统的多元线性回归方程来检验中介效应。

7.3　交易型、变革型领导行为与组织绩效的关系检验

本文运用多元线性回归方程（Hierachical Linear Regression）来进行假设关系的检验，统计软件采用 SPSS。多重共线性是指解释变量之间存在严重的线性相关，从而影响到回归方程的结果。最常用的多重共线性诊断方法是方差膨胀因子（VIF）。如果最大的 VIF 大于 10，表示多重共线性将严重影响最小二乘的估计值。通过对本文后面所有回归方程中将要进行的变量之间回归模型中的 VIF 的计算，模型中各个自变量的方差膨胀因子值介于 1.1～3.1 之间，从而表示

---

① 由于从结构方程模型检验中已经发现交易型领导行为与探索式技术创新之间的相关关系不显著，因此我们在中介作用中不再检验探索式技术创新在交易型领导行为与组织绩效（财务和市场）之间是否存在中介作用。同理，也在后续的检验中不再检验利用式技术创新在变革型领导行为与组织绩效（财务和市场）之间的中介作用。

这些变量之间不存在较强的多重共线性问题。

为了排除控制变量的影响,我们第一步先将本文的控制变量,如组织成立年限、组织规模、中庸思维等可能影响组织绩效的11个控制变量放入回归方程,发现在控制变量中组织规模与市场绩效正相关(模型 M1:$\beta = 0.19^{**}$),意味着随着组织规模地扩大,其市场绩效也会相应提高,但是组织规模与财务绩效的相关关系并不显著(模型 F1:$\beta = 0.08$,ns),这说明组织规模的扩大未必意味着其盈利水平也一定会提高,组织规模与其盈利水平并不存在相关关系。

首先,假设1a和假设1b分别假定CEO交易型领导行为与财务绩效、市场绩效之间存在正相关关系。从表7-4中可以看出,交易

表7-4 交易型领导行为、变革型领导行为与组织绩效关系的检验

		财务绩效				市场绩效			
		F1	F2a	F2b	F2c	M1	M2a	M2b	M2c
控制变量	组织规模	0.08	0.08	0.09	0.09	0.19**	0.19**	0.19**	0.19**
	所有制	0.01	0.02	-0.01	0.00	0.06	0.06	0.04	0.05
	研发强度	-0.10†	-0.09	-0.10	-0.10	-0.03	-0.03	-0.03	-0.03
	CEO教育水平	0.02	0.02	-0.01	-0.01	0.09	0.09	0.08	0.08
	中庸思维	0.09	0.01	-0.04	-0.06	0.10	0.05	0.02	0.01
自变量	交易型领导行为		0.17*		0.09		0.11†		0.06
	变革型领导行为			0.25***	0.21**			0.14*	0.12
	R^2	0.03	0.05	0.07*	0.08*	0.06	0.07*	0.07*	0.08*
	$\triangle R^2$	0.03	0.02*	0.04***	0.05**	0.06	0.01†	0.01*	0.02†
	F	0.76	1.24	1.80*	1.78*	1.67†	1.75†	1.90*	1.81*

注:† $p < 0.10$(双尾);* $p < .05$(双尾);** $p < 0.01$(双尾);*** $p < 0.001$(双尾)

型领导行为与财务绩效（模型 F2a: $\beta=0.17^*$, $\triangle R^2=0.02^*$）和市场绩效（模型 M2a: $\beta=0.11†$, $\triangle R^2=0.01†$）均具有显著的正相关关系，这说明 CEO 交易型领导行为有利于财务绩效和市场绩效的增长，从而假设 1a 和假设 1b 都得到了支持；

其次，假设 1c 和假设 1d 分别假定 CEO 变革型领导行为与财务绩效、市场绩效之间存在正相关关系。在表 7-4 中发现变革型领导行为与财务绩效（模型 F2b: $\beta=0.25^{***}$, $\triangle R^2=0.04^{***}$）、市场绩效（模型 M2b: $\beta=0.14^*$, $\triangle R^2=0.01^*$）均具有显著的正相关关系，从而假设 1c 和假设 1d 得到了支持；

最后，当我们将交易型领导行为和变革型领导行为"同时"放入回归方程中，以检验两种领导行为"共存"于一个领导者身上时是否能够提升组织绩效，这样做的目的有两个：一方面是与单独展现一种领导行为的领导者进行对比分析，另一方面也可以为后续的二元领导行为研究做铺垫。从表 7-4 中发现当将交易型和变革型领导行为"同时"放入回归模型时，模型发生了显著的变化（模型 F2c: $\triangle R^2=0.05^{**}$），这说明两种领导行为共存也能够提升财务绩效，并不会因为可能的相互冲突而降低绩效水平。但是在分析两种领导行为之间的作用动因时发现，交易型领导行为与财务绩效的相关系数由之前的显著变为不显著（由模型 F2b: $\beta=0.17^*$ 变为模型 F2c: $\beta=0.09$, ns），变革型领导行为与财务绩效的相关系数的显著性程度和系数值都有所下降（由模型 F2b: $\beta=0.25^{***}$ 降为模型 F2c: $\beta=0.21^{**}$），这说明当领导者同时展现两种领导行为也可以提升财务绩效，但是这主要来自于变革型领导行为的"贡献"，而不是交易型领导行为的作用。

同样，当我们将交易型和变革型领导行为"同时"放入回归方程来检验其与市场绩效的关系时，发现模型也发生了显著的变化（模型 M2c: $\triangle R^2=0.02†$），这说明两种领导行为"共存"时也可以提升市场绩效。进一步分析发现，交易型、变革型领导行为与市场绩效的相关系数都由之前的显著变为不显著（分别由模型 M2a: $\beta=$

0.11†变为模型 M2c: $\beta = 0.06$，ns；由模型 M2b: $\beta = 0.14^*$ 变为模型 M2c: $\beta = 0.12$，ns），这说明当领导者同时展现这两种领导行为来提升市场绩效时，变革型和交易型领导行为都单独无法起到提升作用，但是两种领导行为的协同配合却有利于市场绩效的提升，这也说明变革型和交易型领导行为之间可能存在协同互补效应而不是相互排斥作用，可能单独某种领导行为无法达到的效果，如果借助于另外一种领导行为的互补作用则可能实现更好的效果。

需要说明的是，在相关程度的比较分析上，我们采用 $\triangle R^2$ 而不是 R^2 是因为 R^2 反映的是包括控制变量和自变量的"综合"影响效应，而 $\triangle R^2$ 则反映了在排除了控制变量影响的基础上，自变量对因变量的"纯"影响效应，这样采用 $\triangle R^2$ 更有利于变量间相关程度的比较。

7.4 利用式技术创新、探索式技术创新与组织绩效间的倒 U 型关系检验

对于利用式技术创新、探索式技术创新与组织绩效之间的倒 U 型关系检验，按照国际上的一般做法（Brown et al, 2003；McFadyen et al, 2004；Katz-Navon et al, 2005），第一步先做因变量对自变量的回归，第二步做因变量对自变量平方的回归，如果自变量的平方对因变量的影响显著，则说明两个变量之间存在倒 U 型关系。

首先，假设 2a 和假设 2b 分别假定利用式技术创新与财务绩效、市场绩效存在倒 U 型关系。从表 7-5 中可以看出，在第二步中，利用式技术创新与财务绩效（模型 F2a: $\beta = 0.18^{**}$，$\triangle R^2 = 0.03^{**}$）、市场绩效（模型 M2a: $\beta = 0.22^{***}$，$\triangle R^2 = 0.05^{***}$）之间均具有显著的正相关关系；在第三步中，当将利用式技术创新的平方引入回归方程后，发现利用式技术创新的平方与财务绩效（F3a: $\beta = -0.10†$，$\triangle R^2 = 0.01†$）具有显著的负相关关系，而其与市场绩效

表7-5 利用式技术创新、探索式技术创新与组织绩效之间倒U型关系的检验

变量类型		F1	F2a	F2b	F2c	F3a	F3b	M1	M2a	M2b	M2c	M3a	
控制变量	组织规模	0.08	0.06	0.06	0.05	0.06	0.06	0.19**	0.17*	0.17*	0.16	0.17*	0.17*
	所有制	0.01	0.03	0.02	0.03	0.03	0.01	0.06	0.07	0.06	0.07	0.07	0.05
	研发强度	−0.10	−0.10	−0.12	−0.12	−0.10	−0.14	−0.03	−0.03	−0.05	−0.05	−0.03	−0.06
	CEO教育水平	0.02	0.03	0.05	0.06	0.02	0.05	0.09	0.10†	0.12*	0.13	0.10†	0.12*
	中庸思维	0.09	0.06	0.03	0.01	0.06	0.00	0.10	0.06	0.04	0.02	0.06	0.03
自变量	利用式技术创新		0.18**	0.23***	0.15**				0.22***	0.22***	0.19***	0.22***	0.23***
	探索式技术创新				0.21***	0.19***	0.28***				0.19***		
	利用式技术创新 平方					−0.10†						−0.05	
	探索式技术创新 平方						−0.14*						0.04
	R^2	0.03	0.06	0.08*	0.10**	0.07†	0.09**	0.06†	0.11***	0.10***	0.14***	0.11***	0.10**
	$\triangle R^2$	0.03	0.03*	0.05***	0.07***	0.01†	0.02*	0.06†	0.05***	0.05***	0.08***	0.00	0.00
	F	0.76	1.53	1.95*	2.36**	1.65†	2.22**	1.67†	2.87**	2.71**	3.44***	2.64**	2.52**

注：†$p < 0.10$（双尾）；*$p < .05$（双尾）；**$p < 0.01$（双尾）；***$p < 0.001$（双尾）

（M3a: $\beta = -0.05$，$\triangle R^2 = 0.00$，ns）的相关关系并不显著，这说明过多的利用式技术创新会带来财务绩效的降低，即利用式技术创新与财务绩效之间存在倒 U 型关系，但是其与市场绩效之间却不存在倒 U 型关系，而只存在线性正相关关系，从而假设 2a 得到了支持，假设 2b 没有得到支持。

其次，假设 2c 和假设 2d 分别假定探索式技术创新与财务绩效、市场绩效存在倒 U 型关系。从表 7-5 中可以看出，在第二步中，探索式技术创新与财务绩效模型 F2b:（$\beta = 0.23^{**}$，$\triangle R^2 = 0.05^{***}$）、市场绩效（模型 M2b: $\beta = 0.22^{***}$，$\triangle R^2 = 0.05^{***}$）间均具有显著的正相关关系；在第三步中，当将探索式技术创新的平方引入回归方程后，发现探索式技术创新的平方与财务绩效（F3b: $\beta = -0.14^*$，$\triangle R^2 = 0.02^*$）具有显著的负相关关系，而其与市场绩效（M3b: $\beta = -0.04$，$\triangle R^2 = 0.00$，ns）之间的相关关系则不显著，这说明过多的探索式技术创新会降低财务绩效水平，但是却不会带来市场绩效水平的下降，即探索式技术创新与财务绩效之间呈倒 U 型关系，但是其与市场绩效之间并不存在倒 U 型关系，而只存在线性正相关关系。从而假设 2c 得到了支持，假设 2d 没有得到支持。为了完整表现利用式技术创新、探索式技术创新与财务绩效之间的倒 U 型关系，图 7-2、图 7-3 画出了具体的图形，从图中可以看出，

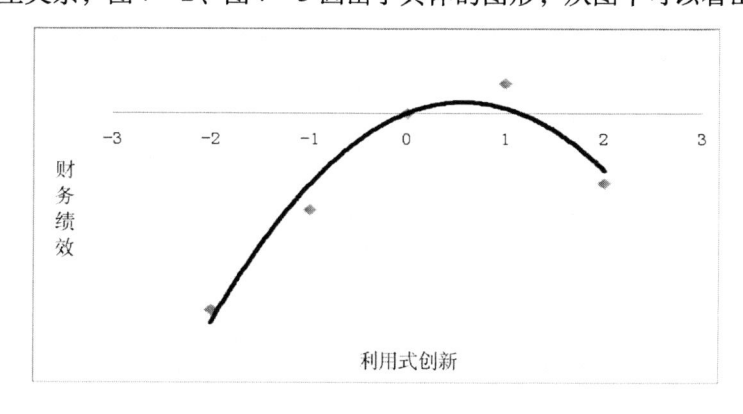

图 7-2 利用式技术创新与财务绩效之间的倒 U 型关系图

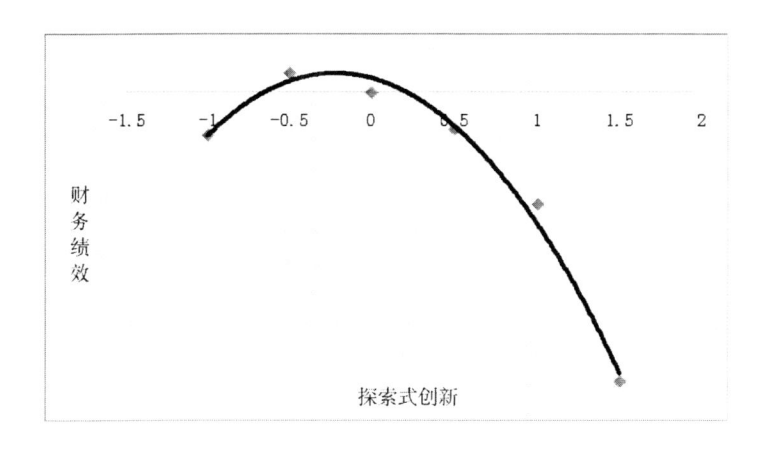

图7-3　探索式技术创新与财务绩效之间的倒 U 型关系图

探索式技术创新、利用式技术创新与财务绩效之间呈倒 U 型形状，进一步印证了统计验证结果。

最后，作为一种事后分析，我们想了解企业同时从事探索式技术创新和利用式技术创新是否也能够提升财务绩效和市场绩效，以便为后续的协同式技术创新研究提供铺垫。从表 7-5 中可以看出，当我们将利用式技术创新和探索式技术创新"同时"放入回归方程后发现，模型发生了显著的变化（模型 F2c：$\triangle R^2 = 0.07^{***}$），这说明企业同时从事探索式技术创新和利用式技术创新也能够提升财务绩效。但是进一步分析发现，相对于模型 F2a 和模型 F2b 中利用式技术创新、探索式技术创新与财务绩效之间的相关关系，新的模型中利用式技术创新与财务绩效的相关系数有所下降（由模型 F2a：$\beta = 0.18^{**}$ 降为模型 F2c：$\beta = 0.15^{**}$），探索式技术创新与财务绩效的相关系数也有所下降（由模型 F2b：$\beta = 0.23^{***}$ 降为模型 F2c：$\beta = 0.21^{***}$），这说明企业同时采取探索式和利用式技术创新可以提升财务绩效，并且两种创新方式都可以提升财务绩效。

同样，当我们将利用式技术创新和探索式技术创新同时放入回归方程来检验其与市场绩效的关系时，发现模型发生了显著的变化（模型 M2c：$\triangle R^2 = 0.08^{***}$），这说明企业同时从事两种不同类型的技术创新也并不会降低市场绩效。进一步分析发现，相对于模型 M2a 和模型 M2b 中利用式技术创新、探索式技术创新与财务绩效之间的相关关系，新的模型中利用式技术创新与市场绩效的相关系数有所下降（由模型 M2a: $\beta=0.22^{***}$ 降为模型 M2c: $\beta=0.19^{***}$），探索式技术创新与市场绩效的相关系数和显著性都有所下降（由模型 M2b: $\beta=0.22^{***}$ 降为模型 M2c: $\beta=0.19^{**}$），这说明当企业同时从事两种不同类型的创新，即探索式和利用式技术创新也可以提高市场绩效，并且这两种创新方式都可以提升市场绩效。

7.5 利用式、探索式技术创新在 CEO 领导行为与组织绩效间的中介作用检验

由于本文的概念模型是一个带有中介的调节效应（mediated moderation）模型，即调节变量、调节自变量和中介变量之间的关系，并通过中介效应影响到结果变量。针对这一模型，目前学术界实证文章的大部分统计做法是：按照传统的方法，将中介效应和调节效应分开来做，通常是先做中介变量在自变量与因变量之间的中介效应，然后分开再做调节变量在自变量与中介变量之间的调节效应。关于中介效应的检验，Baron & Kenny（1986）提出的中介效应检验程序包括以下三个步骤：第一步，首先做因变量对自变量的回归，检验自变量与因变量的相关系数是否显著，如果显著则继续进行下一步，如果不显著则停止检验；第二步，做中介变量对自变量的回归，检验自变量与中介变量的相关系数是否显著；第三步，当将中介变量放入回归方程后检验自变量与因变量的相关系数是否仍显著，如果不显著则说明存在完全中介效应，如果显著但是系数有所下降则说明存在部分中介效应（Juddy & Kenny，1981）。

从表 7-5 的检验结果可以看出，探索式技术创新和利用式技术创新与财务绩效之间存在倒 U 型关系，而不是普通的线性关系，而

目前国际上和实证研究中还没有成熟的关于这个模型的检验方法，这样，在检验其中介效应的过程中，其中介变量严格来说不是探索式技术创新和利用式技术创新，而是探索式技术创新的平方和利用式技术创新的平方在承担中介变量。并且由于本文假设他们在CEO领导行为与财务绩效之间只承担部分中介的作用，这样，CEO的领导行为与财务绩效之间仍然存在线性的相关关系，所以我们仍然可以按照传统的中介效应检验程序来进行验证，唯一不同的是，在第三步中，除了需要将探索式技术创新和利用式技术创新带入回归方程后，还需要在其基础上将他们的平方引入回归方程后，来检验此后CEO变革型和交易型领导行为与财务绩效之间的相关系数是否依然显著或者下降。表7-5的检验结果还表明，探索式技术创新和利用式技术创新与市场绩效之间并不存在倒U型关系，而只存在线性相关关系，因此，对于探索式技术创新、利用式技术创新与CEO领导行为与市场绩效之间的中介效应检验，我们仍然采用传统的检验方法。

结合之前结构方程模型的检验结果，由于变革型领导行为与利用式技术创新之间的相关关系并不显著，交易型领导行为与探索式技术创新之间的相关关系也不显著，所以，在接下来的中介效应检验中，我们验证以下两个中介效应：第一，利用式技术创新在交易型领导行为与组织绩效（财务和市场）之间的中介作用；第二，探索式技术创新在变革型领导行为与组织绩效（财务和市场）之间的中介作用。

首先，假设3a假定利用式技术创新在CEO交易型领导行为与财务绩效之间承担部分中介的作用。按照中介效应检验步骤，从表7-6中可以看出，交易型领导行为与财务绩效之间具有显著的正相关关系（模型F2a: $\beta=0.17^{**}$），从而符合中介效应检验程序第一步的要求。也发现其与利用式技术创新之间也具有显著的正相关关系（模型E2a: $\beta=0.13\dagger$），也符合检验程序第二步的要求。当将中介变量利用式技术创新带入回归方程后，发现利用式技术创新与财务绩效

表7-6 利用式技术创新在交易型领导行为与组织绩效之间的中介效应检验

		利用式技术创新		财务绩效				市场绩效		
		E1a	E2a	F1a	F2a	F3a	F4a	M1a	M2a	M3a
控制变量	组织规模	0.07	0.07	0.08	0.08	0.07	0.07	0.19**	0.19**	0.17*
	所有制	-0.08	-0.08	0.01	0.02	0.03	0.04	0.06	0.06	0.07
	研发强度	0.00	0.01	-0.10	-0.09	-0.10	-0.09	-0.03	-0.03	-0.03
	教育水平	-0.05	-0.06	0.02	0.02	0.03	0.02	0.09	0.09	0.10†
	中庸思维	0.14*	0.09	0.09	0.01	-0.01	-0.01	0.10	0.05	0.03
自变量	交易型领导		0.13†		0.17**	0.15*	0.14*		0.11†	0.08
中介变量	利用式创新					0.17**	0.18**			0.21***
	利用式创新的平方						-0.10†			
	R^2	0.05	0.06	0.03	0.05	0.08*	0.09*	0.06	0.07†	0.11***
	$\triangle R^2$	0.05	0.01†	0.03	0.02**	0.03**	0.01†	0.06	0.01†	0.04***
	F	1.23	1.44	0.76	1.26	1.83*	1.88*	1.67†	1.75†	2.71***

注：† $p < 0.10$（双尾）；* $p < .05$（双尾）；** $p < 0.01$（双尾）；*** $p < 0.001$（双尾）

之间呈显著的正相关关系（模型 F3a: $\beta = 0.17^{**}$），并且，利用式技术创新的平方与财务绩效之间也呈显著的正相关关系（模型 F4a: $\beta = -0.10^{\dagger}$)，而交易型领导行为与财务绩效的相关程度有所下降（由模型 F2a: $\beta = 0.17^{**}$ 降低为模型 F4a: $\beta = 0.14^{*}$），系数和显著性程度都有所下降，这说明利用式技术创新在交易型领导行为与财务绩效之间只承担部分中介的作用，从而假设 3a 得到了支持；

其次，假设 3b 假定利用式技术创新在 CEO 交易型领导行为与市场绩效之间承担部分中介的作用。从表 7-5 的检验结果可以看出，利用式技术创新与市场绩效之间并不存在倒 U 型关系，而只存在线性相关关系，这样，在中介效应的检验过程中，我们仍然按照传统的检验程序，以利用式技术创新，而不是它的平方作为中介变量来检验了。从表 7-6 中可以看出，交易型领导行为与市场绩效之间也具有显著的正相关关系（模型 M2a: $\beta = 0.11^{\dagger}$），符合中介效应检验程序第一步的要求。其与利用式技术创新也具有显著的正相关关系（模型 E2a: $\beta = 0.13^{\dagger}$），也符合中介效应检验程序第二步的要求。当将中介变量利用式技术创新引入回归方程后，发现利用式技术创新与市场绩效之间具有显著的正相关关系（模型 M3a: $\beta = 0.21^{***}$），而交易型领导行为与市场绩效间的相关程度由显著变为不显著（由模型 M2a 的 $\beta = 0.11^{\dagger}$ 变为模型 M3a 的 $\beta = 0.08$, ns），这说明利用式创新在交易型领导行为与市场绩效之间承担完全中介的作用，从而假设 3b 只得到部分支持；

再次，假设 3c 假定探索式技术创新在变革型领导行为与财务绩效之间承担部分中介的作用。从表 7-7 中可以看出，变革型领导行为与财务绩效之间具有显著的正相关关系（模型 F2b: $\beta = 0.25^{***}$），从而符合中介效应检验程序第一步的要求。同时也发现其与探索式技术创新之间也具有显著的正相关关系（模型 E2b: $\beta = 0.29^{***}$），符合中介效应检验程序第二步的要求。当将中介变量探索式技术创新引入回归方程后，发现探索式技术创新与财务绩效之间也具有显

表7-7 探索式技术创新在变革型领导行为与组织绩效之间的中介效应检验

		利用式技术创新		财务绩效				市场绩效		
		E1a	E2a	F1a	F2a	F3a	F4a	M1a	M2a	M3a
控制变量	组织规模	0.09	0.10	0.08	0.09	0.07	0.07	0.19**	0.19**	0.17*
	所有制	-0.01	-0.03	0.01	-0.01	0.00	0.01	0.06	0.06	0.07
	研发强度	0.08	0.08	-0.10†	-0.10	-0.12†	-0.13*	-0.03	-0.03	-0.03
	教育水平	-0.13*	-0.17**	0.02	-0.01	0.02	0.02	0.09	0.09	0.10†
	中庸思维	0.26***	0.12†	0.09	-0.04	-0.06	-0.07	0.10	0.05	0.03
自变量	变革型领导		0.29***		0.25***	0.19**	0.17*		0.14*	0.09
中介变量	探索式创新					0.17**	0.23**			0.20***
	探索式创新的平方						-0.11†			
	R^2	0.10***	0.16***	0.03	0.05	0.08*	0.11**	0.06	0.07*	0.11**
	$\triangle R^2$	0.10***	0.06***	0.03	0.02**	0.03**	0.01†	0.06	0.01*	0.03***
	F	2.98***	4.49***	0.76	1.26	1.83*	2.51**	1.67†	1.90*	2.62**

注：†$p < 0.10$（双尾）；*$p < 0.05$（双尾）；**$p < 0.01$（双尾）；***$p < 0.001$（双尾）

著的正相关关系（模型F3b:$\beta = 0.19^{**}$），并且，探索式技术创新的平方与财务绩效之间也具有显著的相关关系（模型F4b:$\beta = -0.11^†$），而变革型领导行为与财务绩效之间的相关程度有所下降（由模型

F2b:$\beta=0.25^{***}$降低为模型F4b:$\beta=0.17^{*}$),系数和显著性程度都有所降低,这说明探索式技术创新在变革型领导行为与财务绩效之间只承担部分中介的作用,从而假设3c得到了支持;

最后,假设3d假定探索式技术创新在变革型领导行为与市场绩效之间承担部分中介的作用。同理,从表7-5的检验结果可以看出,探索式技术创新在市场绩效之间并不存在倒U型关系,而只存在线性相关关系,这样我们将探索式技术创新,而不是它的平方作为中介变量来检验。从表7-7中可以发现,变革型领导行为与市场绩效之间具有显著的正相关关系(模型M2b:$\beta=0.14^{*}$),符合中介效应检验程序第一步的要求。其与探索式技术创新也具有显著的正相关关系(模型E2b:$\beta=0.29^{***}$),也符合检验程序的第二步要求。当将中介变量探索式技术创新引入回归方程后,发现探索式技术创新与市场绩效之间也具有显著的正相关关系(模型M3b:$\beta=0.20^{***}$),变革型领导行为与市场绩效间的相关程度则由显著变为不显著(由模型M2b的$\beta=0.14^{*}$降低为模型M3b的$\beta=0.09$,ns),这说明探索式技术创新在变革型领导行为与市场绩效之间承担完全中介的作用,从而假设3d得到了部分支持。

7.6 环境动态性与竞争性在CEO领导行为与技术创新之间的调节作用检验

假设4a假定在环境竞争性高而环境动态性低的外部环境中,CEO交易型领导行为会增强对利用式技术创新的正向影响程度。在统计方法上,也就是检验交易型领导行为、环境动态性和环境竞争性的三维交互与利用式技术创新的关系。从表7-8中可以看出,在控制变量中,中庸思维与利用式技术创新存在显著的正相关关系(模型E1a:$\beta=0.14^{*}$)。从自变量的影响来看,交易型领导行为与利用式技术创新之间具有显著的正相关关系(模型E2a:$\beta=0.13^{\dagger}$)。当将环境动态性和环境竞争性带入回归方程后发现,环境动态性与

表7-8 交易型/变革型领导行为、环境动态性和环境竞争性的三维交互与技术创新的关系

		利用式技术创新					探索式技术创新				
		E1a	E2a	E3a	E4a	E5a	E1b	E2b	E3b	E4b	E5b
控制变量	组织规模	0.07	0.07	0.09	0.11	0.11	0.09	0.10	0.11†	0.11†	0.14*
	所有制	0.08	-0.08	-0.09	-0.09	-0.09	-0.01	-0.03	-0.03	-0.03	-0.04
	研发强度	-0.00	0.01	0.02	0.01	0.02	0.08	0.08	0.06	0.05	0.07
	CEO教育水平	-0.05	-0.06	-0.04	-0.01	-0.01	-0.13*	-0.17**	-0.17**	-0.17**	-0.18**
	中庸思维	0.14*	0.09	0.08	0.08	0.08	0.26***	0.12†	0.13†	0.11†	0.11†
自变量	交易型领导行为		0.13†	0.14*	0.09	0.07					
	变革型领导行为							0.29***	0.27***	0.29***	0.27***
调节变量效应	环境动态性			0.02	0.03	0.03			0.14*	0.19***	0.19***
	环境竞争性			0.18**	0.23***	0.25***			0.01	-0.01	0.01
	交易型×动态性				0.03	0.01					
	交易型×竞争性				0.18**	0.17*					
	动态性×竞争性				-0.03	-0.03				-0.05	-0.04
	交易型×动态性×竞争性					0.08					
	变革型×动态性									0.16**	0.15**
	变革型×竞争性									-0.05	-0.04
	动态性×竞争性									0.04	0.07
	变革型×动态性×竞争性										0.17**
	R^2	0.05	0.06	0.09*	0.12*	0.12**	0.10***	0.16***	0.18***	0.21***	0.24***
	$\triangle R^2$	0.05	0.01†	0.03**	0.03*	0.01	0.10***	0.06**	0.02*	0.03*	0.03**
	F	1.23	1.44	1.97*	2.13**	2.10**	2.98***	4.49***	4.39***	4.30***	4.74***

注：†$p<0.10$（双尾）；*$p<.05$（双尾）；**$p<0.01$（双尾）；***$p<0.001$（双尾）

利用式技术创新的相关关系并不显著（模型 E3a: $\beta = 0.02$，ns），而环境竞争性与利用式技术创新之间存在显著的正相关关系（模型 E3a: $\beta = 0.18^{**}$）。从二维交互效应中可以看出，交易型领导行为与环境竞争性的二维交互项与利用式技术创新之间具有显著的正相关关系模型（模型 E4a: $\beta = 0.18^{**}$），但是其与环境竞争性的二维交互项与利用式技术创新的相关关系并不显著（模型 E4a: $\beta = 0.03$，ns）。最后，从三维交互效应中可以看出，交易型领导行为、环境动态性和环境竞争性的三维交互项与利用式技术创新的相关关系并不显著（E5a: $\beta = 0.08$，ns，$\triangle R^2 = 0.01$，ns），从而假设4a没有得到支持。

假设4b假定在环境动态性高而环境竞争性低的外部环境中，CEO变革型领导行为会增强对探索式技术创新的正向影响程度。在统计方法上，也就是检验变革型领导行为、环境动态性和环境竞争性的三维交互与探索式技术创新的关系。从表7-8中可以看出，在控制变量中，CEO教育水平与探索式技术创新之间呈显著的负相关关系（模型 E1b: $\beta = -0.13^{*}$），这说明CEO的教育水平越高，越不利于探索式技术创新水平的提高，这与西方已有的研究结论正好相反，一种可能的解释是所受教育程度越高，CEO考虑问题的认知复杂性程度也越高，过高的认知复杂性会妨碍一些风险性高的新方案的选择和实施，而教育程度较低的领导者在决策过程中所受到的认知束缚则较少，更能够承担风险而进行力度较大的创新。同样，中庸思维与探索式技术创新之间也具有显著的正相关关系（模型 E1b: $\beta = 0.26^{***}$）。从自变量来看，变革型领导行为与探索式技术创新之间具有显著的正相关关系（模型 E2b: $\beta = 0.29^{***}$），这说明CEO展示变革型领导行为有利于企业探索式技术创新水平的提高；当将环境动态性和环境竞争性放入回归方程后发现，环境动态性与探索式技术创新之间具有显著的正相关关系（模型 E3b: $\beta = 0.14^{*}$），而环境竞争性与探索式技术创新的相关关系并不显著（模型 E3b: $\beta = 0.01$，ns）；从二维交互效应中可以看出，变革型领导行为与环境动态性的交互项与探索式技术创新之间呈显著的正相关关系（模型 E4b: $\beta = 0.16^{**}$），这说明在不考虑环境竞争性的情境下，环境动态性能够增强变革型领导行为对探索式技术创新的相关程度。但是变革型领导行为与环境竞争性的交互项与探索式技术创新的相关关系并不显著（模型 E4b: $\beta = -0.05$，ns）；最后一步放入变革型领导行为、环境动态性和环境竞争性的三维交互项，发现其三维交互项与探索式技术创新之间具有显著的正相关关系（模型 E5b: $\beta = 0.17^{**}$，$\triangle R^2 = 0.03^{**}$）。为了更清晰的看出三维交互的影响关系，我们画出了具体的交互效果图。由于自变量与调节变量都是连续变量，我们遵循 Aiken & West（1991）所建议的方法，以高于和低于自变量一个标准差来代表高水平和低水平的环境动态性和竞争性。从图 7-4 中可以清楚地看出，在环境动态性高而竞争性低的外部环境中，变革型领导行为能够增强对探索式技术创新的影响程度，从而假设 4b 得到了实证支持。

但是从图 7-4 中还可以发现，在环境动态性高且竞争性也高的外部环境中，变革型领导行为对探索式技术创新的影响程度最大，

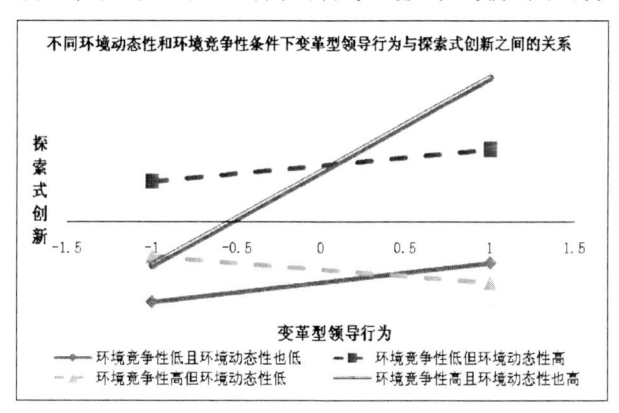

图 7-4　不同环境动态性和竞争性条件下变革型领导行为与探索式技术创新的关系图

这可能是由于动态性和竞争性都高的外部环境给企业带来了矛盾的需求从而创造了一种极度危机的情境，而之前的研究结论表明，情境中的危机程度越高越容易催生变革型领导者的涌现。而在环境竞争性高但动态性低的情境中，变革型领导行为与探索式技术创新负相关。一个额外的发现在于，在环境动态性和竞争性都低的情境中，

变革型领导行为与探索式技术创新也呈正相关关系。根据变革型领导理论，危机的情境是变革型领导者涌现的必要条件，这是基于环境决定主义（environment determinism）的研究视角。但是根据战略选择（strategy choice）视角，组织的高层领导者可以通过采取适当的战略来学习和管理所面临的环境。我们认为变革型领导者并不只是在动态性和竞争性高的危机情境下"被迫"通过变革和创新来带领组织摆脱危机，同时，当组织处于动态性和竞争性都低的极度不危机的情境中，变革型领导者也会"主动"创造某种危机来克服组织的惰性从而实现路径突破，采用风险和收益都较高的探索式技术创新来实施组织变革，以在此过程中塑造和增强自身的领导魅力，我们将前一种变革型领导者叫做"危机诱始"型领导者，后一种革型领导者称作"危机创造"型领导者。因此，危机只是变革型领导者涌现的一个必要条件。

正如在本章7.5节所指出的，本文的概念模型是一个带中介的调节效应模型。近年来有学者提出，在这种模型中，除了调节变量会影响自变量和中介变量之间的关系外，还会通过中介变量来影响到自变量与因变量之间的关系（Muller et al, 2005；温忠麟等, 2006；Lam et al, 2007）。所以，本节不仅要检验 CEO 领导行为、环境动态性和环境竞争性的三维交互与技术创新之间的关系，还需要探讨其三维交互与组织绩效之间的关系。由于在表7-8已经表明交易型领导行为、环境动态性和环境竞争性的三维交互与利用式技术创新之间的相关关系并不显著（$\beta = 0.08$, ns），这说明其三维交互不能通过利用式技术创新来影响到组织绩效，因此，我们就不再检验交易型领导行为、环境动态性和环境竞争性的三维交互与组织绩效之间的关系。而由于变革型领导行为、环境动态性和环境竞争性的三维交互与探索式技术创新存在显著的正相关关系，他们可能通过探索式技术创新来影响到组织绩效。这样，在接下来的检验中，我们主要验证变革型领导行为、环境动态性和环境竞争性的三维交互与财务绩效、市场绩效之间的关系。

从表7-9中可以看出，变革型领导行为、环境动态性和环境竞

表7-9 交易型/变革型领导行为、环境动态性和环境竞争性的三维交互与组织绩效的关系

		财务绩效					市场绩效				
		F1	F2	F3	F4	F5	M1	M2	M3	M4	M5
(控制变量)	组织规模	0.08	0.09	0.11	0.11	0.13	0.19**	0.19**	0.21**	0.21**	0.24**
	所有制	0.01	-0.01	-0.02	-0.02	-0.03	0.06	0.04	0.03	0.04	0.02
	研发强度	-0.10	-0.10	-0.10	-0.10	-0.09	-0.03	-0.03	-0.04	-0.04	-0.03
	CEO教育水平	0.02	-0.01	0.01	0.02	0.01	0.09	0.08	0.09	0.10	0.08
	中庸思维	0.09	-0.04	-0.03	-0.04	-0.04	0.10	0.02	0.03	0.01	0.01
(自变量)	变革型领导		0.25***	0.24***	0.26***	0.24***		0.14*	0.14*	0.16**	0.14*
(调节变量/效应)	环境动态性			0.11†	0.12*	0.12*			0.12	0.16**	0.16**
	环境竞争性			0.21**	0.21***	0.22***			0.16**	0.14**	0.16**
	变革型×动态性				0.10†	0.10				0.15**	0.14*
	变革型×竞争性				0.02	0.03				0.00	0.02
	动态性×竞争性				-0.07	-0.05				0.01	0.03
	变革型×动态性×竞争性					0.15**					0.18**
	R^2	0.03	0.07*	0.13***	0.14**	0.16***	0.06†	0.07*	0.12**	0.14**	0.17***
	ΔR^2	0.03	0.04***	0.06***	0.01	0.02**	0.06†	0.01	0.04**	0.02†	0.03**
	F	0.76	1.80*	2.98***	2.66***	2.96***	1.67†	1.90*	2.63***	2.59**	3.08***

注：† $p < 0.10$（双尾）；* $p < .05$（双尾）；** $p < 0.01$（双尾）；*** $p < 0.001$（双尾）

争性的三维交互项与财务绩效之间具有显著的正相关关系（模型F5: $\beta = 0.15^{**}$），其三维交互与市场绩效之间也具有显著的正相关关系（模型M5: $\beta = 0.18^{**}$）。为了更清晰的看出三维交互的影响关系，我们也遵循 Aiken & West（1991）所建议的方法，以高于和低于自变量一个标准差来代表高水平和低水平的环境动态性和竞争性来画出了具体的交互效应图。从图7-5和图7-6中可以看出，在环境动态性高而竞争性低的条件下，变革型领导行为能够增强对财务绩效和市场绩效的影响程度。与图7-4类似，在环境动态性和竞争都高的条件下，变革型领导行为对财务绩效和市场绩效的影响程度最大，在动态性和竞争性程度都低的外部环境中，变革型领导行为与财务绩效、市场绩效也正相关，这进一步印证了之前所提出的"危机诱始"和"危机创造"型领导者的观点。在竞争性高而动态性低的外部环境中，变革型领导行为与财务绩效、市场绩效也呈负相关关系。在此不对数据做过多的讨论，详细的讨论以及与现有研究结果的比较参见本文的结果讨论章节。

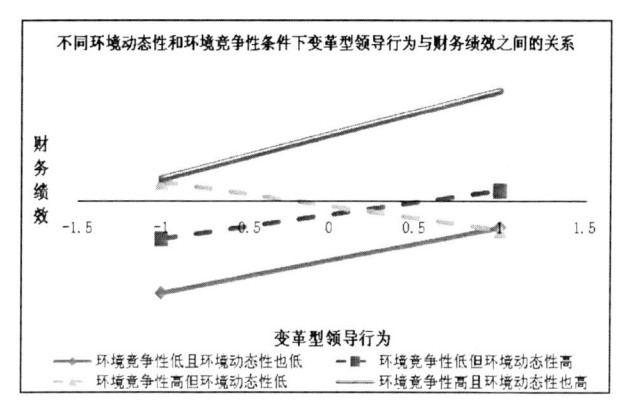

图7-5 不同环境动态性和竞争性条件下变革型领导行为与财务绩效之间的关系

不同环境动态性和环境竞争性条件下变革型领导行为与市场绩效之间的关系

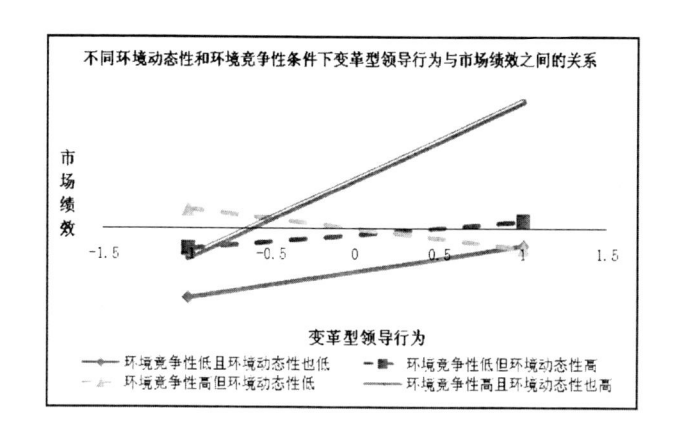

图 7-6 不同环境动态性和竞争性条件下变革型领导行为与市场绩效之间的关系

7.7 二元领导行为与组织绩效的关系

假设 5a 假设 5b 分别假定二元领导行为与财务绩效、市场绩效正相关。如前所述的操作性定义,我们以变革型领导行为与交易型领导行为的交互(|变革型×交易型|)表示二元领导行为。从表 7-10 中可以发现,二元领导行为与财务绩效之间的相关关系并不显著(模型 F2:$\beta = 0.10$,$\triangle R^2 = 0.01$,ns),但是与市场绩效之间具有显著的正相关关系(模型 M2:$\beta = 0.12^*$,$\triangle R^2 = 0.01^*$),这说明二元领导行为有利于市场绩效的提升。为了进一步看清二元领导行为(能同时表现高水平的变革型和交易型领导行为)与市场绩效之间的关系,我们画出了三维立体视图。从图 7-7 中可以看出,变革型领导行为和交易型领导行为的值都高的地方,其市场绩效也最高,从而进一步印证了本文的统计检验结果。从而假设 5a 没有得到支持,假设 5b 得到了支持。

表 7-10　二元领导行为与组织绩效之间关系的检验

		财务绩效		市场绩效	
		F1	F2	M1	M2
控制变量	组织规模	0.08	0.07	0.19**	0.18**
	所有制	0.01	0.02	0.06	0.07
	研发强度	-0.10†	-0.11†	-0.03	-0.04
	CEO教育水平	0.02	0.03	0.09	0.11†
	中庸思维	0.09	0.09	0.10	0.10
自变量	│变革型×交易型│		0.10		0.12*
R^2		0.03	0.04	0.06†	0.07*
$\triangle R^2$		0.03	0.01	0.06†	0.01*
F		0.76	0.91	1.67†	1.88*

注：† $p < 0.10$（双尾）；* $p < .05$（双尾）；** $p < 0.01$（双尾）；*** $p < 0.001$（双尾）

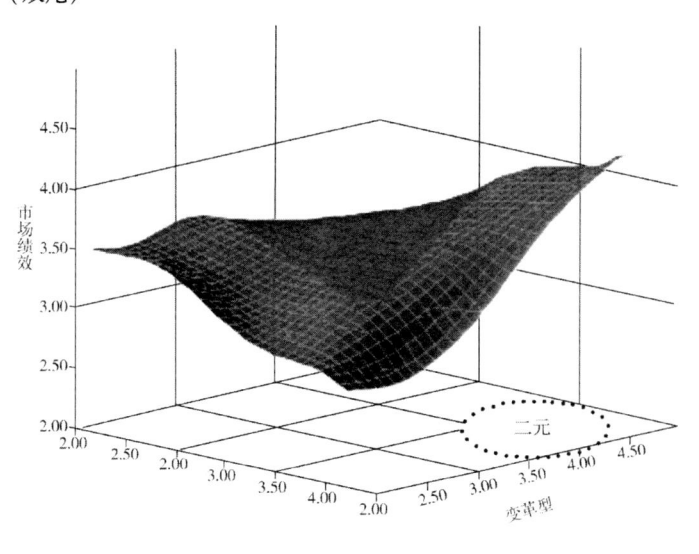

图 7-7　二元领导行为与组织绩效之间关系的立体视图

7.8 协同式技术创新与组织绩效的关系检验

假设6a和假设6b分别假定协同式技术创新（|探索式×利用式|）与财务绩效、市场绩效正相关。从表7-11的统计分析结果来看，

表7-11 协同式技术创新与组织绩效的关系检验

		财务绩效		市场绩效	
		F1	F2	M1	M2
控制变量	组织规模	0.08	0.08	0.19**	0.17*
	所有制	0.01	0.01	0.06	0.06
	研发强度	-0.10†	-0.10	-0.03	-0.03
	CEO教育水平	0.02	0.02	0.09	0.10†
	中庸思维	0.09	0.09	0.10	0.11†
自变量	|探索式×利用式|		-0.02		0.16**
R^2		0.03	0.03	0.06†	0.08*
$\triangle R^2$		0.03	0.00	0.06†	0.02**
F		0.76	0.70	1.67†	2.17*

注：† $p<0.10$（双尾）；* $p<.05$（双尾）；** $p<0.01$（双尾）；*** $p<0.001$（双尾）

协同式技术创新与财务绩效（模型F2：$\beta=-0.02$，ns；$\triangle R^2=0.00$，ns）的相关关系并不显著，这说明企业采用协同式技术创新对于财务绩效的增长并没有显著的作用。但是协同式技术创新与市场绩效（模型M2：$\beta=0.16**$，$\triangle R^2=0.02**$）却具有显著的正相关关系，从而假设6a没有得到支持，假设6b得到支持。为了进一步明晰协同式技术创新与市场绩效之间的关系，我们画出了三维立体视图。

从图 7-8 的立体视图的来看，同时从事高水平的探索式技术创新和利用式技术创新的企业（图中后部），其市场绩效是最高的。

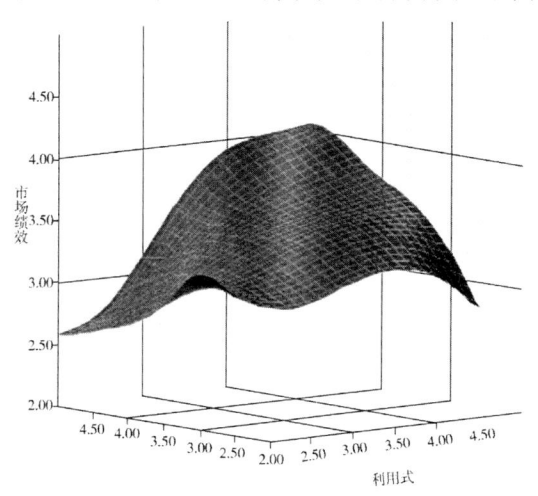

图 7-8　利用式技术创新、探索式技术创新与市场绩效之间关系的立体视图

7.9　协同式技术创新在二元领导行为与组织绩效间的中介作用检验

我们同样按照 Baron & Kenny（1986）的中介效应检验程序，第一步做因变量对自变量的回归；第二步，做中介变量对自变量的回归；第三步，当将中介变量放入回归方程后检验自变量对因变量的影响系数是否显著，如果不显著则说明存在完全中介效应，如果显著但是系数有所下降则说明存在部分中介效应（Juddy & Kenny，1981）。

假设 7 假定二元领导行为与协同式技术创新正相关，假设 8a 和假设 8b 分别假定协同式技术创新在二元领导行为与财务绩效、市场绩效之间承担中介作用。结合表 7-10 的检验结果，二元领导行为与财务绩效之间的相关关系并不显著，这已经不符合中介效应检验第一步的要求，据此可以判断，协同式技术创新在二元领导行为与财务绩效之间的中介作用并不存在，从而假设 8a 没有得到支持。从表 7-12 中可以看出，二元领导行为与市场绩效之间具有显著的正相关关系（模型 M2: $\beta = 0.15^*$），从而符合中介效应模型检验程序第一步的要求。同时，我们发现二元领导行为与协同式技术创新之间也具有显著的正相关关系（模型 A2: $\beta = 0.30^{***}$），从而符合中介效应检验的第二步的要求，至此可以得出假设 7 得到了支持。当将中介变量协同式技术创新放入回归方程后，发现其与市场绩效之间具有显著的正相关关系（模型 M3: $\beta = 0.13^*$），同时发现二元领导行为与市场绩效的相关系数由显著变为不显著（由模型 M2: $\beta = 0.15^*$ 变为模型 M3: $\beta = 0.08$），这说明协同式技术创新在二元领导行为与市场绩效之间承担完全中介的作用，从而假设 8b 得到了支持。

表 7-12 协同式技术创新在二元领导行为与市场绩效之间的中介效应

		|探索式×利用式|		市场绩效	
		A1	A2	M1	M2	M3
控制变量	组织规模	0.09	0.08	0.19**	0.18**	0.17*
	所有制	-0.04	-0.01	0.06	0.07	0.07
	研发强度	-0.04	-0.06	-0.03	-0.04	-0.03
	CEO 教育水平	-0.06	-0.02	0.09	0.11†	0.11†
	中庸思维	-0.09	-0.07	0.10	0.10†	0.11†
自变量	|变革型×交易型|		0.30***		0.15*	0.08
（中介变量）	|探索式×利用式|					0.13*
	R^2	0.04	0.12***	0.06†	0.07*	0.09*
	$\triangle R^2$	0.04	0.09***	0.06†	0.01*	0.02*
	F	0.96	3.28***	1.67†	1.88*	2.13*

注：† $p < 0.10$（双尾）；* $p < 0.05$（双尾）；** $p < 0.01$（双尾）；*** $p < 0.001$（双尾）

7.10 中庸思维与二元领导行为的关系

假设 9a 假定中庸思维与二元领导行为正相关，假设 9b 假定相对于非国有企业而言，在国有企业中，中庸思维会增强对二元领导行为的正向影响程度。从表 7-13 中可以看出，中庸思维与二元领导

表 7-13 所有制形式对中庸思维与二元领导行为之间关系的调节效应

		|变革型×交易型|		
		A1	A2	A3	A4
控制变量	组织规模	0.04	0.03	0.03	0.05
	研发强度	0.02	0.04	0.05	0.05
	CEO 教育水平	-0.13*	-0.12	-0.12	-0.13
自变量	中庸思维		-0.07	-0.07	-0.08
调节变量/效应	所有制			-0.10†	-0.10
	中庸思维×所有制				0.12*
	R^2	0.04	0.04	0.04	0.07†
	$\triangle R^2$	0.04	0.01	0.01†	0.01*
	F	1.19	1.21	1.39	1.65†

注：† $p < 0.10$（双尾）；* $p < .05$（双尾）；** $p < 0.01$（双尾）；*** $p < 0.001$（双尾）

行为的相关关系并不显著（模型 A2：$\beta = -0.07$，ns；$\triangle R^2 = 0.01$，ns），这说明中庸思维对于领导者同时驾驭高水平的领导角色的能力

并没有显著的作用，假设 9a 没有得到支持；从中庸思维与所有制的交互效应来看，中庸思维与所有制的交互项与二元领导行为之间却具有显著的正相关关系（模型 A4：$\beta = 0.12^*$，$\triangle R^2 = 0.01^*$），这说明所有制形式在中庸思维与二元领导行为之间起着正向调节效应，即两者之间的相关关系会因所有制形式的不同而发生变化。由于本文中的调节变量"所有制"属于虚拟变量（dummy），不能再按照 Aiken & West（1991）所建议的方法以高于和低于 1 个标准差来代表国有企业和国有企业来作图，因为虚拟变量只有两个数值，我们将其标准化后得到一正一负两个标准化值，分别是 2.08 和 -0.48，然后将这两个值带入回归方程来计算高于均值的点和低于均值的点并作图。图 7-9 画出了其具体的交互效应图，从图中可以看出，在国有企业中，中庸思维与二元领导行为正相关，从而假设 9b 得到了支持。

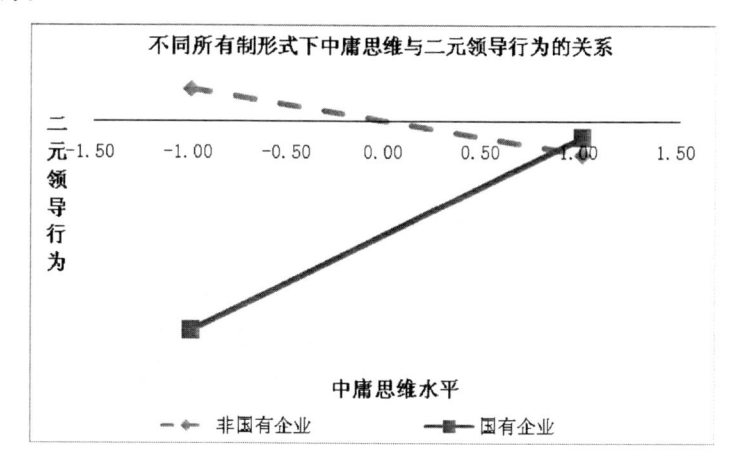

图 7-9 所有制形式对中庸思维与二元领导行为之间关系的调节效应图

第 8 章　研究结论与未来研究方向

8.1　结果讨论与研究结论

8.1.1　研究结果讨论

与基层和中层领导者的领导行为不同，高层领导者的领导方式会对整个企业的生存和发展产生重要的战略性影响，因此，作为企业的决策者和"舵手"的 CEO，一直以来都是战略管理、组织理论、领导理论的研究重点。本文从 CEO 的领导行为入手，借鉴近年来对理论和实践都具有重要影响的变革型和交易型领导行为理论，分析 CEO 展现这两种领导行为对技术创新和组织绩效的影响机制。通过对领导理论领域和技术创新领域的文献进行回顾可以发现，现有文献对 CEO 变革型和交易型领导行为与组织绩效的关系研究中，存在着相互矛盾和冲突的研究结论，并且对其中介影响机制缺乏具体且深入的探讨。而通过对技术创新领域文献的回顾可以发现，当前对协同式技术创新的研究忽略了领导行为的研究视角，在此基础上，本文从 CEO 的二元领导行为入手，分析其对协同式技术创新和组织绩效的影响关系，以期为协同式技术创新研究提供一个新的研究思路。

针对以上的研究缺口，本文在对研究问题没有明确答案和理论解释的情况下，通过对神华煤制油公司的案例分析，发现了在高层决策的制定和执行过程中，CEO采取完全不同的两种领导方式，并且在企业内部采取二元领导行为来保证愿景的设定和实施能够有机统一和衔接。在对基层员工的影响途径方面，CEO主要是通过领导网络实现社会信息的传递和知识的聚合，通过在日常行为和特殊事件中的模范表率行为产生的社会效仿效应来影响员工的认知和行为。从而，对案例的分析和归纳可以得出CEO领导行为影响组织绩效的两种途径：一种是通过高层决策，另一种是通过远距离领导。为了进一步探讨CEO交易型和变革型领导行为对组织绩效的影响机理，我们基于高层决策和远距离领导的双重视角对其中的影响过程进行了机理性分析和解释，对其机理的深入分析和把握是进行假设推演和概念模型提出的基础。

在假设推演过程中，我们同样基于高层决策和远距离领导的双重视角对CEO的交易型和变革型领导行为、利用式技术创新和探索式技术创新、财务绩效和市场绩效之间的关系进行了探讨并提出了相应的研究假设，为了弥补之前研究的不足，我们还同时考虑了具有相反压力的环境动态性和环境竞争性对其中关系的影响。此外，为了探讨协同式技术创新与二元领导行为、组织绩效之间的关联机制，我们也是从双重视角来探讨其中的影响机理，并提出了可资验证的研究假设。最后，作为对现有研究的进一步深化，我们还讨论了二元领导行为的形成前因。为了对以上的研究假设进行验证，我们收集了中国297家企业样本，采用多源数据收集的研究设计，通过由不同调研对象来填写不同变量问卷的方式以克服同源误差，对本文的假设关系进行了实证检验。在数据分析过程中发现了一些有意义的研究结果，这里需要做进一步的讨论和分析。

（1）CEO交易型领导行为、变革型领导行为与组织绩效之间的关系。

现有文献关于CEO的交易型和变革型领导行为与组织绩效之间

关系的研究基本上是基于西方成熟市场经济的情境，处于经济转型时期的中国情境下，鲜有学者运用实证研究的方法对该问题进行验证。并且从西方的文献回顾中可以看出，现有文献大多集中于对变革型领导行为与组织绩效之间关系的讨论和验证，对交易型领导行为与组织绩效之间关系的研究相对较少。本文同时考虑了 CEO 的变革型和交易型领导行为这两种重要的领导方式，通过实证检验后发现，与假设 1 一致，CEO 的交易型领导行为与财务绩效、市场绩效正相关，变革型领导行为与财务绩效和市场绩效也都正相关。这个研究结论与 Howell et al（1993，2005）、Geyer et al（1998）、Ensley et al（2006）、Menguc et al（2007）、Steyrer et al（2008）等学者的研究结论一致。

由于上述的验证是将变革型领导行为和交易型领导行为分开来检验的，而事实上两种领导行为也存在正相关关系。当这两种领导行为同时共存于一个领导者身上时是否也有利于组织绩效的提升？为了回答这个问题，也为了对后续的二元领导行为的研究提供铺垫，我们将变革型和交易型领导行为同时放入回归方程中以检验其"共存"时各自对组织绩效的影响情况。结果发现，在财务绩效影响方面，这两种领导行为共存时能够提升财务绩效，但是分析其内在动因时发现，财务绩效的提升主要来自于变革型领导行为的"贡献"，交易型领导行为的影响作用并不显著，这也深化了对后续二元领导行为的认识，因为在后续的二元领导行为研究时，我们只是将其作为一个完整的构念来分析其对技术创新和组织绩效的影响机制，而无法深入探析两种领导行为之间的相互作用机制，而该部分的验证结果则弥补了这个缺陷，与后续的二元领导行为的研究正好互补。

在市场绩效影响方面，变革型和交易型两种领导行为共存时也能够提升市场绩效，但是深入分析后发现，市场绩效的提升既不来自于变革型领导行为的"贡献"，也不来自于交易型领导行为的"贡献"，而是两种领导行为的联合贡献，这说明当一个领导者同时采用变革型和交易型领导行为时，能够获得市场绩效的提升，但这并不是因为某一种领导行为的作用，而是两种领导行为共同促进的作用，这说明他们之间可能存在相互的协同或互补效应。

需要说明的是，这里的两种领导行为"共存"与组织绩效之间关系的检验，与后续的二元领导行为与组织绩效间关系的检验并不重复，也不冲突。因为：第一，两种领导行为"共存"与组织绩效间关系的检验，是为了给后续的二元领导行为与组织绩效之间关系的检验提供铺垫；第二，两种领导行为"共存"只是二元领导行为的前提，两者的本质内涵并不相同。二元领导行为的实现除了需要两种领导行为共存于一个领导者之外，还需要领导者能够平衡两种行为的冲突和矛盾，能够实现两种行为的互补和放大效应。用一个简单的数学公式来表示两者的区别，两种领导行为共存时获得的是 $1+1=2$ 的产出效应，而二元领导行为则获得的是 $1+1>2$ 的产出效应。因此，两种领导行为的共存只是二元领导行为的前提，两者的本质内涵不相同，借此所得出的结论可能也并不完全一致。

（2）利用式技术创新、探索式技术创新与组织绩效之间的关系。

虽然之前的学者从理论上论述了探索式、利用式技术创新与组织绩效之间可能并不只是线性相关关系，而可能存在一种倒 U 型关系，但是鲜有学者对这一假设进行过实证验证。与本文的假设 2a 和假设 2c 一致，我们发现探索式技术创新、利用式技术创新与财务绩效之间存在倒 U 型关系，从而首次验证了两种创新方式与财务绩效之间并不只是存在线性相关关系，而是存在"过犹不及"的效应。但是，与假设 2b 和假设 2d 不一致的是，我们发现探索式、利用式技术创新与市场绩效的倒 U 型关系并不显著，而是存在显著的正的线性相关关系。本文认为以下三个原因可能对以上的差异做出解释：

第一，与财务绩效本质上反映企业的盈利能力不同，市场绩效反映的是企业的扩张和增长能力，表现为市场份额的扩大或者销售利润率的提高。能够带来市场绩效提升的因素并不一定能够带来财务绩效的提高，例如，企业通过并购或者联盟可以很快地带来市场份额的扩大和市场绩效的提高，但是往往要经过多年的整合之后才会盈利，因此，两种绩效指标内涵的不同导致了影响结果也可能会有所差异。

第二，财务绩效通常具有某种"硬性"增长上限，而市场绩效则通常具有"软性"增长上限。例如，对于大多数企业而言，其利润率通常都在某行业平均利润率一定的幅度内波动，波动的幅度相差不会太大。但是其市场占有率则没有这种限制，则扩张可能是呈几何指数在增长。并且，新市场是需要不断发现和挖掘的，即使现有市场已经饱和，可以进入另外一个市场来发现"蓝海"，或者在现有的市场基础上挖掘顾客的新需求，满足他们新的消费欲望，这样在市场绩效方面可能并不存在一个硬性的增长上限，存在一种可以"近似无限扩张"的趋势。

第三，由于本文的数据来自中国，也需要考虑中国市场的特点。中国的二元经济结构导致了企业之间竞争的主战场集中在一线城市之间，而对于二线城市或者有着九亿之多农民的农村市场则往往重视不够，仍然存在很大的市场潜力。例如，针对可口可乐公司在一线市场的主导地位，娃哈哈集团在农村市场推出了非常可乐，借此使得公司的市场份额也迅速扩大。因此，中国市场所蕴藏的巨大潜力，使得企业所推出的新技术、新产品可以寻找到更多的市场空间。

此外，与两种领导行为的"共存"与组织绩效的关系检验类似，我们还检验了探索式、利用式技术创新在企业中"共存"时对组织绩效的影响，发现其共存时也对财务绩效和市场绩效具有显著的正向影响，并且当两种类型的技术创新共存时，每种创新方式对财务和市场绩效都具有显著的正向影响。与二元领导行为与两种领导行为的共存的区别类似，协同式技术创新与两种类型的技术创新共存具有本质的区别。两种技术创新的共存只是协同式技术创新的必要条件，除此之外，还需要两种技术创新方式实现 $1+1>2$ 的互补和放大效应，才能称为协同式技术创新。

（3）利用式、探索式技术创新在 CEO 领导行为与组织绩效之间的中介作用。

之前对 CEO 变革型领导行为与组织绩效关系的研究中，出现了两种相冲突的理论观点，即一种观点认为 CEO 的变革型领导行为与组织绩效存在正相关关系，另一种认为两者的关系并不显著。这种理论观点的冲突与之前战略管理领域中高层领导者与组织绩效之间的冲突类似，例如以 Hannan et al（1977）为代表的种群生态学派的学者们认为，组织绩效很大程度上是受组织惯性力量的驱动，以及外部环境和很多其他因素的制约，是这些外部因素推动着组织的发展，CEO 或高层领导团队对组织绩效没有显著的影响。而后来以 Hambrick（1984）为代表的学者则认为，高层领导者可以通过战略选择和战略决策来影响组织绩效，高层领导者的年龄、性别、认知、从业经验等特征能够通过战略选择的方式来决定组织绩效。针对以上的理论冲突，Hambrick et al（1996）提出决策自主权的概念来调和两种冲突的观点，最后得出在决策自主权小的组织中，高层领导者受环境制约比较大，其本身对组织绩效的影响没有显著作用，而在决策自主权大的组织中，高层领导者则可以通过发挥决策自主权，选择适当的发展战略来提升组织绩效。

与之前关于高层领导者与组织绩效之间关系的理论冲突类似，CEO 的变革型领导行为与组织绩效之间也存在相互矛盾的研究结论。本文认为，造成这一冲突结论的原因在于现有文献忽略了对其中介机制的探讨，因为变革型领导行为与组织绩效之间的"关系链条太长"，可能需要借助中介变量才能得出令人信服的结论（Waldman et al，2004）。尽管之前有学者（Garcia-Morales et al，2007；Aragon-Cprrea et al，2007）尝试从技术创新的角度来研究其中介机制，但是并没有指出什么类型的技术创新可能起着中介作用，而目前的学术界更加注重对技术创新"类型"而不是整体构念的研究。本文进一步深化了之前的研究，不仅验证了探索式技术创新在变革型领导行为与组织绩效之间承担中介作用，而且还检验了利用式技术创新在交易型领导行为与组织绩效之间的中介作用。从而指出，变革型领导行为是通过探索式技术创新的作用来获得新的资源和知识来增强其竞争优势以提升组织绩效的，从而通过该中介变量的引入缩短了变革型领导行为与组织绩效之间的关系链条，使得研究结论更具说服力。同时，作为对之前理论的补充，我们还验证了利用式技术创新在 CEO 交易型领导行为与组织绩效之间也承担中介作用。

（4）不同环境条件下 CEO 交易型、变革型领导行为对技术创新的影响。

从 CEO 变革型领导行为对技术创新的影响来看，与假设 4a 一致的是，我们发现在环境动态性高而竞争性低的外部环境中，变革型领导行为能够增强对探索式技术创新的影响程度。但是在对该项检验过程中却得出了两个比较有意思的额外发现，其一是在环境动态性和竞争性程度都高的外部环境中，变革型领导行为对探索式技术创新的影响程度最大，这可能是由于动态性和竞争性"双高"的外部环境给企业造成了更大的压力和危机感，为了在这种环境中生存，企业需要变革型 CEO 的涌现，以通过大刀阔斧的变革和创新来带领企业摆脱危机。之前的研究也显示，危机是变革型领导者涌现的必要条件，但是本文的结论进一步深化了该认识，发现危机强度越高，变革型 CEO 越容易涌现，并且他对探索式技术创新的影响程度越高。

另外一个额外发现在于，在动态性和竞争性"双低"的外部环境中，变革型领导行为反而也能够增强对探索式技术创新的影响程度，这似乎与已有的理论有所冲突。然而，仔细分析后发现，"危机"或者危机感只是变革型领导者涌现的必要条件，而不是充分必要条件。我们发现在动态性和竞争性"双高"的极度危机的情境中能够促使变革型领导者的涌现，但是在动态性和竞争性"双低"的极度不危机的情境下反而也能够诱发变革型领导者的涌现。针对这种矛盾，我们借鉴战略领域中的环境决定主义和战略选择视角来进行说明。在极度危机的情境下，作为环境决定的产物，变革型 CEO "被迫"进行大幅度的组织变革和探索式技术创新以帮助组织摆脱危机。但是在极度不危机的情境下，为了保持和增强魅力，变革型

CEO需要"主动"克服组织惰性和发动变革来"创造"危机感帮助组织实现路径突破，在此过程中提高自己的领导魅力。因此，我们将前一种变革型CEO称为"危机诱发始"型领导，后一种变革型CEO称为"危机创造"型领导。从而，本文的结论进一步丰富和补充了对变革型领导者涌现条件的认识和了解。

与假设4a不一致的是，我们发现在动态性低而竞争性高的外部环境中，CEO的交易型领导行为并不能增强对利用式技术创新的影响程度。造成这个结果的原因可能是，处于经济转型过程的中国企业，可能从成立之初就面临着动荡和竞争的复杂环境，并且在过去三十年间，在"以市场换技术"的政策指导下，企业的技术创新还是以利用式创新为主，更多是通过技术购买和模仿等方式来发展，表现出更多的利用式技术创新的特征，所以企业可能已经逐渐适应了在动态和竞争共存的复杂情境中进行利用式技术创新的外部环境。环境的变化对其打破这种创新惯性影响可能不是特别大，虽然近年来我国提出了自主技术创新的相关政策，但是过去所形成的技术创新路径和惯例很难在短期内改变。

本文的概念作为一种带中介的调节效应模型，为了完整检验其调节效应，我们还检验了变革型领导行为、环境动态性和环境竞争性的三维交换对财务绩效、市场绩效的影响。与其对探索式技术创新的影响类似，我们发现在动态性和竞争性都高的外部环境中，变革型领导行为对财务绩效、市场绩效的影响程度最高；在动态性和竞争性都低的外部环境中，其也能够增强对财务绩效、市场绩效的影响程度。这进一步印证了之前所提出的"危机诱始"型领导这"危机创造"型领导的结论。并且还发现，变革型领导行为并不只提升组织绩效，在动态性低而竞争性高的外部环境中，它还能够阻碍组织绩效，这说明变革型领导行为与组织绩效之间的关系依赖于所处的环境，并不存在绝对的正相关关系。

（5）二元领导行为与组织绩效之间的关系。

Tushman et al（2002，2007）虽然在两栖型组织（ambidextrous

organization）建设中提到过二元领导行为，并将其作为实现这种组织的一个前因要素，但是他们的论述重点并不在于领导行为本身，而只是把领导行为其中的一个要素提出来与其他要素一起来论述。并且在后续研究中，鲜有实证研究对该构念进行定量化操作，本文以变革型和交易型领导行为的交互来代表二元领导行为，并论证且验证了它与组织绩效之间的关系。与假设5b一致，我们发现CEO的二元领导行为能够提升市场绩效，但是与假设5a不一致的是，这种二元领导行为对财务绩效的影响却不显著。

再次需要说明的是，之前变革型和交易型领导行为"共存"时对财务绩效和市场绩效都具有显著的正向影响，而二元领导行为则只与市场绩效正相关，与财务绩效的相关关系并不显著。之前已经对两者的内涵做过区别，在此需要进一步解释的是，二元领导行为的发挥离不开领导者对两种领导方式的有效平衡，否则很难实现1+1>2的放大效应。二元领导行为对财务绩效的影响之所以不显著，可能的原因是CEO虽然同时展现了变革型和交易型领导行为，但是却没有能够有效地平衡好两种领导行为之间的冲突，从而最后没有发挥出每种领导行为的优势，反而可能变成了一种抵消，产生1+1<2的衰减效应，甚至有可能降低企业的财务绩效。

另外，财务绩效代表着企业的盈利能力，而市场绩效则代表企业的增长能力。通常由于高层领导者决策的失误，使其信息在企业内部的传播或通过股票市场的散播，造成盈利能力明显下降。而市场绩效则通常会存在一个时滞，即顾客需求和偏好的改变需要一个过程，所以不会造成市场绩效的显著下降。例如，有些企业虽然好多年盈利能力很差甚至亏损，但是市场份额还在不断扩大或保持不变。因此，可能由于CEO二元领导行为难以有效平衡两种领导行为的冲突而导致某些错误的决策，在短期内可能会对财务绩效产生负面影响，但是却不会在短期内降低市场占有率，而本文的绩效测量指标无法反映这种长期的影响。

(6) 协同式技术创新与组织绩效之间的关系。

与假设 6b 一致，我们发现协同式技术创新能够提升市场绩效，这个结论与西方现有的研究结果一致（He et al, 2004；Lubatkin et al, 2006），但是近年来也有学者发现在组织采取扩张者（prospector）和防御者（defender）战略的情况下，协同式技术创新与组织绩效之间反而存在负相关关系（Menguc et al, 2008）。仔细分析这些学者的研究结果可以发现，He et al（2004）用销售额增长率来测量组织绩效，他测量的其实是市场绩效。Lubatkin et al（2006）和 Menguc et al（2008）则是以一个既包括财务指标又包括市场指标的总绩效指标来测量组织绩效。因此，严格来说，本文的结论与 He et al（2004）的结论一致，由于其他两位学者的绩效是一个总的组织绩效值，夹在财务和市场两类指标中，所以结果之间的比较需要进一步商榷。

与假设 6a 不一致的是，我们发现协同式技术创新与财务绩效并不存在显著的相关关系，说明企业从事探索式和利用式技术创新并保持两者之间的协同性并不能带来财务绩效的提升，而会对市场绩效产生显著的提升作用，其中的原因可能是，同时从事两种创新需要企业较多的资源投入和资金支持，而由于两种创新的风险性和挑战性，使得从新产品的上市到最终盈利，可能需要一个较长的过程，所以将新技术成功商业化并转化为新产品来满足顾客需求，可以很快获得市场份额，但是很多时候企业往往为了打开市场，以牺牲利润为代价，在前几年内保持很低的利润率，而本文的财务绩效的测量又属于横截面数据，很难反映这种长期的财务变化趋势，因此，在短期内可能协同式技术创新对财务绩效的影响不显著，但是从长期来看可能就有显著的提升作用了，在未来研究中我们将尝试纵贯数据对该问题做进一步的研究。

(7) 协同式技术创新在二元领导行为与组织绩效之间的中介作用。

与假设 7 一致，我们发现二元领导行为与协同式技术创新正相关。在关于协同式技术创新的实现方式上，之前的学者分别从组织结构因素、组织情境因素和战略管理因素三个角度论述过协同式技术创新前因影响因素。本文不仅从理论上较为全面地探讨了二元领导行为的内涵和理论基础，并且将它对协同式技术创新的影响机制也做了较为深入的分析，运用中国数据首次验证了二元领导行为与协同式技术创新的相关关系，从而为协同式技术创新的实现提供了一个新的研究视角。

与假设8a不一致的是，协同式技术创新在二元领导行为与财务绩效的中介作用并不显著，其原因是二元领导行为与财务绩效之间的相关关系并不显著，不符合中介效应检验的第一步，按照传统的检验方法，可以判断它不承担中介作用；与假设8b一致的是，我们发现协同式技术创新在二元领导行为与市场绩效之间承担完全中介的作用，即二元领导行为对市场绩效的影响完全通过协同式技术创新的中介作用，从而进一步明晰了二元领导行为对市场绩效的影响机制和中间的黑箱子。

（8）中庸思维对二元领导行为的影响。

中庸思维是一个具有中国本土特色的构念，西方现有文献中并没有对此构念进行过研究，但是与它比较类似的西方构念有认知复杂性和认知需要等，但是西方的构念无法准确测量领导者面对冲突时的矛盾管理思维，而二元领导行为的形成通常需要领导者具备妥善平衡两种行为或者多种角色冲突的能力，而中庸思维水平高的领导者，不仅能够从多个角度思考问题，具备分化的思维框架，同时还能够整合其他人的观点，以一种和谐的人际关系方式处理所面临的冲突，也具备整合的思维框架。而Smith et al（2005）的研究结果表明，同时兼备分化和整合思考框架的领导者更善于处理悖论和矛盾，在此基础上，我们认为高水平的中庸思维也因能够处理行为和角色的矛盾来有利于二元领导行为的形成。

与假设9a不一致的是，我们发现中庸思维与二元领导行为并没有显著的相关关系，但是在考虑了所有制的调节作用后发现，国有企业中CEO的中庸思维有利于二元领导行为的形成，而非国有企业中CEO的中庸思维则不利于二元领导行为的形成。所有制差异的背后实际上暗含着制度的差异，在国有企业中，受现有制度的约束，领导者在决策过程中往往除了需要考虑经济绩效指标外，还需要考虑社会绩效指标，政治绩效指标等因素，思维框架更加复杂，这种复杂的思考过程容易在行为表现上也体现出一定的复杂性。而在非国有企业中，决策过程中CEO的决策标准往往比较单一，是以经济绩效指标为主，思考框架也比较简单和单一，这种思考方式和思维框架很难表现出复杂的行为。因此，在国有企业中，CEO的中庸思维有利于二元领导行为的形成，但是在非国有企业中，它却不利于二元领导行为的形成。

另外，本文额外得到了一个中国情境下的独特发现：在中国情境下，我们发现CEO的教育水平与探索式技术创新之间存在负相关关系。之前西方高层梯队理论指出高层团队成员的教育水平与探索式技术创新之间应该存在正相关关系，因为领导者所受的教育水平越高，其认知能力和认知复杂性越高，从而越容易及时感知创新机会和风险，及早进行技术引入和实施。但是本文却得出了完全相反的结论。一种可能的解释是，CEO教育水平的提高虽然提高了其认知复杂性程度，但是同时认知复杂性水平高的CEO其风险厌恶程度也相对较高，在技术创新决策过程中往往倾向于选择风险性低而稳健性高的利用式创新方案，而可能放弃了对探索式技术创新的资源投入。因此，CEO教育水平反而与探索式技术创新之间存在负相关关系。

8.1.2 主要研究结论

针对中基层领导者的变革型和交易型领导行为的研究，近年来在组织行为学领域取得了较为丰硕的成果，然而针对高层领导者，尤其是CEO的变革型和交易型领导行为的研究却相对较少。与中基层领导行为不同，CEO的领导行为不仅会影响高层领导团队成员的高层决策过程，而且会通过远距离领导过程来影响基层员工的行为。然而，现有研究对CEO的变革型和交易型领导行为对组织绩效的中介影响机制尚缺乏深入的探讨，这可能也是现有研究出现相互冲突的研究结论的原因。针对这一研究缺口，本文在对技术创新进行分类的基础上，从高层决策和远距离领导过程两个角度探讨了CEO的变革型和交易型领导行为通过不同类型的技术创新对组织绩效的影响机理，并且针对现有文献对探索式和利用式两类不同技术创新之间如何实现协同的研究缺口，以期从CEO领导行为的角度为实现协同式技术创新提供了一个新的角度。为了弥补以上的研究不足，我们在理论分析和逻辑推演的基础上提出了相应的研究假设，并运用中国境内297家企业样本对本文的研究假设进行了验证，通过回归分析和结构方程模型的验证，以及对数据结果的讨论，我们得出了以下研究结论：

第一，探索式技术创新和利用式技术创新会对财务绩效和市场绩效产生不同的影响效果。

本文的研究发现，在财务绩效方面，虽然探索式和利用式技术创新能够提高财务绩效，但是过多的"探索"和"利用"活动却会降低财务绩效，首次验证了最近学者们（Gupta et al, 2006）所提出的探索式和利用式技术创新与财务绩效之间可能呈倒U型关系的假设，即存在"过犹不及"效应。但是本文的研究结论又进一步扩展了现有研究的认识，在将组织绩效分为财务绩效和市场绩效进行分类研究的基础上，我们发现探索式和利用式技术创新与市场绩效之间并不存在倒U型关系，而只存在正的线性相关关系，即过多的"探索"和"利用"活动并不会带来市场绩效的降低。具体的原因解释详见本文的研究结果讨论部分，这里不再赘述。

第二，CEO的变革型和交易型领导行为对组织绩效的中介影响机制存在差异。

针对现有文献对CEO变革型和交易型领导行为与组织绩效之间中介机制缺乏深入分析的研究缺陷，我们在对技术创新进行分类研究的基础上,指出 CEO 的变革型领导行为通过探索式技术创新的中介作用来影响组织绩效,而交易型领导行为则是通过利用式技术创新的中介作用影响组织绩效。从而,本文的研究结果表明,虽然 CEO 的变革型和交易型领导行为都可以提升组织绩效,但是其中间的作用机制存在差异,因此,之前学者们的研究结果出现相互冲突的研究结论的原因可能是 CEO 的变革型和交易型领导行为与组织绩效之间的"关系链条太远",缺乏对中介机制的探讨而直接分析其影响关系。

第三,CEO 的变革型领导行为与探索式技术创新、组织绩效之间的关系会因所处环境特征的不同而发生变化。

现有研究在探讨变革型领导行为与组织绩效之间关系时,曾考虑了环境动态性的调节作用,但是却忽略了另一重要环境特征变量,即环境的竞争性的调节作用。同时,鲜有学者曾建立 CEO 变革型领导行为与探索式技术创新的关联机制,更很少有人讨论环境动态性和竞争性对两者之间关系的协同调节效应。本文同时考虑了环境动态性和环境竞争性的协同调节效应,发现 CEO 变革型领导行为与探索式技术创新之间的关系会因环境动态性和竞争性程度不同而所有差异:在动态性高而竞争性低的外部环境中,变革型领导行为能够提升探索式技术创新水平,然而在动态性低而竞争性高的外部环境中,变革型领导行为却不利于探索式技术创新的实现。本文的额外发现在于,在动态性和竞争性程度"双高"和"双低"的外部环境中,变革型领导行为都能够增强对探索式技术创新的影响程度,并且在"双高"的情境中影响程度最大。从变革型领导者涌现过程中的对危机的适应和创造两个角度出发,本文将变革型 CEO 分为危机情境下被动涌现的"危机诱始"型领导,将打破危机主动创造危机感的变革型 CEO 叫做"危机创造"型领导。

另外,作为额外分析,我们也发现 CEO 的变革型领导行为与组织绩效(财务和市场)之间的关系也因环境动态性和竞争性程度的不同而有所差异,并且与其与探索式技术创新之间的关系存在类似的影响效果，从而进一步印证了上述观点，也丰富和补充了当前西方学者对不同环境条件下对变革型领导行为与组织绩效之间关系的进一步认识。但是本文发现，CEO 的交易型领导行为与利用式技术创新、组织绩效之间的关系并不会因所处环境特征的不同而发生变化，具体解释已在研究结果讨论中做过论述，这里不再赘述。

第四，CEO 的二元领导行为能够提升市场绩效，但是却不能提升财务绩效。

本文首次采用实证研究的方法来论证并验证 CEO 的二元领导行为与组织绩效之间的关系，缺乏可资借鉴的比较对象。虽然 Tushman et al（2007）提出二元领导行为可能是形成两栖型组织的一个前因，但是并没有探讨是否这种领导行为能够提升组织绩效。本文的研究结果表明，CEO 的二元领导行为对不同类型的组织绩效存在不同的影响关系，它对于市场绩效的提升具有正向影响作用，但是对于财务绩效地提升却没有显著的影响。具体原因已经讨论过了，这里不再赘述。

第五，CEO 的二元领导行为通过协同式技术创新的中介作用来影响市场绩效。

协同式技术创新所起的中介效应的存在，在一定程度上打开二元领导行为与市场绩效之间的"黑箱子"，明晰了二元领导行为对市场绩效的中介影响机制。同时，从协同式技术创新的实现方式来看，二元领导行为对协同式技术创新也具有显著的正向影响，这也为协同式技术创新的实现提供了一个新的研究思路。

第六，在国有企业中，CEO 的中庸思维有利于其二元领导行为的形成，但是在非国有企业中，它却不利于二元领导行为的形成。

现有的研究很少讨论二元领导行为是如何形成的，本文从高层领导者解决悖论需要具备分化和整合的思维框架入手，认为 CEO 在驾驭变革型和交易型领导行为必然面临着如何平衡和协调两种行为之间的冲突和矛盾的悖论问题，从而引出具备中庸思维的 CEO 能够同时多方思考（分化思维）来全面分析矛盾的多个方面，再通过整合性与和谐性（整合思维）来有机平衡所面临的矛盾。但是，本文的研究结果表明，CEO 的中庸思维与其二元领导行为之间的关系会因企业所有制形式的不同而不同，国有企业中，他的中庸思维有利于其二元领导行为的形成，而在非国有企业中，它却不利于二元领导行为的形成。

表 8-1　本文的研究假设关系验证结果汇总表

序号	假设关系	验证结果
假设 1	假设 1a：CEO 交易型领导行为与财务绩效正相关 假设 1b：CEO 交易型领导行为与市场绩效正相关 假设 1c：CEO 变革型领导行为与财务绩效正相关 假设 1d：CEO 变革型领导行为与市场绩效正相关	支持 支持 支持 支持
假设 2	假设 2a：利用式技术创新与财务绩效之间呈倒 U 型关系 假设 2b：利用式技术创新与市场绩效之间呈倒 U 型关系 假设 2c：探索式技术创新与财务绩效之间呈倒 U 型关系 假设 2d：探索式技术创新与市场绩效之间呈倒 U 型关系	支持 不支持 支持 不支持
假设 3	假设 3a：利用式技术创新在 CEO 交易型领导行为与财务绩效之间起着部分中介的作用 假设 3b：利用式技术创新在 CEO 交易型领导行为与市场绩效之间起着部分中介的作用支持 假设 3c：探索式技术创新在 CEO 变革型领导行为与财务绩效之间起着部分中介的作用 假设 3d：探索式技术创新在 CEO 变革型领导行为与市场绩效之间起着部分中介的作用	支持 部分支持 支持 部分支持
假设 4	假设 4a：在环境竞争性高而环境动态性低的外部环境中，CEO 交易型领导行为会增强对利用式技术创新的正向影响程度 假设 4b：在环境动态性高而环境竞争性低的外部环境中，CEO 变革型领导行为会增强对探索式技术创新的影响程度	不支持 支持

续表

序号	假设关系	验证结果
假设5	假设5a：二元领导行为与财务绩效正相关 假设5b：二元领导行为与市场绩效正相关	不支持 支持
假设6	假设6a：协同式技术创新与财务绩效正相关 假设6b：协同式技术创新与市场绩效正相关	不支持 支持
假设7	假设7：二元领导行为与协同式技术创新正相关	支持
假设8	假设8a：协同式技术创新在二元领导行为与财务绩效之间承担中介作用 假设8b：协同式技术创新在二元领导行为与市场绩效之间承担中介作用	不支持 支持
假设9	假设9a：中庸思维与二元领导行为正相关 假设9b：相对于非国有企业而言，在国有企业中，中庸思维会增强对二元领导行为的正向影响程度	不支持 支持

8.2 创新之处与研究意义

8.2.1 本文的创新之处

本文在借鉴战略管理领域中的高层决策理论、组织行为学（OB）中的领导理论、技术创新领域中的技术创新理论和组织理论（OT）中的组织两栖性（organizational ambidexterity）理论等相关研究成果的基础上，运用跨学科研究的优势，在对文献进行回顾和归纳的基础上，发现了当前相关理论研究的缺口和不足，确定了本文的研究主题。在对所研究的问题没有清晰认知的情况下，我们通过案例分析明确了本文主要CEO在实践中对技术创新和组织绩效的影响方式和过程，在此基础上，从理论上对其中间的影响过程进行了机理性解释，并且通过逻辑推演的过程提出了相应的研究假设，运用中国境内297家企业样本对本文的理论假设进行了实证检验。虽然多学科的交叉和应用容易带来理论创新，但是可资借鉴的资料稀少也是本文研究中的主要难点。尽管如此，本文的研究结论对战略管理领域、组织行为学领域、技术创新领域和组织理论领域的现有研究成果做了进一步的扩展、补充和创新。

第一，本文从高层决策和远距离领导两个视角分析了 CEO 的变革型和交易型领导行为对组织绩效的影响机理。

与中基层领导者的行为不同，高层领导者的行为不仅会对其直接下属产生影响，而且会对基层员工和整个组织产生战略性的影响，即 CEO 的领导行为不仅会影响到领导和下属的上下级关系，而且其行为方式还会影响到基层员工的行为以及整个组织的生存和发展。但是，现有文献对 CEO 的变革型和交易型领导行为对组织绩效的影响关系研究中，大多是从组织行为学领域出发，从 CEO 对其直接下属的影响过程（近距离领导过程）来论述其影响机理，即存在着将中基层领导行为的研究范式"生搬硬套"到高层领导行为研究之嫌，对 CEO 的领导行为如何影响组织绩效的机理缺乏深入的探讨。本文则从组织行为学和战略管理两个研究领域出发，从高层决策和远距离领导两个视角来探讨 CEO 的领导行为对组织绩效的影响机理。在高层决策方面，我们从决策的全过程，即高层决策的制定和执行两个过程来论述 CEO 的变革型领导行为如何通过影响决策方案的多样性和决策质量，以提高决策制定过程的有效性，其交易型领导行为如何通过保证决策方案的执行过程与决策目标的一致性来保证决策的执行力，进而提升组织绩效。在远距离领导过程方面，我们讨论了 CEO 的两种领导行为如何通过领导网络的作用来实现其行为所蕴涵的社会信息的传播和扩散以影响到基层员工的创造性和工作效率，进而基层员工的这两种行为如何通过知识的聚合方式实现从基层到高层的跨层次影响过程。因此，同时从两个视角进行分析，有利于从更开阔的思路和角度来了解 CEO 的领导行为对组织绩效的影响机理。

第二，本文比较并区分了 CEO 的变革型和交易型领导行为对组织绩效的不同中介影响机制。

针对 CEO 变革型和交易型领导行为与组织绩效之间存在的相互冲突的结论，现有学者认为可能是由于缺乏对其中介机制进行深入研究的原因，因为从高层领导行为直接到组织绩效的关系链条可能太长，所以导致学者们的研究结论存在不一致之处。尽管最近有学者（Garcia-Morales et al, 2007; Aragon-Cprrea et al, 2007）尝试从技术创新的角度来研究其中介影响机制，但是只是将技术创新作为一个整体构念，而没有分析其各个维度的不同影响，即没有将技术创新进行分类。而当前技术创新的研究越来越关注不同"类型"的技术创新对组织绩效所起到的不同影响作用，表现在实证研究中就是对技术创新的不同维度分别进行讨论。本文将技术创新分为探索式技术创新和利用式技术创新两个维度，分别论述并验证了其在 CEO 变革型和交易型领导行为与组织绩效之间所起到的不同中介作用，从而进一步深化了对其中介机制的认识。

第三，本文不仅考虑了环境动态性的权变影响因素，而且还考虑了环境竞争性因素对 CEO 变革型、交易型领导行为与技术创新、组织绩效之间的协同调节效应。

现有学者对 CEO 变革型、交易型领导行为与组织绩效的关系研究中，曾经考虑到了环境动态性或者环境不确定性对其关系的调节效应（Waldman et al, 2001; Tosi et al, 2004; Ensley et al, 2006），但是却忽略了对企业造成完全不同压力的另一环境特征，即环境竞争性对其关系的调节效应。本文则不仅同时考虑了环境动态性和环境竞争性对变革型、交易型领导行为与组织绩效之间的调节效应，而且还分析了两个环境变量之间的协同调节对两者之间关系的影响。在这个整合框架下，本文的研究结论不仅涵盖和进一步验证了之前学者的观点，而且还拓展和补充了已有的研究结论。另外，在此过程中还额外发现了不仅危机的情境可以诱发变革型领导者的涌现，而且还发现了变革型领导者能够通过创造危机来实现途径突破，从而进一步深化了对变革型领导者涌现条件的认识。

第四，本文在拓展二元领导行为概念内涵的基础上，为协同式技术创新的形成提供了一个新的研究思路。

从目前对协同式技术创新的研究中可以发现，现有研究已经从组织结构、组织情境和发展战略三个角度探讨过其对协同式技术创新的影响，但是却忽略了高层领导者在协同式技术创新过程中的角色和作用。Tushman et al（2002，2007）虽然在案例分析中曾提到过管理者的二元领导行为可能有利于协同式技术创新的实现，但是其主要落脚点在于从多个前因影响因素来分析，而专门针对二元型领导行为对协同式技术创新影响的研究则缺乏深入的分析。从其后续研究来看，他们并没有就二元领导行为如何影响协同式技术创新进行专门的理论探讨和实证验证，本文在重新界定和拓展二元领导行为概念内涵的基础上，扩展或延续了他们的研究，并对其与协同式技术创新之间的关联机制进行理论分析，继而通过实证方法验证了该假设，从而为协同式技术创新的研究提供了一个新的思路。

第五，本文首次将中庸思维应用于高层领导行为研究之中。

中庸思维是一个具有中国本土特色的心理学构念，与传统性（traditionality）、关系（guan-xi）等其他中国本土特色构念类似，中庸思维近年来也经历了从定性描述阶段到实证操作阶段的过程，近年来在本土心理学者的努力下，中庸思维开始初步应用于员工个体层面的实证研究当中，但是鲜有学者将其应用于领导理论研究当中以探讨领导者的中庸思维对其领导效能的影响。本文不仅将中庸思维应用于领导理论当中，而且将其上升到高层领导理论之中，从而对于CEO中庸思维的研究，不仅需要组织行为学领域的学者们的推动，还需要从战略管理领域内学者们的视角研究。本文的研究只是初步开启了中庸思维的研究之门，后续的研究中仍需要从多视角、多范式对其进行深入的探讨。

8.2.2 本文的理论意义

（1）本研究为打开CEO的变革型和交易型领导行为与组织绩效之间关系的"黑箱子"提供了一个新的分析思路和视角。

相对于中基层变革型和交易型领导行为的研究而言，目前关于CEO的变革型和交易型领导行为的研究尚处于起步阶段，研究成果不多且缺乏系统性，从为数不多的学者们的研究成果来看，现有研究成果还存在着相互冲突的结论，导致了目前对CEO的变革型和交易型领导行为能否提升组织绩效在理论上尚存在争议。本文认为，导致这种争议的原因主要有两方面：

一方面是因为现有的研究往往是基于中基层领导行为研究中所假定的近距离领导过程研究，学者们往往将中基层领导行为的研究范式直接应用于高层领导行为的研究之中，没有考虑组织层次之间的区别。例如现有对CEO领导行为的研究更多是从CEO对其直接下属影响的研究，通过影响下属的态度来影响组织绩效，这本质上还属于配对式（dyadic）的研究，并且忽略了CEO的领导行为对高层决策的影响过程，而本文则同时从高层决策过程（近距离领导过程）和远距离领导过程两个角度来试图对其影响机理进行较为全面的分析。

另一方面，现有研究忽略了对CEO变革型和交易型领导行为与组织绩效之间中介作用机制的深入探讨，这可能也是现有研究结果出现冲突的原因之一。因为CEO的领导行为可能并不直接提升组织绩效，而是借助某种中介来发生作用的。单纯的研究两者之间的直接关系，可能会因为其影响链条太长而容易得出不同的结论。本文指出，虽然技术创新可能在其中起着中介作用，但是明确哪种类型的技术创新对于现有研究更有意义，因此，我们从探索式和利用式两种不同类别的技术创新出发，分析了其在CEO变革型和交易型领导行为与组织绩效之间的不同中介机制，为打开CEO的变革型和交易型领导行为与组织绩效之间关系的"黑箱子"提供了一个新思路。

（2）本研究进一步丰富和深化了对CEO变革型领导行为与探索式技术创新、组织绩效之间"权变"关系的认识。

虽然学者们在CEO变革型领导行为与组织绩效间的直接关系中存在理论争议，但是对在不同情境下两者之间关系的研究的结论相对一致。从对现有文献的回顾中可以看出，目前学者们只关注了环境动态性或不确定性这一个权变因素对其关系的影响，而忽略了具有"相反"压力作用的环境竞争性所提到的调节作用，从而导致了现有研究对不同情境下两者之间关系的认识尚不全面和深入。在同时考虑了对企业具有相反压力的环境动态性和环境竞争性这两个权变因素外，本文的研究结论不仅印证了之前学者们的研究结果，而且进一步扩展和丰富了现有结论，加深了对两者之间权变关系的认识。

（3）本研究为解决探索式和利用式技术创新之间的"悖论"提供了一个新的角度。

作为技术创新的两个维度，探索式技术创新和利用式技术创新需要不同的组织资源的支持，对组织结构、预算需求、文化氛围都提出了不同的要求，为了让两种创新能够并存于企业之中并能够实现协同发展，近年来学者们从不同角度为解决这一创新悖论提供研究思路。例如 Duncan（1976）认为应该采取组织结构分离方式，在传统的机械式组织结构中从事利用式技术创新，而在有机式组织结构中从事探索式技术创新。之后 20 多年的时间里学者们大多沿着结构分离的角度来解决这一悖论问题。直到 Gibson et al（2004）提出可以通过创造一种兼备柔性（社会关系情境）和刚性（绩效管理情境）因素的组织情境，这种具备相互冲突要素的组织情境有助于培养和提高在工作过程中员工处理矛盾的能力，进而建立两栖型组织（ambidextrous organization）来解决这一创新悖论。Han et al（2008）在一篇会议文章中提出了同时追求利润和成长的二元战略（strtegic ambidexterity）也能够解决探索式和利用式创新之间的悖论。

本文则从 CEO 的二元领导行为出发，指出同时驾驭变革型和交易型领导行为的 CEO 不仅会在高层决策中兼顾冲突的创新需求，以通过制定二元战略来同时提升探索式和利用式创新水平，而且能够通过远距离领导过程在组织内部创造一种兼备柔性和刚性因素的组织情境，从而也有利于解决两种创新之间的悖论。这样，本研究不仅提出了一个新的研究视角，而且找出了二元情境和二元战略形成的领导行为动因，从而为解决创新悖论提供了更深层次的理论启示。

（4）本研究为后续领导理论中关于中庸思维的研究提供了理论铺垫。

中庸文化作为儒家文化的核心，其对中国人的行为方式和思考框架产生了深远的影响。从古至今，关于中庸之道的著作和文章层出不穷，但是之前大多数的研究是基于定性的理论描述，直到近年来，在本土心理学的推动下，中庸开始作为一个可操作化的构念被提炼出来。中庸大致可以分析思维和德性两个方面，本文只研究其思维方面。从目前对中庸思维的量化研究来看，基本上是从心理学角度来探讨员工个体的中庸思维对其工作态度和绩效的影响，鲜有学者将此重要构念应用于领导学的研究之中。因此，在未来的研究中，领导者的中庸思维对下属和其领导效能的影响将又是中国情境下领导理论的又一个研究主题。作为反映中国人思维特征的重要构念之中庸思维，在今后的研究中，将会与传统性、关系、差序格局等构念一样，作为影响领导理论发展的又一重要构念。同时，也在一定程度上有利于跨文化下领导理论的发展。

8.2.3 本文的实践启示

（1）CEO需根据所处决策阶段和环境的不同而选择适当和匹配的领导方式。

作为企业"掌舵人"的CEO，其领导力的高低以及决策质量对于整个企业的生存和发展都具有重要的影响。纵观世界各国公司的倒闭原因，很大程度上得因于CEO自身领导力以及高层团队决策的质量，许多企业因为一个错误的决策，在竞争中就处于劣势或者就此衰灭。衡量领导力高低有多方标准，本文认为有两个，一个是他决策质量的高低，二是他对所处环境的敏锐性和适应能力。

本文的研究结果表明，在决策的制定和执行两个阶段，CEO需要采取不同的领导方式。在决策的制定阶段，他的变革型领导行为能够帮助高层领导团队获得更多的决策方案，从多个角度评判决策的标准，有利于提高决策的质量。但是在决策的执行阶段，他的交易型领导行为能够保证下属严格按照既定的标准执行决策，通过纠正偏差、严格控制等方式来提高决策的执行力。因此，在决策的制定和执行过程中，CEO需要采取不同的领导方式来保证决策和执行能够有机的衔接和统一。

CEO领导力的第二个体现是他对所处外部环境的敏锐性和适应能力。在不同的环境下要求CEO采取不同的领导方式，我们发现，当环境变得动态性高而竞争性低时，这时他通过采取变革型领导方式来进行探索式技术创新或者进行大幅度的组织变革所受到的阻力小且也容易得到领导团队和整个企业员工的支持和追随，更容易获得探索式技术创新或变革的成功；但是当环境变得动态性低而竞争性高时，这时CEO采取变革型领导方式进行探索式技术创新所遇到的阻力大且容易得到员工的反对，此时不适合进行探索式技术创新；当环境变得动态性高且竞争性也高时，CEO采取变革型领导方式也能够促进探索式技术创新的实现，因为这时企业处于一种危机状态中，即使他自己不发动变革，也会有其他的领导者替换他来推动变革以求带领企业摆脱危机，所以在位CEO此时需要采取变革型领导方式来克服危机；当环境变得动态性和竞争性都低的状况时，此时企业处于一种稳定状况，由于缺乏外部危机的驱使来发动变革，这时CEO需要打破现状和现有制度来创造一种危机感来实施变革，否则由于组织惯性的作用企业将只关注于眼前而不利于长远的发展，不利于增强企业的持续竞争优势。

（2）技术创新的投入和研发需把握好一定的"度"。

探索式技术创新和利用式技术创新是企业的两种基本的技术创新方式，在过去二十多年中，企业在落后于西方跨国公司的情况下以"市场换技术"，通过学习和模仿来实现技术上的赶超，在企业自身的技术创新过程中以对别人技术的改造、修补、调整为特征，这种长期的利用式技术的结果便是企业很难获得核心技术和关键技术诀窍，很难通过技术的突破开辟一个新的产业或市场，即通过技术的修补获得了当前生存的能力，但是却失去了长期的发展潜力，导致了企业的可持续发展后劲儿不足。当然，这个阶段中国企业也出现了不少的突破性技术创新成果，但是从整个产业来看，所占比重还是太小。

认识到利用式技术创新的不利影响后，近年来在国家自主创新政策的鼓励下，企业开始重视探索式技术创新对企业可持续发展的作用，投入资源来大力研发新技术和新产品，但是近年来却陷入了一个"探索—失败—再探索—再失败"的恶性循环中，降低了企业进行技术探索的热情和动力。本文的研究结果表明，过多的探索式和利用式技术创新都会导致企业财务绩效的降低，为了盈利，企业在资源分配上不能"走极端"，不能将所有的资源和精力都投入于一种创新之中。过于偏执到探索式技术创新活动中会导致企业无法短期内获得现金流而可能过早夭折，而过于偏执到利用式技术创新活动中会导致企业很难适应市场变化和顾客需求的变化而失去长期的竞争力。因此，在这两种技术创新的投入和研发上要把握好一定的度，避免"研发投入越多企业财务绩效就越好"的认识误区。

（3）CEO领导力的提升可以通过自我学习和锻炼承担多种领导角色并保持角色之间的平衡。

领导力高低的一个表现是领导者对不同角色的驾驭和把握能力，从当前对我国企业高层领导者的调查结果可以发现，领导者们已经意识到领导力对于企业发展的重要作用，但是对领导力的培养方式上尚存在不满和不足之处。本文的研究结果表明，提高领导力的一种方式是培养领导者自身驾驭多种领导角色的能力，并能够保持不同角色之间的平衡。这一方面可以通过系统的组织培训和实践演练，另一方面也可以通过领导者自身的学习和自我超越来达到这个目的。

CEO的二元领导行为不仅要求他能够同时驾驭和表现出高水平的变革型和交易型领导行为，而且要平衡好两种领导行为所带来的角色冲突，因为这两种领导行为对领导者自身的素质和能力提出不同的要求。所以，二元领导行为背后所暗含的假设是 CEO 能够平衡好这两种行为所带来的角色冲突，而要能够同时驾驭这六种角色，则不仅需要他能够不断学习和自我突破，而且要锻炼自身平衡冲突的能力。例如，有些领导者只擅长于设定愿景和体恤关怀的角色，有些领导者只擅长权变奖励和例外管理的角色，当领导者所驾驭的角色比较少时，对其平衡能力的要求还不是特别高，但是随着其角色和行为复杂性的提高，多种角色之间的冲突需要 CEO 具备较高的平衡能力。其他学者的研究结果也证实了这个观点，认为能够表现出较多种领导角色的领导者比表现出较少角色的领导者对企业绩效的贡献更大，而本文的研究结果也表明，能够表现高水平的变革型和交易型领导行为的 CEO 也能够带来市场绩效的提升，从而需要他能够不断学习和超越自身，通过学习和自我突破来获得平衡能力的提高。

（4）探索式技术创新与利用式技术创新要协同发展，不能顾此失彼。

本文的研究结果表明，探索式和利用式技术创新的协同发展对市场绩效的提升具有显著的影响，这说明企业同时从事两种不同类型的技术创新能够带来市场份额的扩大和市场占有率的提高。同时，我们还发现，过多地从事探索式技术创新和利用式技术创新并不会降低企业的市场绩效。因此，在企业发展过程中，如果企业的目标是占领和主导市场，则可以同时加大对两种技术创新的资源投入和资金支持，在通过探索式技术创新打开新市场和满足新顾客的需求后，通过利用式技术创新来保留老市场和老顾客的市场份额，从而在开发新顾客的同时仍然保留了老顾客。需要说明的是，在同时从事两种技术创新时必然面临着资源缩减和资金不足的问题，可以通过联盟、并购、技术共享等方式来补充和扩大企业自身的资源基础。

8.3 未来研究方向

8.3.1 研究局限

第一，本文尽管采用由不同对象填写问卷的方式，避免了同源误差的影响，但是由于所采用的数据仍然属于横截面数据，因此还不能很好地反映变量之间的因果关系，而采用纵贯数据在不同的时间段测量自变量和因变量则能够更好地反映变量之间的因果联系。因此，在未来的研究中，我们将在一年到两年后再次对所调研的企业发放样本，以进一步观察企业创新状况的变化和领导行为的变化，因为通常创新需要一个周期阶段，所以至少得一年到两年才能反映出之前企业实施创新的绩效结果。

第二，本文的样本企业以制造业和IT业为主，服务业中的样本偏少，在未来的研究中将包括更多服务行业企业以及其他从事创新的行业来做进一步大样本的检验。

第三，尽管本文的主要变量都是基于最新的研究成果，并且在变量施测之前也咨询过相关领域的理论专家和企业界人士，以使得变量能够反映概念的内涵，但是由于探索式与利用式技术创新都属于新概念，关于如何测量，现有研究也只是处于起步阶段，尽管本文所采用的变量是在之前研究的基础上所得出的最能反映探索式与利用式技术创新的变量，但是随着对这两个构念内涵的不断完善，其测量的题项也应该更加全面，以反映这两类技术创新活动的内涵。

第四，本文对于二元领导行为和协同式技术创新都采取间接测量的方式，尽管在现有文献类似的研究中都通过间接测量来表示，但是在今后的研究中我们将尝试运用题项直接测量的方式来开发每个变量适合的量表。

第五，在组织绩效的测量上，由于本文中所调研的大部分企业并非上市公司，很难获得其客观的财务绩效和市场绩效的信息，而最终只能按照现有学者的建议（Cooper, 1979; Covin et al, 1989; Li et al, 2001; 张映红, 2008），采用主观测评的方式来获得财务绩效和市场绩效的测评值。尽管之前的学者也发现客观绩效数据和主观绩效数据之间也存在较高的相关性（Dess et al, 1984），但是在未来的研究中，我们将以上市公司作为调研对象，以便同时获得其客观绩效数据和主观测评数据，以进一步验证本文的研究结论。

8.3.2 未来研究方向

在未来的研究中，不仅需要在研究方法和数据的收集方面做进一步的后续研究，而且需要在理论上从以下三方面做进一步的探讨。

第一，虽然本文从高层决策和远距离领导过程两个角度论述了CEO领导行为对组织绩效的影响机理，并且涉及到领导网络在其中所起到的作用，但是在实证研究中并没有对远距离领导过程和领导网络进行测量，主要原因是这两个构念尚未成形，在理论上尚处于探讨阶段，实证研究的难度也较大。因此，作为后续研究的一个部分，在未来研究中将进一步考虑远距离领导过程和领导网络的测量方法。

第二，本文在情境变量方面只选择了外部环境因素（环境动态性和环境竞争性），而没有探讨下属特征对CEO领导行为与组织绩效之间关系的影响。例如，下属的传统性是否影响CEO的变革型领导行为与探索式技术创新之间的关系，下属的人格特征能否影响其关系。因此，在未来的研究中，我们将进一步引入下属的人格特征作为调节变量，以全面探讨不同的下属情境下CEO领导行为与组织绩效之间的关系。

第三，虽然本文提出并论证了CEO的中庸思维是其二元领导行为形成的一个关键前因，但是除此之外，哪些因素还可能导致了CEO二元领导行为的形成，在后续研究中将进一步对此进行讨论。

参考文献

1. ＼［美＼］巴纳德 著，王永贵 译：《经理人员的职能》，机械工业出版社 2007 年版。
2. ＼［美＼］彼得·德鲁克 著，王永贵 译：《管理：使命、责任、实务》，机械工业出版社 2006 年版。
3. ＼［美＼］彼得·德鲁克 著，彭志华 译：《创新与企业家精神》，海南出版社 2000 年版。
4. ＼［加＼］亨利·明茨伯格 著，孙耀君等 译：《经理工作的性质》，中国社会科学出版社 1986 年版。
5. 雷原：《中国人的管理智慧》，北京大学出版社 2004 年版。
6. 刘军等：《管理研究方法：原理与应用》，中国人民大学出版社 2008 年年版。
7. ＼［美＼］理查德·达夫特 著，王凤彬、张秀萍 译：《组织理论与设计（第 9 版）》，清华大学出版社 2007 年版。
8. 秦海：《制度、演化与路径依赖》，中国财经经济出版社 2004 年版。
9. 侯杰泰、温忠麟、成子娟：《结构方程模型及其应用》，教育科学出版社 2005 年版。
10. 秦志华：《首席执行官》，中国人民大学出版社 2003 年版。
11. 鞠强：《和谐管理：本质、原理、方法》，复旦大学出版社 2006 年版。
12. 王永贵：《战略柔性与企业高成长》，南开大学出版社 2003 年版。
13. 吴明隆：《SPSS 统计应用实务》，中国铁道出版社 2001 年版。
14. 陈国权：《组织与环境的关系及组织学习》，载《管理科学学报》2001 年第

5 期。

15. 陈文晶、时勘：《变革型领导和交易型领导的回顾与展望》，载《管理评论》2007 年第 9 期。

16. 陈永霞、贾良定、李超平、宋继文、张君君：《变革型领导、心理授权与员工的组织承诺：中国情景下的实证研究》，载《管理世界》2006 年第 1 期。

17. 董根洪：《中庸新释》，载《中共浙江省委党校学报》2000 年第 5 期。

18. 杜建政、赵国详、刘金平：《测量中的共同方法偏差》，载《心理科学》2005 年第 2 期。

19. 付玉秀、张洪石：《突破性创新：概念界定与比较》，载《数量经济技术经济研究》2004 年第 3 期。

20. 蒋春燕：《中国新兴企业自主创新陷阱的突破路径》，载《中国工业经济》2006 年第 4 期。

21. 鞠强：《二元相对平衡管理理论》，载《企业管理》2003 年第 11 期。

22. 孔继红、茅宁：《吸收能力与组织探索性、开发性创新的形成及惯性》，载《南京师大学报》2007 年第 5 期。

23. 李占详：《论矛盾管理学》，载《中国工业经济》1999 年第 9 期。

24. 李桂华：《企业和谐管理的特征与性质》，载《商业经济与管理》2007 年第 4 期。

25. 李超平、田宝、时勘：《变革型领导与员工工作态度：心理授权的中介作用》，载《心理学报》2006 年第 2 期。

26. 刘军、富萍萍、吴维库：《企业环境、领导行为、领导绩效互动影响分析》，载《管理科学学报》2005 年第 10 期。

27. 刘军、李永娟、富萍萍：《高层管理团队价值观共享、冲突与绩效：一项实证检验》，载《管理学报》2007 年第 9 期。

28. 路琳：《和谐二元矩阵模型及其在冲突管理中的应用》，载《心理科学》2007 年第 5 期。

29. 戚永红，宝贡敏：《知识利用与知识开发：多角化的学习观》，载《科技进步与对策》2004 年第 7 期。

30. 邵爱国、朱永新：《中庸之道的现代解读》，载《苏州市职业大学学报》2005 年第 1 期。

31. 王凤彬、陈建勋：《新产品开发团队的异质性知识构成与学习机制》，载

《经济理论与经济管理》2008年第2期。

32. 王辉、徐淑英：《中国企业CEO的领导行为及对企业经营业绩的影响》，载《管理世界》2006年第4期。

33. 温忠麟、张雷、侯杰泰：《有中介的调节变量和有调节的中介变量》，载《心理学报》2006年第3期。

34. 吴佳辉、林以正：《中庸思维量表的编制》，载《本土心理学研究（台湾）》2005年第24期。

35. 吴敏、黄旭、徐玖平、阎洪、时勘：《交易型领导、变革型领导与家长式领导行为的比较研究》，载《科研管理》2007年第3期。

36. 谢洪明、罗惠玲、王成、李新春：《学习、创新与核心能力：机制和路径》，载《经济研究》2007年第2期。

37. 徐长江、时勘：《变革型领导与交易型领导的权变分析》，载《心理科学进展》2005年第5期。

38. 袁勇志：《企业创新与企业二元组织结构》，载《南京农业大学学报（社会科学版）》2001年第3期。

39. 杨涯人：《先秦中庸源流考》，载《中国哲学史》1998年第4期。

40. 于海波、方俐洛、凌文辁：《组织学习整合理论模型》，载《心理科学进展》2004年第2期。

41. 于海波、方俐洛、凌文辁：《组织研究中的多层面问题》，载《心理科学进展》2004年第2期。

42. 于海波、郑晓明、方俐洛、凌文辁、刘春萍：《如何领导组织学习：变革型领导与组织学习的关系》，载《科学学与科学技术管理》2008年第3期。

43. 张德胜、金耀基、陈海文、陈健民、杨中芳、赵志裕、伊莎白：《论中庸理性：工具理性、价值理性和沟通理性之外》，载《社会学研究》2001年第2期。

44. 赵志裕：《中庸思维的测量》，载《香港社会科学学报》2000年第9期。

45. 张玉利、李乾文：《双元型组织研究评介》，载《外国经济与管理》2006年第1期。

46. 周长辉：《中国企业战略变革过程研究：五矿经验及一般启示》，载《管理世界》2005年第12期。

47. 钟竞、陈松：《外部环境、创新平衡性与组织绩效的实证研究》，载《科学

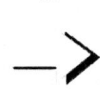

学与科学技术管理》2007 年第 5 期。

48. Adler P. S., B. Goldoftas, D. I. Levine., *Flexibility Versus Efficiency? A Case Study of Model Changeovers in the Toyota Production System*, Organization Science, 10（1）, 1999.

49. Agle B. R., Sonnenfeld J. A., Srinivasan D., *Does CEO Charisma Matter? An Empirical Analysis of the Relationships Among Organizational Performance, Environmental Uncertainty and Top Management Tem perceptions of CEO charisma*, Academy of management journal, 49, 2006.

50. Ancona D., Bresman H., *X-teams: How to Build Teams that Lead, Innovate and Succeed*, Harvard business review, 2007.

51. Antonakis J., Atwater L., *Leader Distance: A Review and a Proposed Theory*, Leadership Quarterly, 13. 2002.

52. Aragon-Correa J. A., Garcia-Morales V. J., Cordon-pozo E., *Leadership and Organizational Learning's Role on Innovation and Performance: Lessons From Spain*, Industrial Marketing Management, 36, 2007.

53. Audia P. G., Locke E. A., Smith K. G., *The Paradox of Success: An Archival and A Laboratory Study of Strategic Persistence Following Radical Environmental Change*, Academy of Management Journal, 43, 2000.

54. Avolio B. J., Yammarino F. R., Transformational and Charismatic Leadership, JAI, 2002.

55. Avolio B. J., Bass B. M., Jung D. I., *Re-examining the Components of Transformational and Transactional Leadership Using the Multifactor Leadership Questionnaire*, Journal of Occupational and Organizational Psychology, 72, 1999.

56. Baron R. M., Kenny D. A., *The Moderator-Mediator Variable Distinction in Social Psychological Research: Conceptual, Strategic, and Statistical Consideration*, Journal of Personality and Social Psychology, 51(6), 1986.

57. Barney J. B., *Firm resources and sustained competitive advantage*, Journal of Management, 17, 1991.

58. Barczak G., Wilemon D. L., *Successful New Product Team Leaders*, Industrial Marketing Management, 21（1）, 1992.

59. Bass B. M., *Leadership and Performance Beyond Expectations*, New York, Free

Press, 1985.

60. Bass B. M., Waldman D. A., Avolio B. J., Bebb M., *Transformational Leadership and the Falling Domino Effect*, Group and Organization Studies, 12, 1987.

61. Bass B. M., Avolio B. J., *The Implications of Transactional and Transformational Leadership for Individual, Team and Organizational Development*. In B. M. Staw & L. L. Cummings (Eds.), Research in Organizational Change and Development, 4, 1990.

62. Bass B. M., Avolio B. J., *Transformational Leadership and Organizational Culture*, Public Administration Quarterly, 17, 1993.

63. Basadur M., *Leading Others to Think Innovatively Together: Creative Leadership*, The Leadership Quarterly, 15, 2004.

64. Bennis W. G., Nanus B., *Leaders: The Strategies for Taking Charge*. New York: Harper & Row, 1985.

65. Benner M. J., M. L. Tushman., *Exploitation, Exploration, and Process Management: The Productivity Dilemma Revisited*, Academy of Management Review, 28 (2), 2003.

66. Berson Yair, Nemanich, Louise A., Waldman, David A., Galvin, Benjamin M., Keller, Robert T., *Leadership and Organizational Learning: A Multiple Levels Perspective*, Leadership Quarterly, 17 (6), 2006.

67. Bliese, P., *Within-group agreement, non-independence, and reliability*, In K. Klein & S. Kozlowski (Eds.) Multi-level theory, research, and methods in organizations. San Francisco: CA: Jossey-Bass, 2000.

68. Brady T., Davies, A., *Building Project Capabilities: From Exploratory to Exploitative Learning*, Organization Studies, 25, 2004.

69. Bryman A., Leadership and Organizations. London, Routledge & Kegan Paul, 1986.

70. Brown S. L., K. M. Eisenhardt., *The Art of Continuous Change: Linking Complexity Theory and Time-Paced Evolution in Relentlessly Shifting Organizations*, Administrative Science Quarterly, 42 (1), 1997.

71. Burns J. M., Leadership. New York: Harper & Row, 1978.

72. Burgelman R. A., *Intraorganizational Ecology of Strategy Making and Organizational

Adaptation: *Theory and Field Research*, Organization Science, 2 1991.

73. Cannella A. A., Monroe M. J., *Contrasting Perspectives on Strategic Leaders*: *Toward a More Realistic View of Top Managers*, Journal of Management, 23(3),1997.

74. Charles A. O. 'Reilly III, Michael L. Tushman,*Ambidexterity as a Dynamic Capability*,Working Paper,4,2007.

75. Cheng Y. T. , Van De Ven, A. H. *Learning the innovation journey*: *Order out of chaos*, Organization Science, 7, 1996.

76. Child J. , *Organizational Structure, Environment And Performance*: *The Role Of Strategic Choice*, Sociology,6,1972.

77. Christine S. Koberg, Dawn R. Detienne, Kurt A. Heppard, *An Empirical Test of Environmental, Organizational, and Process Factors Affecting Incremental and Radical Innovation*,Journal of High Technology Management Research, 14, 2003.

78. Christensen C. M. , The Innovator's Dilemma: When New Technologies Cause Great Firms to Fail, Boston, Harvard Business School Press, 1998.

79. Crossan M. , Lane H. , White R. , *An Organizational Learning Framework*: *From Intuition to Institution*, Academy of Management Review, 24, 1999.

80. Damanpour F. , *Organizational Innovation*: *A Meta-analysis of Effects of Determinants and Moderators*, Academy of Management Journal, 34(3), 1991.

81. Danneels E. , Kleinschmidt E J. , *Product Innovativeness from the Firm's Perspective*: *Its Dimensions and their Relation with Project Selection and Performance*, Journal of Product Innovation Management, 18 (6),2001.

82. Danneels E. , *The Dynamics of Product Innovation and Firm Competences*, Strategic Management Journal, 23, 2002.

83. Day D. V. , Lord RG. , *Executive Leadership and Organizational Performance*: *Suggestions for a New Theory and Methodology*, Journal of Management, 14,1988.

84. Dess G. G. , Beard, D. W. , *Dimensions of organizational task environments*, Administrative Science Quarterly, 29, 1984.

85. Detelin S Elenkov, William Judge and Peter Wright, *Strategic Leadership and Executive Leadership*: *An International Multi-cluster Comparative Study*, Strategic Management Journal, 26, 2005.

86. Dreyfus H. , Dreyfus, S. , Athanasion, T. , *Mind over Machine: The Power of Human Intuition and Expertise in the Era of the Computer*, New York: Free Press. 1986.
87. Duncan R. B. , *The Ambidextrous Organization: Designing Dual Structure for Innovation*, The Management of Organization, 1(1), 1976.
88. Egri C. P. , Herman, S. , *Leadership in the North American Environmental Sector: Values, Leadership Styles and Contexts of Environmental Leaders and Their Organizations*, Academy of Management Journal, 43, 2000.
89. Eisenhardt K. M. , *Building Theories from Case Study Research*, Academy of Management Review, 14, 1989.
90. Elenkov D. , *Effects of Leadership on Organizational Performance in Russian companies*, Journal of Business Research, 55(6), 2002.
91. Ensley M. D, Pearson A. W. , Amason A. C. , *Understanding the Dynamics of New Venture Top Management Teams Cohesion , Conflict, and New Venture Performance*, Journal of Business Venturing, 17, 2002.
92. Ensley M. D. , Pearce C. L. , Hmieleski K. M. , *The Moderating Effect of Environmental Dynamism on the Relationship Between Entrepreneur Leadership Behavior and New Venture Performance*, Journal of Business Venturing, 21, 2006.
93. Finkelstein S. , Hambrick D. C. , *Strategic Leadership: Top Executives and their Effects on Organizations*, West: St Paul, MN, 1996.
94. Fiol C. M. , Harris D. , House R. , *Charismatic leadership: Strategies for effecting social change*, Leadership Quarterly, 10, 1999.
95. Fiske D. W. , *Convergent Discrinant Validation in Measurements and Research Strategies*, In D. Brinbirg & L. H. Kidder (Eds.), Forms of validity in research. San Francisco: Jossey-Bass. 1982.
96. Floyd S. W. , Lane, P. J. , *Strategizing Throughout the Organization: Managing Role Conflict in Strategic Renewal*, Academy of Management Review, 25, 2000.
97. Fornell C. , Larcker D. F. , *Evaluating Structural Equation Models with Unobservable Variables and Measurement Error*, Journal of Marketing Research, 18(1), 1981.
98. Frambach R. T. , Schillewaert N. , *Organizational innovation adoption A multi-level*

framework of determinants and opportunities for future research, Journal of Business Research, 2002.

99. Garcia R. , Calantone R. , Levine R. , *The Role of Knowledge in Resource Allocation to Exploration Versus Exploitation in Technologically Oriented Organizations*, Decision Sciences, 34, 2003.

100. Garcia-Morales V. J. , Florens-Montes F. J. , Verdu-Jover A. J. , *The Effects of Transformational Leadership on Organizational Performance Through Knowledge and Innovation*, British Journal of Management, 10,2007.

101. Gardner W. L. , Avolio B. J. , Luthans F. , May D. ,Walumbwa F. , *Can You See the Real Me? A Self-based Model of Authentic Leader and Follower Development*, Leadership Quarterly, 16, 2005.

102. Ghemawat P. , Costa, J. , *The Organizational Tension Between Static and Dynamic Efficiency*, Strategic Management Journal, 14, 1993.

103. Gharajedaghi J. , *Systems Thinking: Managing Chaos and Complexity: A Platform for Designing Business Architecture*, Amsterdam: Elsvier/ Butterworth-Heinemann, 1999.

104. Gibson C. , Birkinshaw, J. , *The Antecedents, Consequences, and Mediating Role of Organizational Ambidexterity*, Academy of Management Journal, 47, 2004.

105. Gleen B. Voss, Deepak Sirdeshmukh, Zznnie Giraud Voss, *The Effects of Slack Resources and Environmental Threat on Product Exploration and Exploitation*, Academy of Management Journal, 51(1), 2008.

106. Gupta A. K. , Govindarajan V. , *Business Unit Strategy, Managerial Characteristics, and Business Unit Effectiveness at Strategy Implementation*, Academy of Management Journal, 27 (1):1984.

107. Gupta A. K. , K. G. Smith , C. E. Shalley. , *The Interplay between Exploration and Exploitation*, Academy of Management Review, 49 (4), 2006.

108. Gumusluoglu L. , Ilsev A. , *Transformational Leadership, Creativity and Organizational Innovation*, Journal of Business Research, 10, 2008.

109. Hage J. , Aiken M. , *Routine Technology, Social Structure, and Organization Goals*, Administrative Science Quarterly; 14(3) ,1969.

110. Hair J. F, Tatham R. L. , Anderson R. E. , Multivariate Data Analysis, 5th ed.

Prentice-Hall International, Inc,1998.

111. Halbesleben J. , Novicevic M. , Harvey M. , Buckley M. , *Awareness of Temporal Complexity in Leadership of Creativity and Innovation: A Competency-based Model*, Leadership Quarterly, 14(4), 2003.

112. Halebian I. , Finkelstein S. , *Top Management Team Size, CEO Dominance, and Firm Performance*, Academy of Management Journal, 36(4),1993.

113. Hambrick D. , Cho T. , *The Influence of Top management Team Heterogeneity on Firms' Competitive Moves*, Administrative Science Quarterly, 41(4), 1996.

114. Hambrick D. C. , Mason P. A. , *Upper Echelon: The Organization as a Reflection of Its Top Managers*, Academy of Management Review, 9, 1984.

115. Hannan M. T, Freeman, J. H. ,*The Population Ecology of Organizations*, American Journal of Sociology , 82,1977.

116. Hart S. L. , Quinn R. E. , *Roles Executives Play: CEOs, Behavioral Complexity and Firm Performance*, Human Relations, 46,1993.

117. He Z. L. , P. K. Wong, *Exploration vs. Exploitation: An Empirical Test of the Ambidexterity Hypothesis*. Organization Science, 15 (1), 2004.

118. Henderson R. M. , Clark K. B. ,*Architectural Innovation: The Reconfiguration of Existing Product Technologies and the Failure of Established Firms*, Administrative Science Quarterly, 35, 1990.

119. Hooijberg R, Quinn R. E. , *Behavioral Complexity and the Development of Effective Managers*, In R. L. Phillips, & J. G. Hunt (Eds.) ,1992.

120. Howell J M, Avolio B J. , *Transformational Leadership, Transactional Leadership, Locus of Control and Support for Innovation: Key Predictors of Consolidated Business Unit Performance*, Journal of Applied Psychology, 78(6), 1993.

121. Howell J. M, Neufeld D. J. , Avolio B. J. *Examining the Relationship of Leadership and Physical Distance with Business Unit Performance*, The leadership quarterly, 16,2005.

122. House R. J. , Shamir B. , *Towards the Integration of Transformational, Charismatic and Visionary Theories*, In M. M. Chemers & R. Ayman (Eds.), Leadership Theory and Research: Perspectives and Directions. SanDiego: Academic Press. 1993.

123. House R. J. , Aditya R. N. ,*The Social Scientific Study of Leadership*: *Quo Vadis? Journal of Management*, 23(3), 1997.

124. House R. , Rousseau D. M. , Thomas-Hunt M. , *The Meso Paradigm*: *A Framework for the Integration of Micro and Macro Organizational Behavior*, In L. L. Cummings & B. M. Staw (Eds.), Research in organizational behavior. Greenwich, CT: JAI Press. 1985.

125. House R. J. , Spangler W. D. , Woycke J. ,*Personality and Charisma in the U. S. Presidency*: *A Psychological Theory of Leader Effectiveness*, Administrative Science Quarterly, 36, 2001.

126. Hu L. , Bentler P. M. , *Cutoff Criteria For Fit Indexes in Covariance Structure Analysis*: *Conventional Criteria Versus New Alternatives*, Structural Equation Modeling, 6,1999.

127. Hurley R. F. , Hult T. , *Innovation*, *Market Orientation*, *and Organizational Learning*: *An Integration and Empirical Examination*, Journal of Marketing, 62(3),1998.

128. Ireland R D, Hitt M A. , *Achieving and Maintaining Strategic Competitiveness in the 21st century*: *The role of Strategic Leadership*, Academy of Management Executive, 13(1),1999.

129. James L. R. , Demaree R. G. , Wolf, G. ,*Estimating Within-group Interrater Reliability with and Without Response Bias*, Journal of Applied Psychology, 69,1984.

130. James L R. *Aggregation Bias in Estimates of Perceptual Agreement*, Journal of Applied Psychology, 67,1982.

131. Jansen J. J. P. , Van Den Bosch F. A. J. , Volberda H. W. , *Exploratory Innovation*, *Exploitative Innovation and Performance*: *Effects of Organizational Antecedents and Environmental Moderators*, Management Science, 52(11), 2006.

132. Jick T. , Managing Change, Richard d Irwin, 1993.

133. Judge T. , Bono J. , Ilies R. , Gerhardt M. , *Personality and Leadership*: *A Qualitative and Quantitative Review*, Journal of Applied Psychology, 87(4), 2002.

134. Jung D. I Chow Ch. W. A. ,*The Role of Transformational Leadership in Enhancing Organizational Innovation*: *Hypotheses and Some Preliminary Findings*, The Lead-

ership Quarterly, 14, 2003.
135. Jung D. I. W. A. , Chow Ch. , *Towards Understanding the Direct and Indirect Effects of CEOs' Transformational Leadership on Firm Innovation*, The Leadership Quarterly, 19, 2008.
136. Kaiser H. F. ,*An Index of Factorial Simplicity*, Psychometrika,39, 1974.
137. Kan M. M. , Parry K. W. ,*Identifying Paradox: A Grounded Theory of Leadership in Overcoming Resistance to Change*, The Leadership Quarterly, 15, 2004.
138. Kanter R M. ,The Change Masters: Innovation for Productivity in the American Corporation, New York: Simon & Schuster, 1983.
139. Katila R. , Ahuja, G. , *Something Old, Something New: A Longitudinal Study of Search Behavior and New Product Introduction*, Academy of Management Journal, 45, 2002.
140. Kerr S. M. , Jermier J. M. , *Substitutes for Leadership: Their Meaning and Measurement*, Organizational Behavior and Human Performance, 22, 1978.
141. Kilduff M. , Balkundi P. , *The Ties that Lead: A Social Network Approach to Leadership*, Leadership Quarterly,16,2005.
142. Kotter J. P. , *The General Managers*, New York: Free Press, 1982.
143. Kotter P. J. , Heskett, L. J. , Corporate Culture and Performance, Don Mills: Maxwell Macmillan Inc,1992.
144. Koene Bas. A. S. , Vogelaar Ad L. W. , Soeters J. L. , *Leadership Effects on Organizational Climate and Financial Performance: Local Leadership Effect in Chain Organizations*, The leadership quarterly, 13, 2002.
145. Krause D. E. , *Influence-Based Leadership As a Determinant of The Inclination to Innovate and of Innovation-Related Behaviors: An Empirical Investigation*, The leadership quarterly, 15, 2004.
146. Leana C. R. , Barry, B. , *Stability and Change as Simultaneous Experiences in Organizational Life*, Academy of Management Review, 25, 2000.
147. Lengick-Hall, C. , *Innovation and Competitive Advantage: What. We Know and What We Need to Learn*, Journal of Management, 18, 1992.
148. Lewis P. M. , Jacobs T. O. ,*Individual Differences in Strategic Leadership Capacity: A Constructive Development View*, in Hunt, J. G. (Eds), *Strategic Leadership: A*

Multi-organizational-level Perspective, Quorum, Westport, CT, 1992.

149. Levinthal D. A., March J. G., *The myopia of learning*, Strategic Management Journal, 14, 1993.

150. *Lieberman M. B., Montgomery D. B.*, First-mover advantages, *Strategic Management Journal*, 9, 1988.

151. *Lorens Montes F. J., Moreno A. R., Morales V. G.*, Influence-Support Leadership and Teamwork Cohesion on Organizational Learning and Performance: An Empirical Examination, *Technovation*, 25, 2005.

152. *Lowe K., Galen K.*, Effectiveness Correlates of Transformational and Transactional Leadership: A Meta-analytic Review of the MLQ Literature, *Leadership Quarterly*, 7(3), 1996.

153. *Lubatkin, Michael H., Simsek, Zeki, Yan Ling, Veiga, John F.*, Ambidexterity and Performance in Small-to Medium-Sized Firms: The Pivotal Role of Top Management Team Behavioral Integration, *Journal of Management*, 32 (5), 2006.

154. *Malone T. W.*, The Future of Work: How the New Order of Business will Shape Your Organization, Your Management Style, and Your Life, *Harvard business school*, 2004.

155. *March J. G.*, Exploration and Exploitation in Organizational Learning, *Organization Science*, 2 (1), 1991.

156. *Matusik S. F., Hill C. W. L.*, The Utilization of Contingent Work, Knowledge Creation and Competitive Advantage, *Academy of Management Review*, 23, 1998.

157. *McCall M. W., Segrist C. A.*, In pursuit of the manager's job: Building on Mintzberg, *Technical Report No. 14. Greensboro, NC: Center for Creative Leadership*, 1980.

158. *Meindl J. R., Ehrlich S. B., Dukerich J M.*, The Romance of Leadership, *Administrative Science Quarterly*, 30, 1985.

159. *Menguc B., Auh S.*, The Asymmetric Moderating Role of Market Orientation on the Ambidexterity-Firm Performance Relationship for Prospectors and Defenders, *Industrial Marketing Management*, 37, 2008.

160. *Menguc B., Auh S., Shih E.*, Transformational Leadership and Market Orientation: Implication for the Implementation of Competitive Strategies and Business U-

nit Performance, *Journal of business research*, 60, 2007.

161. McGill M. E., Slocum J. W., Unlearning the organization, *Organizational Dynamics* 1993.

162. McGrath R. G., Exploratory Learning, Innovative Capacity and Managerial Oversight, *Academic of Management Journal*, 44, 2001.

163. Miller D., Friesen P. H., A longitudinal study of the corporate life cycle, *Management Science*, 30(10), 1984.

164. Miller D., Droge C., Psychological and Traditional Determinants of Structure, *Administrative Science Quarterly*; 31(4), 1986.

165. Miller D., Manfred F. R., Kets de Vries and Toulouse J. M., Top Executive Locus of Control and its Relationship to Strategy-Making, Structure and Environment, *Academy of Management Journal*, 25, 1982.

166. Milliken F. J., Three Types of Perceived Uncertainty About the Environment: State, Effect, and Response uncertainty, *Academy of Management Review*, 12, 1987.

167. Mischel W., Personality and assessment, *New York: Wiley*, 1968.

168. Mitroff I., Review of the Age of Paradox, *Academic of Management Review*, 20(3), 1995.

169. Mood AM, Graybill FA, Boes DC, Introduction to the Theory of Statistics, *McGraw-Hill, Tokyo*, 1974.

170. Nahavandi A., Integrating Leadership and Strategic Management in Organizational Theory, *Canadian Journal of Administrative Science*, 10, 1993.

171. Nerkar A., Old is Gold? The Value of Temporal Exploration in the Creation of New Knowledge, *Management Science*, 49, 2003.

172. Nonaka I., A Dynamic Theory of Organizational Knowledge Creation, *Organization Science*, 1994.

173. Nunnally J. C., Psychometric Theory, *New York: McGraw Hill*. 1978.

174. O'Reilly C. A. III, M. Tushman, The Ambidextrous Organization, *Harvard Business Review*, 82 (4), 2004.

175. Papadakis V., Bourantas D., The Chief Executive Officer as Corporate Champion of Technological Innovation: An Empirical Investigation, *Technological Analysis*

and Strategic Management, 10(1), 1998.

176. *Papadakis V., Lioukas S., Chambers D.*, Strategic Decision Making Processes: The Role of Management and Context, *Strategic Management Journal*, 19(2), 1998.

177. *Perez-Freije J., E. Enkel.*, Creative Tension in the Innovation Process: How to Support the Right Capabilities, *European Management Journal*, 25 (1), 2007.

178. *Podsakoff P. M., MacKenzie S. B., Lee J. Y.*, Common Method Biases in Behavioral Research: A Critical Review of the Literature and Recommended Remedies, *Journal of Applied Psychology*, 88, 2003.

179. *Podsakoff P. M., Organ D. W.*, Self-reports in Organization Research: Problems and Prospects, *Journal of Management*, 40, 1986.

180. *Poole M. S., A. H. Van de Ven.*, Using Paradox to Build Management and Organization Theories, *Academy of Management Review*, 14 (4), 1989.

181. *Quinn J. B.*, Managing Innovation: Controlled Chaos, *Harvard Business Review*, 53(3), 1985.

182. *Rirbinshaw J., C. B. Gibson.*, Building Ambidexterity into an Organization, *MIT Sloan Management Review*, (Summer), 2004.

183. *Rivkin J. W., Siggelkow, N.*, Balancing Search and Stability: Interdependencies Among Elements of Organizational Design, *Management Science*, 49, 2003.

184. *Rosenbloom R. S.*, Leadership, Capabilities, and Technological Change: The Transformation of NCR in the Electronic Era, *Strategic Management Journal*, 21, 2000.

185. *Rosenkopf L., Nerkar A.*, Beyond Local Search: Boundary Spanning, Exploration, and Impact in the Optical Disk Industry, *Strategic Management Journal*, 22, 2001.

186. *Salancik G. R., J. Pfeffer.*, Who Gets Power and How They Hold On to It: A Strategic Contingency Model of Power, *Organizational Dynamics*, 5, 1977.

187. *Schwab D. P.*, Construct Validity in Organizational Behavior, *in BM Staw and L L Cummings(Eds)*, Research in organizational behavior, 2, 1980.

188. *Sethi V., Carraher S., Developing Measures for Assessing the Organizational Impact of Information Technology: A Comment on Mahmood and Soon's Paper*, Decision Science, 24(4), 1993.

189. Senge P. , The Fifth Discipline: The art and practice of the learning organization, Doubleday, New York, 1990.

190. Shamir B. , *Social Distance and Charisma: Theoretical Notes and An Exploratory Study*, Leadership Quarterly, 6, 1995.

191. Shamir B. , Howell, J. M. , *Organizational and contextual influences on the emergence and effectiveness of charismatic leadership*, Leadership Quarterly, 10(2), 1999.

192. Shepard H. A. , *Innovation-resisting and Innovation-producing Organizations*, The Journal of Business, 40, 1967.

193. Sheremata W. A. , *Centrifugal and Centripetal Forces in Radical New Product Development Under Time Pressure*, Academy of Management Review, 25, 2000.

194. Sidhu J. S. , Volberda H. W. , Commandeur H. R. , *Exploring Exploration Orientation and its Determinants: Some Empirical Evidence*, Journal of Management Studies, 41, 2004.

195. Spender J. C. , *Industry Recipes: An enquiry into the Nature and Sources of Managerial Judgment*, Oxford: Basil Blackwell. 1989.

196. Smith K. G. , Collins C. J. , Clark K. D. , *Existing Knowledge, Knowledge Creation Capability and the Rate of New Product Introduction in High-technology Firms*, Academy of Management Journal, 48, 2005.

197. Smith W. K. , M. L. Tushman. , *Managing Strategic Contradictions: A Top Management Model for Managing Innovation Streams*, Organization Science, 16 (5), 2005.

198. Smith K. G. , Smith K. A. , Olian J. , Sims H, O'Bannon D Scully J. , *Top Management Team Demography and Process: The Role of Social Integration and Communication*, Administrative Science Quarterly, 39, 1994.

199. Siggelkow N. , D. A. Levinthal, *Temporarily Divide to Conquer: Centralized, Decentralized and Reintegrated Organizational Approaches to Exploration and Adaptation*, Organization Science, 14 (6), 2003.

200. Siggelkow N. , J. Rivkin. , *When Exploration Backfires: Unintended Consequences of Multilevel Organizational Search*, Academy of Management Review, 49 (4), 2006.

201. Simsek Z. , Veiga J. F. , Lubatkin M. , Dino, R. , *Modeling the Multilevel Determinants of Top Management Team Behavioral Integration*, Academy of Management Journal, 48, 2005.

202. Steyrer J. , Schiffinger M. , Lang R. , *Organizational Commitment: A Missing Link Between Leadership Behavior and Organizational Performance?* Scandinavia journal of Management, 10. 2008.

203. Subramaniam M. , Youndt M. A. , *The Influence of Intellectual Capital on the Types of Innovative Capabilities*, Academy of Management Journal, 48, 2005.

204. Taylor A. ,H. R. , Greve. , *Superman or the Fantastic Four? Knowledge Combination and Experience in Innovative Teams*, Academy of Management Review, 49 (4), 2006.

205. Thomas A. S. , *Does Leadership Make a Difference to Organizational Performance?* Administrative Science Quarterly, 33,1988.

206. Tichy N. M. , Devanna M. A. , *The transformational leader*, NewYork: Wiley,1986.

207. Tichy N. M. , Ulrich D. O. , *The Leadership Challenge: A Call for The Transformational Leader*, Sloan Management Review, 26,1984.

208. Tierney P. , Farmer S. , Graen G. , *An Examination of Leadership and Employee Creativity: The Relevance of Traits and Relationships*, Personnel Psychology, 52, 1999.

209. Tom J. M. Mom, Frans A. J. , Van Den Bosch , Henk W. Volberda, *Investigating Managers' Exploration and Exploitation Activities: The Influence of Top-down, Bottom-up, and Horizontal Knowledge Inflows*, Journal of Management Studies, 44(6), 2007.

210. Tosi L. H. , Misangyi V. F. , Fanelli A. , Waldman D. A. , Yammarino, *CEO Charisma, Compensation and Firm Performance*, The leadership quarterly, 15, 2004.

211. Trice H. M. , Beyer J. M. The cultures of Work Organizations, Englewood Cliffs, NJ: Prentice Hall. 1993.

212. Tushman M. *Impacts of Perceived Environmental Variability of Patterns of Work-Related Communication*, Academy of Management Journal,22(3) ,1979.

213. Tushman M. , Nadler D. , *Organizing for Innovation*, California Management Review,28(3) ,1986.

214. Tushman M. , C. A. O'Reilly III. , *Evolution and Revolution: Mastering the Dynamics of Innovation and Change*, California Management Review, 38

(4), 1996.

215. Tushman M., O'Reilly., C, *Winning through Innovation: A Practical Guide to Leading Organizational Change and Renewal*, Boston, Mass.: Harvard Business School Press, 1997.

216. Vera Dusya, Crossan Mary., *Strategic Leadership and Organizational Learning*, Academy of Management Review, 29 (2): 2004.

217. Volberda H. W., *Building the Flexible Firm*, New York: Oxford University Press, 1998.

218. Wagner W. G., Pfeffer J., O'Reilly C. A., *Organizational Demography and Turnover in Top Management Groups*, Administrative Science Quarterly, 29(1), 1984.

219. Waldman D. A., Ramirez G. G., House R. J., Puranam P., *Does Leadership Matter? CEO Leadership Attributes and Profitability under Conditions of Perceived Environmental Uncertainty*, Academy of Management Journal, 44 (1), 2001.

220. Waldman D. A., Yammarino F. J., *CEO Charismatic Leadership: Levels of Management and Levels of Analysis Effects*, Academy of Management Review, 24, 1999.

221. Waldman D. A., Bass B. M., *Transformational Leadership at Different Phases of the Innovation Process*, Journal of High Technology Management Research, 2, 1999.

222. Waldman D. A., Javidan M., Varella P., *Charismatic Leadership At the Strategic Level: A New Application of Upper Echelons Theory*, The leadership quarterly, 15, 2004.

223. Weber M., The Theory of Social and Economic Organization, Henderson, A. M Free Press, New York, NY, 1947.

224. Weiner N. M., Thomas A., *A Model of Corporate Performance as a Function of Environmental, Organizational, and Leadership Influences*, Academy of Management Journal; 24(3),1981.

225. Westley F. R., Mintzberg H., *Visionary Leadership and Strategic Management*, Strategic Management Journal, Summer Special Issue 10,1989.

226. Wooldridge B., Floyd S. W. *Strategic Process. Effects on Consensus*, Strategic Management Journal, 10,1989.

227. Woodman R. W. , Sawyer J. , Griffin R. W. , *Toward a Theory of Organizational Creativity*, Academy of Management Review, 18(2), 1993.
228. Yukl G. , *An Evaluation of Conceptual Weaknesses in Transformational and Charismatic Leadership Theories*, Leadership Quarterly, 10(2), 1999.
229. Yukl G. , *Leadership in Organizations*, Englewood Cliffs, NJ: Prentice-Hall, 1994.
230. Yukl G. , Lepsinger R. , *Flexible Leadership: Creating Value by Balancing Multiple Challenge and Choices*, Josssey-Bass, San Francisco, 2004.
231. Zaleznik A. , Ketsde V. M. , *Power and the Corporate Mind*, Boston: Houghton Mifflin, 1975.
232. Zhiang Lin, Haibin Yang, Irem Demirkan, *The Performance Consequences of Ambidexterity in Strategic Alliance Formation*, Management Science, 53(10), 2007.
233. Zhu W. CH. , Chew Irene K. H. , Spangler W. D. , *CEO Transformational Leadership and Organizational Outcomes: The Mediating Role of Human-Capital-Enhancing Human Resource Management*, The Leadership Quarterly, 16, 2005.
234. Zollo M. , Winter, S. G. , *Deliberate Learning and the Evolution of Dynamic Capabilities*, Organization Science, 13, 2001.

图表索引

表 索 引

表 2-1　不同学者的研究模型及研究方法比较 …………………… 24
表 6-1　领导行为、中庸思维、组织绩效的探索性因子分析
　　　　结果 ……………………………………………………… 130
表 6-2　探索式与利用式技术创新、环境动态性与竞争性的
　　　　探索性因子分析结果 …………………………………… 132
表 6-3　问卷样本描述 ……………………………………………… 136
表 6-4　变革型领导行为与交易型领导行为的收敛效度分析 … 145
表 6-5　探索式技术创新与利用式技术创新、环境动态性与
　　　　环境竞争性的收敛效度分析 …………………………… 146
表 6-6　组织绩效的收敛效度分析 ………………………………… 147
表 6-7　中庸思维的收敛效度分析 ………………………………… 148
表 7-1　变量的均值、标准差与相关系数矩阵 …………………… 150
表 7-2　测量模型的参数估计 ……………………………………… 152
表 7-3　结构方程模型的嵌套比较分析 …………………………… 153

表7-4 交易型领导行为、变革型领导行为与组织绩效关系的检验 ………… 157
表7-5 利用式技术创新、探索式技术创新与组织绩效之间倒U型关系的检验 ………… 160
表7-6 利用式技术创新在交易型领导行为与组织绩效之间的中介效应检验 ………… 165
表7-7 探索式技术创新在变革型领导行为与组织绩效之间的中介效应检验 ………… 167
表7-8 交易型/变革型领导行为、环境动态性和环境竞争性的三维交互与技术创新的关系 ………… 169
表7-9 交易型/变革型领导行为、环境动态性和环境竞争性的三维交互与组织绩效的关系 ………… 173
表7-10 二元领导行为与组织绩效之间关系的检验 ………… 176
表7-11 协同式技术创新与组织绩效的关系检验 ………… 177
表7-12 协同式技术创新在二元领导行为与市场绩效之间的中介效应 ………… 179
表7-13 所有制形式对中庸思维与二元领导行为之间关系的调节效应 ………… 180
表8-1 本文的研究假设关系验证结果汇总表 ………… 197

图 索 引

图5-1 本文的概念模型图 ………… 116
图7-1 经过验证的结构方程模型及路径系数 ………… 155
图7-2 利用式技术创新与财务绩效之间的倒U型关系图 …… 161
图7-3 探索式技术创新与财务绩效之间的倒U型关系图 …… 162
图7-4 不同环境动态性和竞争性条件下变革型领导行为与探索式技术创新的关系图 ………… 171

图 7-5　不同环境动态性和竞争性条件下变革型领导行为与
　　　　财务绩效之间的关系 …………………………………… 174
图 7-6　不同环境动态性和竞争性条件下变革型领导行为与
　　　　市场绩效之间的关系 …………………………………… 175
图 7-7　二元领导行为与组织绩效之间关系的立体视图 ……… 176
图 7-8　利用式技术创新、探索式技术创新与市场绩效之间
　　　　关系的立体视图 ………………………………………… 178
图 7-9　所有制形式对中庸思维与二元领导行为之间关系的
　　　　调节效应图 ……………………………………………… 181

致　　谢

　　本书是在博士论文的基础上所修改完成的，在书稿的写作过程中，得到了许多老师和朋友的支持和帮助，在此一并致谢。

　　我要特别感谢恩师王凤彬教授。在我对论文选题最困惑和迷茫的时候，导师紧扣国际学术的前沿，从组织理论的最新发展动向为我确定了本研究的方向，并在此基础上帮我进一步提炼和明晰了研究的主题和概念，使我比同辈更快地进入到资料收集和写作过程中。导师坚实的理论功底、严谨的治学态度、科学的研究方法，对我的影响非三言两语能够表达。

　　我还要感谢留学美国时的导师，MIT斯隆管理学院领导研究中心的主任Deborah Ancona教授。在领导研究中心的访学期间，Ancona教授与我详细讨论了该书稿的构思和模型，并就书稿的数据分析提出了许多富有建设性的意见和建议，使我研究的主题更加鲜明，创新点更加突出。同时与她的交流也进一步弥补了我在领导理论知识上的不足，每月的交流会不仅让我熟悉了国际领导理论的发展前沿，而且从与不同教授的交流中获得了更多新的思想。我还要感谢MIT领导研究中心的研究科学家Elaine Backman，由于我们具备类似的学术背景，所以能够经常一起交流我在写作过程中所遇到的困惑，感谢她的帮助。

　　我还要感谢中国人民大学商学院的其他老师。章凯老师、秦志华老师、宋继文老师，他们对书稿提出了富有建设性的意见和建议。我要特别感谢刘军老师在书稿写作过程中所提供的方法上的指导和帮助，以及对我们进行的系统的实证方法训练。

  我还要感谢我的师弟师妹们：甄珍和杨阳在时间非常紧张的情况下帮助我不断校订文字；师弟吴隆增从书稿写作到完成一直比较关注，并对研究模型提了具体的修改建议；师妹江鸿也对书稿提了许多富有建设性的意见。在此一并感谢。另外，还要感谢以下的朋友和老师：杜克大学领导研究中心的主任 Sim Sitkin 教授、哈佛大学商学院 Dennis Yao 教授、宾夕法尼亚大学沃顿商学院 Sigal 教授，清华大学经济管理学院王雪莉教授、MIT 斯隆管理学院博士生郑恩莹同学。最后特别感谢好友傅升，感谢博士班的同学王岚、薛继东、刘连超、王海龙、薛超朋、吴维海、丁军波、陈浩，以及中国人民大学商学院的其他同学们和老师们，在此不一一列名，感谢你们对我的帮助和关心。

  我还要特别感谢我的父母，这些年他们含辛茹苦支持我的学业，不觉间他们已经黑发变白发了，如今我就要毕业了，我将要用我的所学去回报他们的养育之恩。再次感谢以上所有人和我没有提到的各位老师和朋友，我忘不了母校，忘不了和你们相处的每个日子，祝你们幸福。

陈建勋
2011 年 7 月 12 日